信息技术基础

（微课版）

主　编　陈兴威　杨晓红
副主编　王永忠　张　翔　吕光金

科学出版社
北　京

内 容 简 介

本书依据教育部印发《高等职业教育专科信息技术课程标准（2021年版）》，从办公应用中所遇到的实际问题出发，基于“教、学、做、评”一体化的教学理念，以新型活页式教材的形式编写而成。

本书采用项目引领的方式将操作技能与职业素养融入项目任务中，主要介绍信息技术发展史、新一代信息技术、信息安全、信息素养与社会责任、信息检索、文档编辑、数据图表编辑与处理、演示文稿设计与制作等方面的知识，强调知识性、技能性与应用性的紧密结合。

本书内容组织合理、层次清楚、实例丰富，可作为高职高专院校信息技术基础模块教材，也可作为广大计算机爱好者的自学参考书。

图书在版编目（CIP）数据

信息技术基础：微课版 / 陈兴威，杨晓红主编．—北京：科学出版社，2022. 9

ISBN 978-7-03-073085-5

Ⅰ. ①信…　Ⅱ. ①陈…　②杨…　Ⅲ. ①电子计算机–高等职业教育–教材　Ⅳ. ①TP3

中国版本图书馆CIP数据核字（2022）第161995号

责任编辑：薛飞丽　袁星星／责任校对：赵丽杰

责任印制：吕春珉／封面设计：东方人华平面设计部

科学出版社出版

北京东黄城根北街16号

邮政编码：100717

http://www.sciencep.com

三河市中晟雅豪印务有限公司印刷

科学出版社发行　各地新华书店经销

*

2022年9月第　一　版　开本：787 × 1092　1/16

2022年9月第一次印刷　印张：14 1/4

字数：337 000

定价：78.00元

（如有印装质量问题，我社负责调换〈中晟雅豪〉）

销售部电话 010-62136230　编辑部电话 010-62135763-2039

前　言

随着信息技术的飞速发展和广泛应用，信息技术已成为经济社会转型发展的主要驱动力，是建设创新型国家、制造强国、网络强国、数字中国、智慧社会的基础支撑。在当今社会，信息技术对提升国民信息素养，对增强个体在信息社会中的适应力与创造力，对个人的生活、学习和工作，对全面建设社会主义现代化国家具有重大意义。

“信息技术”课程是高等职业教育各专业学生必修或限定选修的公共基础课程。学生通过学习本课程，能够增强信息意识、提升计算思维、促进数字化创新与发展能力、树立正确的信息社会价值观和责任感，为其职业发展、终身学习和服务社会奠定基础。

本书主要特色如下。

（1）全面贯标，形式创新：严格依据教育部印发的《高等职业教育专科信息技术课程标准（2021 年版）》编写，以新型活页式教材的形式出版，便于教材内容随信息技术发展和软件升级及时动态更新。

（2）体例优化，双元开发：由高校长期从事信息技术教学的一线教师和来自知名 IT 企业的工程师联合编写，项目体例按照“任务描述→工作准备→工作计划→实践操作→相关知识→拓展训练→评价反馈”的流程设计和编排，将“教、学、做、评”融为一体。

（3）价值引领，育人为本：强化学生职业素养养成和专业技术融合，将专业精神、职业精神和工匠精神等有机融入教材内容中，并配套二维码和线上课程，充分调动学生线上、线下全过程“动脑动手”，有效激发学生的学习兴趣和创新潜能。

本书的“课程导入”模块由陈兴威、郑路倩、王有铭编写，模块 1 由张翔编写，模块 2 由张旺俏编写，模块 3 由王永忠编写，模块 4 由方蓉编写。全书由陈兴威、杨晓红负责总体设计，由陈兴威、王永忠、张翔、吕光金最后修改定稿。周红晓、徐赛华、赵利平、卢世通、黄月妹、许杨文、李凡、周文洪、郑璐燕在本书编写过程中提出了很多宝贵的意见和建议，在此一并表示感谢。

由于编者水平有限，加之信息技术的迅猛发展，书中的不妥之处在所难免，恳请广大读者批评指正。

目 录

模块1 信息检索

模块2　文档编辑

模块3　数据图表编辑与处理

模块4　演示文稿设计与制作

课程导入

内容导读

信息技术是当今发展极快、影响极广的科学技术之一，在其影响下，世界正以前所未有的速度进行着变革，深刻影响着经济、文化、军事等领域的发展。进入21世纪以来，以人工智能、物联网等为代表的新一轮信息技术革命已成为全球关注焦点。

随着信息技术，尤其是以计算机和通信技术为核心的现代信息技术在社会各个领域的渗透，信息素养已经成为个体更好地生存与发展所必须具备的基本素养。在信息数据呈爆炸式增长的今天，面对海量的信息资源，信息伦理道德、职业行为自律等信息社会责任问题也随之显现，提升人们的信息社会责任意识日益迫切而重要。

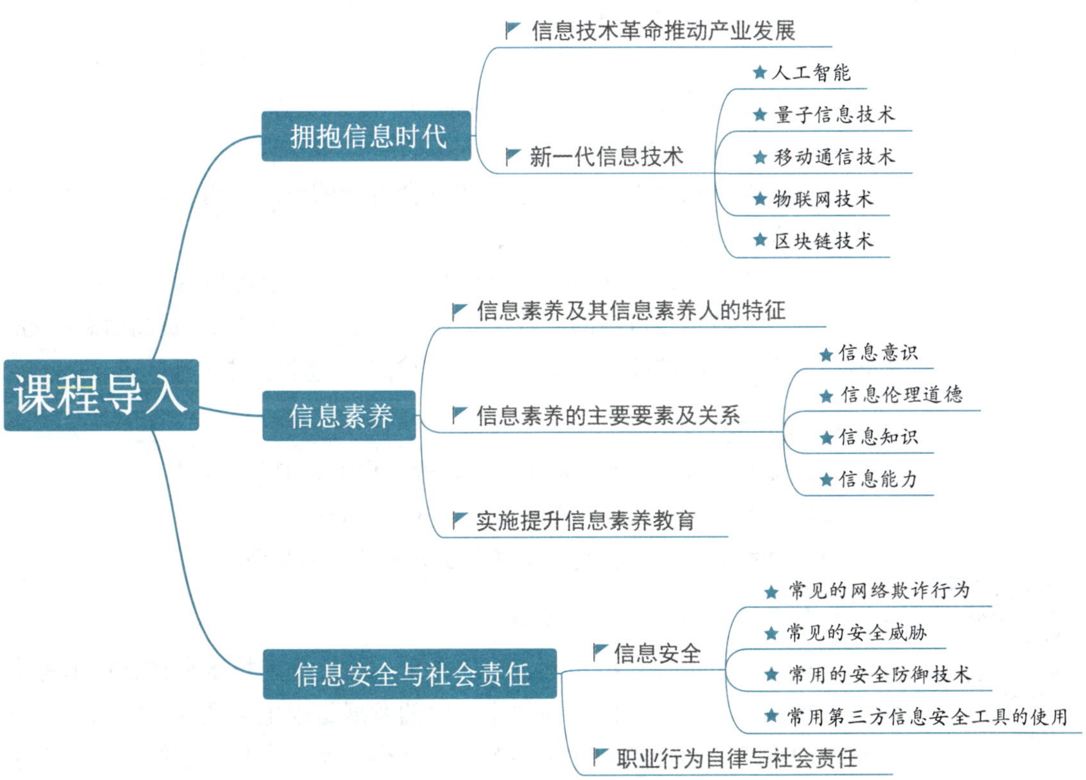

学习笔记

0.1 拥抱信息时代

【知识目标】(1) 了解信息技术发展史;
(2) 认识信息技术对人类生产、生活的重要作用。

【能力目标】(1) 能理解信息技术与企业发展的关系;
(2) 能有效分析知名企业兴衰变化的原因。

【素质目标】(1) 明晰信息技术发展脉络,具备一定的品牌培育意识;
(2) 使学生树立正确的职业理念。

20 世纪 50 年代末,计算机的出现和普及,把信息对整个社会的影响逐步提高到一种绝对重要的地位。信息量、信息传播的速度、信息处理的速度、应用信息的程度等都以几何级数的方式增长,人类迈进了信息时代。信息产业化已经成为历史潮流,发达国家的产业结构正在实现从制造经济向信息经济的转化,从而引起经济结构的调整和革命。

如今,正在全球展开的信息和信息技术革命,正以前所未有的方式对社会变革的方向起着重要作用,其结果必定导致信息社会在全球的实现。具体表现为:首先,在生产活动的范围广泛的工作过程中,引入信息处理技术,从而使这些部门的自动化达到一个新的水平;其次,电信与计算机系统合二为一,可以在几秒钟内将信息传递到全世界的任何地方,从而使人类活动各方面表现出信息活动的特征;最后,信息和信息机器成为一切活动的积极参与者,甚至参与了人类的知觉活动、概念活动和原动性活动。

随着信息技术的普及,信息的获取将进一步实现民主化、平等化,这反映在社会政治关系和经济竞争上也许会有新的形式和内容,而胜负则取决于谁享有信息优势。

今天,人们已经认识到,信息时代的发展趋势已经成为不可逆转的历史潮流而改变着当今世界的面貌,只有大力普及信息知识,提高信息技术,发展信息化产业,推进信息化建设,才能在第三次浪潮中立于不败之地。

引导问题:

(1) 信息技术的发展经历了五次革命,它们分别是什么?

(2) 计算机的发明给人类社会带来什么样的影响?

(3) 你知道人类社会发展过程中经历的三次浪潮吗?

1. 信息技术革命推动产业发展

计算机的前世今生

信息技术是由计算机技术、通信技术、信息处理技术和控制技术等多种技术构成的一项综合的高新技术,它的发展是以电子技术,特别是微电子技术的进步为前提的。回顾整个人类社会发展史,从语言的使用、文字

学习笔记

的创造，到造纸术和印刷术的发明与应用，以及电报、电话、广播和电视的发明和普及等，无一不是信息技术的革命性发展成果。但是，真正标志着现代信息技术诞生的事件还是20世纪60年代电子计算机的普及应用，以及计算机与现代通信技术的有机结合，如信息网络的形成实现了计算机之间的数据通信、数据共享等。信息技术的五次革命如图0-1所示。

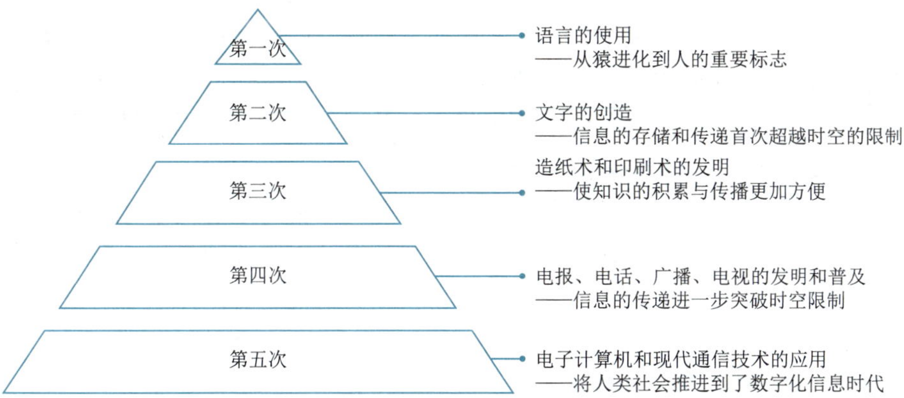

图0-1　信息技术的五次革命

未来计算机的发展

进入21世纪以来，人们明显感到了信息技术的重要性，尤其是在互联网非常普及、人均一部手机的今天。近几十年是信息技术高速发展的时期，信息技术给产业赋能带来的价值正在得到更多的展现，随着信息技术的发展，信息技术已成为社会进步重要的推动力，它给企业带来越来越多的好处。

1）信息技术是现代企业发展的源泉

例如，信息技术在物流行业的广泛应用，使物流产业在理念、组织形式、运行模式、系统结构、管理手段和竞争格局等方面产生了一系列深刻的影响和变化。

2）信息技术对企业业务模式变化起着重要作用

高科技信息技术的介入，使传统的商业销售转变为“零距离”经济市场。大部分企业建立了自己的门户网站，网上购物和网上服务等业务成为通行的交易方式，提高了商品的流通效率，极大地降低了经营成本。

3）信息技术对企业决策起着重要作用

企业决策者要充分掌握各种市场信息，预测未来发展趋势，以避免自己在现代经济社会中被淘汰。哪个企业家能以最快的方式将信息技术服务于企业，该企业家就能在这场竞争中赢得最终的胜利。

4）信息技术对企业的高效管理起着主要作用

信息技术对现代企业管理产生了重要影响。信息技术与企业价值链、供应链管理的发展互相推动，信息技术对供应链管理的促进作用主要体现

学习笔记

在MRP（material requirement planning，物料需求计划）、MRPII（manufacturing resource planning，制造资源计划）、ERP（enterprise resource planning，企业资源计划）的应用上。

2. 新一代信息技术

新兴信息产业是国务院确定的七个战略性新兴产业之一。新一代信息技术是以人工智能、量子信息、移动通信、物联网、区块链等为代表的新兴技术。在近几年的抗击新冠肺炎疫情斗争中，新一代信息技术在病毒溯源、患者追踪、疫苗新药研发等工作，以及无人生产、远程运维、居家办公等在线工作中，都发挥了重要作用。

新一代信息技术既是信息技术的纵向升级，也是信息技术之间及其与相关产业的横向融合，它是当今世界创新最活跃、渗透性最强、影响力最广的研究焦点，正在全球范围内引发新一轮的科技革命，并以前所未有的速度转化为现实生产力，引领科技、经济和社会日新月异高速发展。

1）新一代信息技术及其典型应用

（1）人工智能。

1956 年 8 月在美国汉诺斯镇达特茅斯学院的会议上，一群科学家通过集中讨论，提出了人工智能（artificial intelligence，AI）这个概念，这一年也成了人工智能的元年。

人工智能也叫作机器智能，它是指由人工制造的系统所表现出来的智能，可以概括为研究智能程序的一门科学。人工智能研究的主要目标是用机器来模仿和执行人脑的某些智能行为，探究相关理论、研发相应技术，如判断、推理、识别、感知、理解、思考、规划、学习等思维活动。

人工智能已经逐渐走进人们的生活，并应用于各个领域，它不仅给许多行业带来巨大的经济效益，也为人们的生活带来许多改变和便利。目前，人工智能的主要应用在以下几个方面。

① 用户身份验证。通过人脸识别、声纹识别等生物特征识别手段，可以对用户身份进行验证。

人脸识别也称人像识别、面部识别，是基于人的脸部特征信息进行身份识别的一种生物识别技术。人脸识别系统的研究始于 20 世纪 60 年代，之后，随着计算机技术和光学成像技术的发展，人脸识别技术水平在 20 世纪 80 年代得到不断提高。在 20 世纪 90 年代后期，人脸识别技术进入初级应用阶段。目前，人脸识别技术已广泛应用于多个领域，如金融、司法、公安、边检、航天、电力、教育、医疗等。

除了人脸识别，目前用得比较多的有声纹识别。声纹识别是一种生物鉴权技术，也称为说话人识别。声纹识别的工作过程是：系统采集说话人的声纹信息并将其录入数据库，当说话人再次说话时，系统会采集这段声纹

学习笔记

信息并自动与数据库中已有的声纹信息做对比，从而识别出说话人的身份。相比于传统的身份识别方法（如密码、证件），声纹识别具有抗遗忘、可远程的鉴别特点，在现有算法优化和随机密码的技术手段下，声纹识别也能有效防录音、防合成，因此安全性高、响应迅速且识别精准。同时，相较于人脸识别、虹膜识别等生物特征识别技术，声纹识别技术具有可通过电话信道、网络信道等方式采集用户的声纹特征的特点，因此其在远程身份确认上极具优势。目前，声纹识别技术有声纹核身、声纹锁和黑名单声纹库等，可广泛应用于金融、安防、智能家居等领域，落地场景丰富。

引导问题：生活中有很多事物，我们可能不认识或者无法准确地说出它们的名称，你知道可借助哪些软件来解决这个问题？

小提示

想体验实物识别和图片查询等功能在生活中的应用，可借助具有识别功能的一些常见软件（如百度、形色等 App）。

② 机器翻译。机器翻译是计算语言学的一个分支，是利用计算机将一种自然语言转换为另一种自然语言的过程。机器翻译采用的技术主要是神经机器翻译（neural machine translation，NMT）技术，该技术当前在很多语言上的表现已经超过人类。

随着经济全球化进程的加快及互联网的迅速发展，机器翻译技术在促进政治、经济、文化交流等方面的价值的凸显，也给人们的生活带来了许多便利。例如，我们在阅读英文文献时，可以方便地通过有道翻译、百度翻译等软件将英文转换为中文，免去了查字典的麻烦，提高了学习和工作的效率。

③ 个性化推荐系统。个性化推荐系统是互联网和电子商务发展的产物，它是建立在海量数据挖掘基础上的一种高级商务智能平台，向用户提供个性化的信息服务和决策支持。近年来已经出现了许多非常成功的大型推荐系统实例，与此同时，个性化推荐系统也逐渐成为学术界的研究热点之一。

随着推荐技术的研究和发展，其应用领域也越来越多。例如，新闻推荐、商务推荐、娱乐推荐、学习推荐、生活推荐、决策支持等。推荐方法的创新性、实用性、实时性、简单性也越来越强。例如，上下文感知推荐、移动应用推荐、从服务推荐到应用推荐。

④ 自动驾驶。自动驾驶汽车是智能汽车的一种，也称为轮式移动机器人，主要依靠车内以计算机系统为主的智能驾驶控制器来实现自动驾驶。自动驾驶中涉及的技术包含多个方面，如计算机视觉、自动控制技术等。

美国、英国、德国等发达国家从 20 世纪 70 年代开始就投入无人驾驶汽车的研究中，中国从 20 世纪 80 年代起也开始了无人驾驶汽车的研究。

学习笔记

2006年，美国卡内基梅隆大学研发了无人驾驶汽车Boss，Boss能够按照交通规则安全地行驶通过附近有空军基地的街道，并且会避让其他车辆和行人。近年来，随着人工智能浪潮的兴起，自动驾驶成为人们热议的话题，国内外许多公司纷纷投入自动驾驶的研究中。

⑤ 智能医疗。手术机器人（图0-2）、医疗影像识别是目前人工智能在医疗领域的典型应用。例如，世界上具有代表性的手术机器人达·芬奇手术系统。在临床医学中，利用计算机图像处理技术，可以对医学影像进行图像分割、特征提取、定量分析和对比分析等工作，进而完成病灶识别与标注，针对肿瘤放疗环节的影像的靶区自动勾画，以及手术环节的三维影像重建。

图0-2　利用达·芬奇手术系统做手术

医学图像处理应用可以辅助医生对病变体及其他目标区域进行定性甚至定量分析，从而极大提高医疗诊断的准确性和可靠性。

⑥ 智能物流。物流企业除利用条形码、射频识别技术、传感器、全球定位系统等优化和改善运输、仓储、配送、装卸等物流业基本活动外，也在尝试使用计算机视觉及智能机器人（图0-3）等技术实现货物自动化搬运和拣选等复杂活动，使货物搬运速度、拣选精度得到大幅提升。

图0-3　智能物流中的无人仓、无人机与无人车

（2）量子信息技术。

随着人类对微观粒子系统的观测和调控能力不断突破和提升，利用量子力学中的叠加态和纠缠态等独特物理特性进行信息的采集、处理和传输已经成为可能。目前，人类对于量子力学原理的认识、理解和研究正不断深入，对于微观物理体系的观测和调控能力也在不断提升。量子信息技术是一种由量子力学与信息技术相结合的新型技术，是通过量子系统的各种相干特性（如量子并行、量子纠缠和量子不可克隆等）进行计算、编码和信息传输的全新信息处理方式。

量子信息技术已经成为信息通信技术演进和产业升级的关注焦点之一，在未来国家科技发展、新兴产业培育、国防和经济建设等领域，将产生基础性乃至颠覆性的重大影响。目前，量子信息的应用场景主要有以下方面。

学习笔记

① 量子计算机。量子计算机是指用量子态表示信息，将量子比特作为信息处理和存储单元，采用量子算法和量子编码实现高速计算的新型计算机。量子计算机的信息处理单元是量子比特，由于量子叠加效应可同时处理 **0** 和 **1**，这使得量子比特能承载的信息量远高于传统电子比特。量子计算机超强的计算能力为密码分析、气象预报、城市交通规划、石油探勘、药物设计等需要大规模算力的问题提供了解决方案，并可模拟高温超导、量子霍尔效应等复杂物理机制，为先进材料制造和新能源开发奠定科学基础。

② 量子通信。量子通信主要基于量子纠缠理论，使用量子隐形传态（传输）的方式实现信息传递。光量子通信的过程如下：事先构建一对具有纠缠态的粒子，将两个粒子分别放在通信双方，将具有未知量子态的粒子与发送方的粒子进行联合测量（一种操作），则接收方的粒子瞬间发生坍塌（变化），坍塌（变化）为某种状态，这个状态与发送方的粒子坍塌（变化）后的状态是对称的，然后将联合测量的信息通过经典信道传送给接收方，接收方根据接收到的信息对坍塌的粒子进行幺正变换（相当于逆转变换），即可得到与发送方完全相同的未知量子态。

经典通信的安全性无法与量子通信相提并论。量子通信不会“泄密”，其一，体现在量子加密的密钥是随机的，即使被窃取者截获，也无法得到正确的密钥，因此无法破解信息；其二，分别在通信双方手中具有纠缠态的两个粒子，其中一个粒子的量子态发生变化，另外一方的量子态就会随之立刻变化，并且根据量子理论，宏观的任何观察和干扰，都会立刻改变量子态，引起其坍塌，因此窃取者由于干扰而得到的信息已经被破坏，并非原有信息。因此，量子通信网络被称为信息安全的“终极武器”，可从根本上解决国防、金融、政务、能源、商业等领域的信息安全问题。

③ 量子雷达。量子雷达（图 0-4）是一种利用量子力学原理，通过收发量子信号来探测目标的新型雷达。由于量子不可复制、不可分割的特点，量子雷达发射的量子信号无法被拦截和篡改，这使得量子雷达难以欺骗和反探测，常规雷达难以探测的隐形飞机也可被量子雷达轻松发现。量子雷

图0-4　量子雷达

学习笔记

达具有体积小、功耗低、抗干扰能力强、反隐身能力强、不易被敌方电子侦察设备发现和易于成像等优点，在军事和国防领域（如导弹防御和空间探测）具有极其广阔的应用前景和重大的现实价值。

④ 量子导航。量子导航是基于各种量子效应和微加工技术的惯性导航系统，它无须依赖外部的卫星信号即可得到精确的设备位置信息，并可将定位精度提升至毫米级别，大大提高导航精度，这使得量子导航在无人机、潜艇、导弹、直升机等领域有着广阔的发展前景。

⑤ 量子成像。量子成像是利用量子纠缠现象发展起来的一种新型成像技术，理论上可在所有光学波段获得成像效果良好的图像，比目前较先进的激光全息成像技术更加强大。目前的量子成像研究多处于实验室阶段，需要的成像时间普遍较长（一般为数秒），不适于瞬时成像的场合。但随着日后技术的成熟，量子成像将在航空探测、军事侦察、远程成像等领域发挥重要作用。

（3）移动通信技术。

在过去的半个世纪中，移动通信的发展对人们的生活、生产、工作、娱乐乃至政治、经济和文化都产生了深刻的影响。移动通信技术经历了模拟传输、数字语音传输、互联网通信、个人通信、新一代无线移动通信等发展阶段。移动通信的迅速发展，使用户彻底摆脱终端设备的束缚、实现完整的个人移动性、可靠的传输手段和接续方式，移动通信已演变成社会发展和进步必不可少的工具。

移动通信技术是移动体之间或移动体与固定体之间进行无线通信的现代化技术。移动体可以是人，也可以是汽车、火车、轮船、收音机等在移动状态中的物体。

移动通信技术是电子计算机与移动互联网发展的重要成果之一。第 1 代移动通信技术（1G）是在 20 世纪 80 年代初提出的，完成于 20 世纪 90 年代初。第 1 代移动通信技术是基于模拟传输的，其特点是业务量小、质量差、安全性差、没有加密和速度低。第 2 代移动通信技术（2G）起源于 20 世纪 90 年代初期，采用更密集的频率复用、多复用、多重复用结构技术，引入智能天线技术、双频段等技术，有效地克服了随着业务量剧增所引发的全球移动通信系统（global system for mobile communications，GSM）容量不足的缺陷，但随着用户规模和网络规模的不断扩大，频率资源已接近枯竭，语音质量不能达到用户满意的标准，通信速率太低，无法在真正意义上满足移动多媒体业务的需求。第 3 代移动通信技术（3G）最基本的特征是智能信号处理单元成为基本功能模块，支持话音和多媒体数据通信，它可以提供前两代产品不能提供的各种宽带信息业务，如高速数据、慢速图像与电视图像等。第 3 代移动通信技术的通信标准共有 3 个分支，存在

学习笔记

相互兼容的问题。第 4 代移动通信技术(4G)是集 3G 与无线局域网(wireless local area networks，WLAN）于一体并能够传输高质量视频图像，且图像传输质量与高清晰度电视不相上下的技术。4G 技术能够以 100Mb/s 的速率下载，比拨号上网快 2000 倍，上传的速率也能达到 20Mb/s，并能够满足几乎所有用户对无线服务的要求，而且计费方式更加灵活机动。

移动通信技术经过第 1 代、第 2 代、第 3 代、第 4 代技术的发展，目前，已经迈入了 5G 移动通信技术时代。第 5 代移动通信技术（5G），是对现有无线接入技术（包括 2G、3G、4G 和 WiFi）的技术演进，以及一些新增的补充性无线接入技术集成后解决方案的总称。从某种程度上讲，5G 将实现一个真正意义上的融合网络，以融合和统一的标准，提供人与人、人与物以及物与物之间高速、安全和自由的联通。2019 年 6 月，工业和信息化部正式向中国电信、中国移动、中国联通、中国广播电视网络有限公司（简称中国广电）发放 5G 商用牌照，中国正式进入 5G 商用元年。

国际电信联盟（International Telecommunication Union，ITU）确定了 5G 未来应具有的三大使用场景。

① 增强型移动带宽（enhanced mobile broad band，eMBB）情景下的应用场景。

a. 超高清视频传输。其优点在于能够对现实场景有较细致和逼真的还原，5G 的传输速率可高达 1Gb/s，理论上能够提供良好的网络承载能力。

b. 高速移动物体传输。在高速行驶的列车（如高铁）上，信号有时候会很差，这是因为还没有达到信号间的无缝衔接，而增强移动带宽使用情景正好能有效地解决此类问题，通过提高网络传输速度，增强通信能力，最终提高用户体验。

② 大规模机器类型通信（massive machine type communications，mMTC）情境下的应用场景。

a. 智能家居。此类产品众多，每个产品传输的数据量较小，且对时延要求不是特别敏感，5G 的大规模机器类型通信情景正好满足此类型应用场景。

b. 环境监测。环境监测是低功耗、大联接的应用场景之一，通常使用传感器进行数据采集，且传感器种类多样，同时对传输时延和传输速率不敏感，能够满足超高的联接密度。

c. 智慧城市。智慧城市是公认的 5G 的重要应用场景之一，能够被联接的物体多种多样，包括交通设施、空气、水、电表等，需要承载超过百万的联接设备，且各联接设备需要传输的数据量较小。

③ 超可靠和低时延通信（ultra-reliable and low latency communications，URLLC）情境下的应用场景。

a. 无人驾驶。无人驾驶已经应用在了特定的区域，而无人驾驶是自动驾

学习笔记

驶的高级阶段，需要的延迟性更低，为了保证用户的安全，传输时延时低至1ms，且需要具有超强的可靠性。5G的到来，有望真正地实现无人驾驶。

b. 远程医疗手术。若想在城市与偏远山村之间实现远程医疗，需要在短时间内处理大量的数据，且为了防止误诊，网络的传输质量要足够高和足够可靠，网络延迟要足够低。

c. 工业自动化控制。工业自动化控制是智能制造中的基础环节，核心在于闭环控制系统，系统通信的时延要达到毫秒级才能实现精确控制，同时要保证极高的可靠性。若发生传输错误或时延过长，则会造成巨大的经济损失。

（4）物联网技术。

物联网（Internet of Things，IoT）即“万物相联的互联网”，是一个基于互联网、传统电信网等信息承载体，让所有能够被独立寻址的普通物理对象形成互联互通的网络。物联网的定义包含两层意思：一是物联网的基础仍然是互联网，它是在互联网的基础上延伸和扩展的网络；二是其用户终端延伸和扩展到了任何物体之间，使任何物体之间都可以进行信息交换和通信。

物联网是新一代信息技术的重要组成部分，在互联网的时代，连接互联网的终端无非就是计算机、智能手机，而在物联网的时代，连接互联网的终端就成了一切可能的实物。物联网技术是通过射频识别、红外感应器、全球定位系统、激光扫描器等信息传感设备，采集实物的声、光、热、电、力学、化学、生物、位置等各种需要的信息，接入各类可能的网络，按照约定的协议，把任何实物与互联网相连接进行信息交换和通信，以实现对实物的智能化识别、定位、跟踪、监控和管理。物联网技术在工业、农业、环境、交通、物流、安保等基础设施领域的应用，有效地推动了这些领域的智能化发展，使得有限的资源得到更加合理的使用分配，从而提高了行业效率、效益；而在家居、医疗健康、教育、金融与服务业、旅游业等与生活息息相关领域的应用，从服务范围、服务方式到服务的质量等方面都有了极大的改进，极大地提高了人们的生活质量。

① 智慧物流。智慧物流是新技术应用于物流行业的统称，指的是以物联网、大数据、人工智能等信息技术为支撑，在物流的运输、仓储、包装、装卸、配送等各个环节实现系统感知、全面分析及处理等功能。智慧物流的实现能大大地降低各行业运输的成本，提高运输效率，提升整个物流行业的智能化和自动化水平。

② 智能交通。智能交通是物联网所有应用场景中极具前景的应用之一。利用先进的信息技术、数据传输技术以及计算机处理技术等，集成到交通运输管理体系中，使人、车和路能够紧密配合，改善交通运输环境、保障交通安全以及提高资源利用率。行业内应用较多的前五大场景，包括智能

公交车、共享单车、汽车联网、智慧停车以及智能红绿灯等。

学习笔记

③ 智能安防。智能安防是物联网的一大应用市场，传统安防对人员的依赖性比较大，非常耗费人力，而智能安防系统对拍摄的图像进行传输与存储，并对其进行分析与处理，通过设备实现智能判断。

④ 智慧能源。智能能源属于智慧城市的一部分。当前，将物联网技术应用于水、电、燃气等表计算以及根据外界天气对路灯的远程控制等，基于环境和设备进行物体感知，通过监测，提升利用效率，减少能源损耗。

⑤ 智能医疗。智能医疗能有效地帮助医院实现对人的智能化管理和对物的智能化管理。对人的智能化管理是指通过传感器对人的生理状态（如心跳频率、体力消耗、血压高低等）进行捕捉，将其记录到电子健康档案中，以方便个人或医生查阅。对物的智能化管理，是指通过射频识别技术对医疗物品进行监控与管理，实现医疗设备、用品可视化。当前主要的两个应用场景分别是医疗可穿戴和数字化医院。

⑥ 智慧建筑。物联网技术的应用，让建筑向智慧建筑方向演进。智慧建筑越来越受到人们的关注，是集感知、传输、记忆、判断和决策于一体的综合智能化解决方案。当前的智慧建筑主要体现在用电照明、消防监测以及楼宇控制等，将设备进行感知、传输并远程监控，不仅能够节约能源，同时也能减少运维的楼宇人员。对于古建筑，也可以进行白蚁监测，进而达到保护古建筑的目的。

⑦ 智能制造。制造领域的市场体量巨大，是物联网的一个重要应用领域，主要体现在数字化以及智能化的工厂改造上，包括工厂机械设备监控和工厂的环境监控。通过在设备上加装物联网装备，设备厂商可以远程随时随地对设备进行监控、升级和维护等操作，更好地了解产品的使用状况，完成产品全生命周期的信息收集，指导产品设计和售后服务。厂房的环境监控主要包括监测空气温湿度、烟感等情况。

⑧ 智能家居。智能家居是使用各种技术和设备来改变人们的生活方式，使家庭环境变得更舒适、安全和高效。物联网应用于智能家居领域，能够对家居类产品的位置、状态变化进行监测，分析其变化特征，同时根据人的需要，在一定程度上进行反馈。

⑨ 智能零售。智能零售分为 3 种不同的形式：远场零售、中场零售、近场零售，三者分别以电商、商场 / 超市和便利店 / 自动售货机为代表。物联网技术可以用于近场零售和中场零售，且主要应用于近场零售，即无人便利店和自动（无人）售货机。智能零售通过将传统的售货机和便利店进行数字化升级、改造，打造无人零售模式；通过数据分析，并充分运用门店内的客流和活动，为用户提供更好的服务，为商家提供更高的经营效率。

⑩ 智慧农业。智慧农业是指利用物联网、人工智能、大数据等现代信

学习笔记

息技术与农业进行深度融合，实现农业生产全过程的信息感知、精准管理和智能控制的一种全新农业生产方式，可实现农业可视化诊断、远程控制以及灾害预警等功能。在播种、施肥、灌溉、除草以及病虫害防治等农业种植环节，以传感器、摄像头和卫星等收集数据，实现数字化和智能机械化发展。

（5）区块链技术。

自2008年问世以来，区块链（blockchain或block chain）技术已发展了超过十年之久。在这十多年中，区块链由最初同数字虚拟货币绑定在一起到逐步发展成具有独特应用和价值属性的区块链。从最初仅限于被技术社群探讨到引发世界主要国家的关注，其发展道路逐渐明朗。2019年10月25日，习近平总书记在中共中央政治局第十八次集体学习时强调，要加快推动区块链技术和产业创新发展，积极推进区块链和经济社会融合发展。

区块链是一种由多方共同维护使用密码学保证传输和访问安全，能够实现数据一致存储、难以篡改、防止抵赖的记账技术，也称为分布式账本技术（distributed ledger technology），其特点是保密性强、不可篡改和去中心化。

区块链的运行机制大体如下：当网络中的任意两点进行数据交换时，该数据都会对应一个发送者和接收者，而当一个节点的数据交换积累到一定大小或条目数量之后，区块链就会自动将其打包，形成一个“块”（block），并附上一串具有“时间戳”作用的计算机密码。发送者和接收者具有匿名性（通常也由一串代码表示），也只有交易双方能够立刻知道彼此之间发生的交易，从而使区块链具有保密性强的特性。由于解开“时间戳”密码需要进行大量而复杂的计算机运算，因此当最终网络中有一台计算机解开该密码时，其所付出的工作量是不可伪造的，从而使区块链具有不可篡改的特性。再加上每个区块的“时间戳”包含紧邻上一个区块的信息（术语为“哈希值”），因此整个网络中的区块将按照顺序自动排列，形成最长的唯一链条，称为“链”（chain）。网络中所有节点都会寻找最长的链并与之同步，在这一过程中，网络中所有节点都会同步到该链，也就是说网络中所有的节点具有平等的权限，整个过程不需要任何中央节点或中心数据库的运算处理，通过云计算分布式完成，杜绝了任何中心节点监控、封锁某一节点的可能，从而使区块链具有去中心化的特性。

从定义及特性可以看出，作为一种保密性强、不可篡改、去中心化的技术，区块链最适于承担类似“货币”或“账本”的职能，这也是迄今为止，区块链与经济和金融联系如此紧密的原因。区块链的主要应用有以下两方面。

① 货币应用。数字货币是非实物货币，非实物货币是区分于实物货币的一个概念，是指不存在于现实世界、不以物理介质为载体的货币形式。

学习笔记

非实物货币可分为电子货币、虚拟货币和数字货币。基于区块链技术的数字货币具有去中心化、总量稳定和价格剧烈波动等特征，全球对于数字货币的研究已有三十余年的时间，全世界基于区块链技术的加密货币已超过1800种，截至2018年底全球所有使用加密数字货币的用户达到了3500万人。数字货币去中心化的特性对于要掌控国际金融体系的西方发达国家来说面临诸多反对，推进速度较慢，发展中国家对区块链货币则宽容得多。

② 非货币应用。相较于货币应用，区块链在非货币应用上的发展相对顺畅，阻力较少，已开发出智能合约、金融服务、物流管理、在线投票等多种不同应用场景。其中，智能合约是指利用数字区块链分布式验证和不可篡改的特征实现在线的合同签署。通过结合高级数字身份验证以及数字违约金支付系统，区块链能够较好地确保合同法律效力，利用计算机系统自动化实现合同的智能仲裁与强制执行。目前，IBM、以太坊等公司推出了属于自己的智能合约服务。美参议院联合经济委员会2018年3月针对区块链技术用于智能合约发表了报告，认为其具备法律可行性；白俄罗斯也于2017年年底颁布数字经济发展法令，成为有史以来第一个将智能合约合法化的国家。

2）新一代信息技术与其他产业融合

先进的信息技术对各行各业的发展产生了巨大的影响。例如，在制造业，信息技术已成为竞争的核心要素，它是推动制造业价值链重塑与发展的重要基础，在新一代信息技术引领下，我国制造业逐步向数字化、智能化、移动化、绿色化方向发展。

引导问题： 搜索并观看"推动新一代信息技术制造业深度融合助力工业转型升级""新一代信息技术打造智慧之城"等相关视频，讨论并分析新一代信息技术与其他产业融合的新趋势和相关技术的应用。

（1）三网融合。

三网涉及现代信息产业中的3个不同行业，即电信业、计算机业和有线电视业。三网融合主要是高层业务应用的融合，在业务层上互相渗透和交叉；在网络层上实现互联与无缝覆盖；在应用层上趋向使用统一的IP，并通过不同的安全协议最终形成一套在网络中兼容多业务的运行模式。三网融合的特点主要表现在以下3个方面。

强调业务融合。三网融合并不是简单的三网合一，也不是网络的互相代替，而是业务的融合，即通过网络互联互通，资源共享，每个网络都能开展多种业务。例如，用户既可以通过有线电视网络打电话，也可以通过电信网络看电视。

强调中国特色。建设符合我国国情的三网融合模式，走中国特色的三网融合之路。我国将全面推进网络数字电视的数字化网络改造，提高对综合业务的支撑能力，同时推进各地分散运营的有线电视网的整合，组建国家级有线电视网络公司。

学习笔记

明确广电和电信有限度的双向接入。鉴于我国媒体管理和电信管理政策的不同，三网融合主要是业务上有限度的融合。例如，广电企业可以申请基于有线电视网络的互联网接入业务；电信企业可以开展互联网视听节目传输、转播时政类新闻节目、手机电视分发服务等。

三网融合应用广泛，涉及智能交通、公共安全、环境保护等多个领域。例如，手机可以看电视、上网，电视可以上网、打电话，计算机也可以打电话、看电视。三者之间相互交叉，这就是三网融合技术的主要表现。

（2）与制造业融合。

新一代信息技术与制造业深度融合是推动制造业转型升级的重要举措，是抢占全球新一轮产业竞争制高点的必然选择。目前，我国新一代信息技术与制造业融合发展成效显著，主要体现在以下 3 个方面。

① 产业数字化基础不断夯实。近年来，我国以融合发展为主线，持续推动新一代信息技术在企业的研发、生产、服务等流程和产业链中的深度应用，带动了企业数字化水平的持续提升。

② 数字化转型步伐不断加快。工业互联网平台作为新一代信息技术与制造业深度融合的产物，已成为制造业大国竞争的新焦点。推广工业互联网平台，加快构建多方参与、协同演进的制造业新生态是加快推进制造业数字化转型的重要催化剂。当前，我国工业互联网平台发展取得了重要进展。全国有一定行业区域影响力的区域平台超过 50 家，工业互联网平台对加速企业数字化转型的作用日益彰显。

③ 企业创新能力不断增强。随着我国信息技术产业的快速发展，一大批企业脱颖而出，在创新能力、规模效益、国际合作等方面不断取得新成就。其中，百强企业的研发投入持续增加，它们的平均研发投入强度超过 10%，为产业数字化转型奠定了良好基础。

（3）与生物医药产业融合。

近年来，以云计算、智能终端等为代表的新一代信息技术在生物医药产业得到了越来越广泛的应用，新一代信息技术与生物医药领域正在进行深度融合，这种融合代表着新兴产业发展和医疗卫生服务的前沿。新一代信息技术已渗透生物医药产业的各个环节，如研发环节、生产流通环节、医疗服务环节等。

① 研发环节。在研发环节，大数据、云计算等技术将推进医药研发的进程。很多发达国家正尝试运用信息技术建立“虚拟人”，将药品临床试验的某些阶段虚拟化。另外，针对电子健康档案数据的挖掘和分析，将有助于提高药品研发效率，降低研发费用。

② 生产流通环节。在生产流通环节，无线射频识别标签、温度传感器、智能尘埃（smart dust）等设备将在药品流通过程中得到广泛应用。

学习笔记

③ 医疗服务环节。在医疗服务环节，电子病历、智能终端、网络社交软件等将使有限的医疗资源被更多人共享，形成新的医患关系。良好的市场前景已使许多信息技术公司介入生物产业，如IBM公司推出了“智慧医疗”服务产品。

（4）与汽车产业融合。

当汽车保有量接近饱和时，汽车产业曾经一度被误认为是夕阳产业，但实际上，全球汽车产业的发展从未止步，尤其是在新一代信息技术与汽车产业深度融合之后，汽车产业焕发新生。新一代信息技术与汽车产业的深度融合呈现出以下3个特征。

① 从产品形态来看，汽车不只是交通工具，还是智能终端。智能网联汽车配有先进的车载传感器、控制器、执行器等装置，应用大数据、人工智能、云计算等新一代信息技术，具备智能化决策、自动化控制等功能，实现车辆与外部节点间的信息共享与控制协同。

② 从技术层面来看，汽车从单一的硬件制造走向软硬一体化。其中，硬件设备是真正实现智能化并得以普及的底层驱动力，它是不可变的；软件是可变的，能够根据个人需求选择个性化定制。

③ 从制造方式来看，由大规模同质化生产逐步转向个性化定制。在工业4.0时代，汽车产业在纵向集成、横向集成、端到端集成3个维度率先突破，正从大规模同质化生产模式转向个性化定制模式。

0.2 信息素养

【知识目标】（1）了解信息素养的基本概念及主要要素；

（2）掌握信息伦理知识，了解相关法律法规与职业行为自律的要求。

【能力目标】（1）能够利用信息设备和信息资源获取信息；

（2）能够明晰不同行业内职业发展的共性、途径和方法。

【素质目标】（1）理解信息社会特征并遵循信息社会规范；

（2）拥有良好职业精神，具备独立思考和主动探究能力。

随着以“信息和知识”为基础的新经济信息社会的到来，信息素养已成为每个社会成员的基本生存能力，更是学习化社会“学会学习”及终身学习的必备素质。

学习笔记

1. 信息素养与具有信息素养的人

自1974年美国信息产业协会主席保罗·泽考斯基提出信息素养的概念以来，随着研究的深入及信息技术的发展，人们对信息素养的认识也不断深化。1987年，信息学专家布雷威克将信息素养概括为一种了解提供信息的系统，能鉴别信息的价值，选择获取信息的最佳渠道，掌握获取和存储信息的基本技能。1989年，美国图书馆协会下属的信息素养总统委员会正式指出："要成为一个具有信息素养的人，他必须能够确定何时需要信息，并已具有检索、评价和有效使用所需信息的能力。"1992年，美国图书馆协会提出："信息素养是人能够判断何时需要信息，并且能够对信息进行检索、评价和有效利用的能力。"同年，道尔在《信息素养全美论坛的终结报告》中给出了一个较为全面的定义：一个具有信息素养的人，他能够认识到精确和完整的信息是做出合理决策的基础，他能够确定对信息的需求，能够形成基于信息需求的问题，能够确定潜在的信息源，能够制订成功的检索方案，从包括基于计算机的和其他的信息源中获取信息、评价信息、组织信息用于实际的应用，将新的信息与原有的知识体系进行融合以及在批判性思考和问题解决过程中使用信息。

虽然研究人员从不同的视角界定了信息素养的定义，但由于信息素养是个动态的、发展的概念，其内涵会随着信息技术的发展而变化，直到目前，信息素养还没有一个统一的定义。

具有信息素养的人最终是那些懂得如何学习的人，懂得如何学习是因为他们知道如何组织知识，如何找到信息，如何利用信息。美国国家信息素养论坛在1990年的年度报告中提出具有信息素养的人是：了解自己的信息需求；承认准确和完整的信息是制订明智决策的基础；能在信息需求的基础上系统阐述问题；具有识别潜在信息源的能力，能制订成功的检索策略；能检索信息源，能利用以计算机为基础的信息技术或其他技术；具有评价信息的能力；能为实际应用而对信息进行组织；具有将新信息结合到现存的知识体系中的能力；能采用批判性思维，利用信息并解决问题。

1994年，澳大利亚格里菲斯大学信息服务处的布鲁斯总结出具有信息素养的人的七个关键特征：①具有独立学习的能力；②具有完成信息过程的能力；③能够利用不同的信息技术和系统；④具有促进信息利用的内在化价值；⑤拥有关于信息世界的充分知识；⑥能够批判性地处理信息；⑦具有个人信息风格。

2. 信息素养的主要要素及关系

尽管信息技术可能会不断有所突破、不断有所发展，新的技术会推动信息传播的发展与扩大信息传播的范围及其影响面，信息素养的内涵可能会有所发展，但是它的主要要素一般由信息意识、信息伦理、信息知识和信息能力四部分构成。

1）信息意识

信息意识表现为人们对所关心的事物的信息敏感力、观察力、分析判断力，是人们对信息的感知和需求的主观反映。信息意识主要包括以下几方面。①能认识到信息在信息时代的重要作用，确立在信息时代尊重知识、终身学习、勇于创新的一些新的观念。②对信息有积极的内在需求。每个人除了自身有对信息的需求外，还应善于将社会对个人的要求自觉地转化为个人内在的信息需求，这样才能适应社会发展的需要。③对信息的敏感性和洞察力。能迅速有效地发现并掌握有价值的信息，并善于从他人看来是微不足道、毫无价值的信息中发现信息的隐含意义和价值，善于识别信息的真伪，善于将信息现象与实际工作、生活、学习迅速联系起来，善于从信息中找出解决问题的关键。

2）信息伦理

信息伦理的兴起与发展植根于信息技术的广泛应用所引起的利益冲突和道德困境，以及建立信息社会新的道德秩序的需要。

信息伦理，是指涉及信息开发、传播、管理和利用等方面的伦理要求、伦理准则、伦理规约，以及在此基础上形成的新型的伦理关系。信息伦理又称信息道德，它是调整人们之间以及个人和社会之间信息关系的行为规范的总和。它不是由国家制定和执行的，是在信息活动中以善恶为标准，依靠人们的内心信念和特殊社会手段维系的。信息伦理结构的内容可概括为主观和客观两个方面，前者是指人类个体在信息活动中以心理活动形式表现出来的道德观念、情感、行为和品质，如对信息劳动的价值认同，对非法窃取他人信息成果的鄙视等，即个人信息道德；后者是指社会信息活动中人与人之间的关系，以及反映这种关系的行为准则与规范，如扬善抑恶、权利义务、契约精神等，即社会信息道德。

作为信息社会中的现代人，我们应认识到信息和信息技术的意义及其在社会生活中所起的作用与影响，要有信息责任感，能抵制信息污染，遵循一定的信息伦理与道德，规范自身的信息行为活动，主动参与理想的信息社会的创建。

3）信息知识

信息知识是指一切与信息有关的理论、知识和方法。信息知识是信息素养的重要组成部分，一般来说它包括以下几个部分。

（1）传统文化素养。传统文化素养包括读、写、算的能力。尽管进入信息时代之后，读、写、算的方式产生了巨大的变革，被赋予了新的含义，但传统的读、写、算能力仍然是人们文化素养的基础。信息素养是传统文

学习笔记

化素养的延伸和拓展。在信息时代，人们必须具备快速阅读的能力，这样才能有效地在各种各样、成千上万的信息中获取有价值的信息。

（2）信息的基本知识。包括信息的理论知识，对信息、信息化的性质、信息化社会及其对人类影响的认识和理解，信息的方法与原则（如信息分析综合法、系统整体优化法等）。

（3）现代信息技术知识。包括信息技术的原理（如计算机原理、网络原理等）、信息技术的作用、信息技术的发展及其未来等。

（4）外语。信息社会是全球性的，在互联网上有80%多的信息语种是英语，此外还有其他语种。要相互沟通，就要了解国外的信息，表达我们的思想观念，这就要求我们每个人应掌握1～2门外语，适应国际文化交流的需要。

4）信息能力

信息能力是指人们有效利用信息设备和信息资源获取信息、加工处理信息以及创造新信息的能力，也就是终身学习的能力，即信息时代重要的生存能力，它包括以下几方面的能力。

（1）信息工具的使用能力。包括会使用文字处理工具、浏览器和搜索引擎工具、网页制作工具、电子邮件等。

（2）获取识别信息的能力。它是个体根据自己特定的目的和要求，运用科学的方法，采用多种方式，从外界信息载体中提取自己所需要的有用信息的能力。在信息时代，人们生活在信息的汪洋大海中，面临着无数的信息的选择，需要具有批判性的思维能力，根据自己的需要选择有价值的信息。

（3）加工处理信息的能力。个体应具有从特定的目的和新的需求的角度，对所获得的信息进行整理、鉴别、筛选、重组，提高信息的使用价值的能力。

（4）创造、传递新信息的能力。获取信息是手段，而不是目的。个体应在对所掌握的信息从新角度、深层次加工处理的基础上，进行信息创新，从而产生新的信息，同时，有了新创造的信息，还应通过各种渠道将其传递给他人，与他人交流、共享，从而促进更多新知识、新思想的产生。

构成信息素养的诸要素相互联系、相互依存并构成一个统一的整体，信息意识在信息素养结构中起着先导的作用，信息知识是基础，信息能力是核心，信息伦理是保证信息素养发展方向的指示器和调节器。它们之间特别是信息知识和信息能力之间的关系较为复杂，对信息的开发、利用和创造都需要一定的信息知识作为基本前提，信息知识是信息能力的基础；对信息知识的掌握有助于信息能力的形成和发展，而已形成的信息能力又往往会制约对信息知识的掌握。身处信息社会，所有的人都必须具备一定的

学习笔记

信息知识和信息能力，不然就难以在信息社会中生存发展下去。当然，信息知识和信息能力等对不同层次，不同类型的人来说，又有不同的标准和要求（表 0-1），这正是开展信息素养教育、提高公民信息素养的一个基本前提。

表0-1　不同层次信息素养的基本要求

层次	要素			
	信息意识	信息知识	信息能力	信息伦理
基础性信息素养	具有使用技术、信息和软件的习惯	了解计算机的基本工作原理和网络基本知识	熟练地使用网上资源，学会获取、传输、处理、应用信息的基本方法	懂得与信息技术有关的道德、文化和社会问题，负责任地使用信息
自我满足性信息素养	积极利用信息技术，将信息技术作为工作生活的必要手段之一	了解各类信息技术工具的原理和知识	能充分利用信息技术为自己的学习、生活、工作服务	关注与信息技术有关的道德、文化和社会问题，自觉按照法律和道德要求使用信息技术
自我实现性信息素养	信息技术成为实现自我价值的重要工具，成为工作、生活的重要内容	了解信息技术的原理和知识，深入掌握某一领域或方面的设计、开发、利用、管理和评价的知识	具有信息的分析、加工、评价、创新能力，具有设计和开发新的信息系统的能力	严格按照知识产权法等相关法规使用信息，做有知识、有责任感、有贡献的信息技术的使用者、探求者、创造者

3. 实施提升信息素养教育

在现代信息社会里，信息素养作为人的一项基本素质，如同传统社会中要求人们具有“读、写、算”的能力一样，是每一个公民必备的基本素质。信息素养教育应通过学习者对信息技术知识技能的掌握和利用，不断提高他们的信息意识和信息能力，使学习者学会学习、学会思考、学会合作、学会创造，有较强的社会责任感，养成终身学习的习惯，成为一个全面发展的人。实施提升信息素养教育可以从以下几个方面入手。

（1）提高学校教育信息化水平，为培养学生的信息素养奠定坚实基础。

（2）在常规的课程和教学中对信息素养教育进行新的探索。

（3）通过基于资源的学习实现传统教学模式的转变，促进民众信息素养的提高。

（4）建立评价信息素养的新体系，确保学生信息素养的发展。

（5）提高教师的信息素养水平，是提高学生信息素养的关键所在。

（6）在全社会大力营造有利于每个公民都成为信息素养人的良好氛围。

（7）研究和论证与信息素养有关的问题，为信息素养教育提供坚实的理论基础。

学习笔记

0.3 信息安全、职业行为自律与社会责任

【知识目标】（1）了解信息安全及自主可控的要求；
（2）了解信息安全面临的常见威胁和常用的安全防御技术；
（3）掌握常用的第三方信息安全工具的使用方法。

【能力目标】（1）能识别常见的网络欺诈行为；
（2）能有效维护信息活动中个人、他人的合法权益和公共信息安全。

【素质目标】（1）具备一定的信息安全意识；
（2）拥有网络信息安全保障的一般思路。

随着信息技术的快速发展，互联网的使用已经深入人们的日常生活，信息安全便成了一大问题。

1. 信息安全

据调查显示，24.1% 的网民每个账号密码会不同；61.4% 的网民会对账号密码做一定的区分；但仍有 13.8% 的网民将所有账号都使用同一个密码，十分危险。用户在使用公共 WiFi 上网活动时，安全风险也不尽相同。统计显示，在连接公共 WiFi 时，所有网民都会浏览简单网页信息或看视频、听音乐；除此之外，25.1% 的网民也会登录邮箱发送邮件，登录个人社交账号聊天；13.6% 的网民还会购物和进行网银交易。如果在无意中连接了钓鱼 WiFi，或者黑客 WiFi，这些操作很容易导致账号、密码被盗甚至金融账号里的财产损失。80% 的 WiFi 能被轻易破解。每年因蹭网给人们带来网银被盗、账号被盗等经济损失多达 50 亿元。

近些年来，信息安全事件时有发生，警钟不断，让我们不得不认识到信息安全工作的重要性。信息技术推动了整个社会乃至人类的进步，但是创新的科技同时也是一把“双刃剑”，在推动社会进步的同时，也给犯罪分子留下了可乘之机，他们利用信息技术的某些漏洞进行破坏活动。虽然会有先进的信息安全管控技术来加以规范，但是，安全管控技术充分发挥其积极正面的效用的前提条件是人们的信息安全意识必须得以提升。

以下简单介绍一下近几年涉及信息安全的几个案例。

2016 年 10 月，美国东海岸发生了瘫痪面积最大（大半个美国）、时间最长（6 个多小时）的分布式拒绝服务（distributed denial of service，DDoS）攻击。同年 9 月，雅虎也曾对外宣布，在两年前的一次黑客攻击中，共有 5 亿用户的个人信息被盗，包括姓名、电子邮箱等隐私资料，并称攻击背后可能是某个国家支持的名叫 Peace 的黑客团体，该组织准备在国际黑市上转

学习笔记

让从雅虎盗取的 2 亿用户信息。

2018 年 2 月，勒索病毒 GlobeImposter 家族最新变种在国内爆发，大批企业用户纷纷中招，其中包括政府、高校、医院等公共基础设施。勒索病毒文件一旦被用户打开，会遍历本地所有磁盘中的文档、图片等文件，并对这些文件进行格式篡改和加密，加密完成后，还会在桌面等明显位置生成勒索提示文件，指导用户去缴纳赎金。该类病毒可以导致重要文件无法读取，关键数据被损坏，给用户的正常工作带来了极为严重的影响。

2020 年 12 月中旬，蔓灵花 APT（advanced persistent threat，高级持续性威胁）组织，利用病毒邮件对我国关键领域发动钓鱼邮件攻击。邮件内容以“海事政策分析和对南亚的港口安全影响”“2020 年自主研发项目立项论证报告”等为主题，主要针对我国政府部门、科研机构相关人员发起定向邮件攻击。

2021 年 6 月，商丘市睢阳区人民法院在裁判文书网公开了一份刑事判决书，显示一名住在河南省商丘市的本科毕业生逯某自 2019 年 11 月起，对淘宝实施了长达八个月的数据爬取并盗走大量用户数据。在淘宝注意到这一问题前，已经有 1180738048 条用户信息泄露。

引导问题：

（1）在日常生活中，我们常常会遇见下列现象：

- 开着计算机离开，不锁屏；
- 轻易相信来自陌生人的邮件，好奇打开邮件附件；
- 使用容易猜测的弱口令，或者压根就不设口令；
- 将口令写在便签上，贴在计算机屏幕旁；
- 会后不擦黑板，会议资料随意放置在会场。

针对上述现象，你认为我们应该怎样建立信息安全意识？

（2）常见的网络欺诈行为有哪些？对个人信息安全而言，常见的威胁有哪些？我们该怎么进行安全防御？

小提示

1）常见的网络欺诈行为

（1）电信欺诈。电信欺诈是指犯罪分子通过电话、网络和短信等方式，编造虚假信息，设置骗局，对受害人实施远程、非接触式诈骗，诱使受害人给犯罪分子打款或转账的犯罪行为。

手段包括虚假购物诈骗、中奖诈骗、家人遭遇意外诈骗、亲友急事诈骗、培训诈骗、QQ 微信盗号诈骗等。

（2）邮件欺诈。邮件欺诈是指在电子邮件中，以谋求个人利益为目的，通过不良操作手段，骗取用户个人信息、钱财的行为。

学习笔记

手段包括冒充单位领导要求转账借款、冒充招生单位要求转账支付学费、冒充系统管理员要求提供账号密码等个人信息、冒充政府企业部门要求转账支付欠款等。

2）常见的安全威胁

常见的安全威胁详见表0-2。

表0-2　常见的安全威胁

安全威胁	举例
网络安全威胁	DDos攻击、网络入侵等
应用安全威胁	操作系统漏洞；病毒、木马、蠕虫；钓鱼网站；数据泄露等
数据传输与终端安全威胁	通信流量挟持；中间人攻击；未授权身份人员登录系统；无线网络安全薄弱等

（1）DDoS攻击。DDoS攻击，是指攻击者通过各种手段，取得了网络上大量在线主机的控制权限。这些被控制的主机称为僵尸主机，攻击者和僵尸主机构成的网络称为僵尸网络。当确定被攻击目标后，攻击者控制僵尸主机向被攻击目标发送大量精心构造的攻击报文，造成被攻击者所处网络的链路拥塞、系统资源耗尽，从而使被攻击者产生拒绝向正常用户的请求提供服务的效果。

（2）操作系统漏洞。漏洞是指在硬件、软件、协议的具体实现或系统安全策略上存在的缺陷，攻击者通过操作系统漏洞能够在未授权的情况下访问或破坏系统。

（3）病毒、木马、蠕虫。病毒，简单来说就是依附于其他程序的恶意代码。攻击者利用计算机软件和硬件所固有的脆弱性编制一组指令集或程序代码，通过修改其他程序的方法将其精确复制或者以可能演化的形式放入其他程序中，从而感染其他程序，破坏计算机系统，篡改、损坏业务数据。木马是一段伪装成系统程序的恶意代码，通过一段特定的程序（木马程序）来控制另一台计算机。蠕虫是一种能够利用系统漏洞通过网络进行自我传播的恶意程序。

（4）“钓鱼”攻击。“钓鱼”是一种网络欺诈行为，是指不法分子利用各种手段，仿冒真实网站的URL（uniform resource locator，统一资源定位符）地址以及页面内容，或利用真实网站服务器程序上的漏洞在站点的某些网页中插入危险的HTML（hypertext markup language，超文本标记语言）代码，以此来骗取用户的银行或信用卡账号、密码等个人资料。

（5）中间人攻击。中间人攻击（man-in-the-middle attack，MITM攻击）是一种间接的入侵攻击，这种攻击模式是通过各种技术手段将受入侵者控制的一台计算机虚拟放置在网络连接中的两台通信计算机之间，这台计算机就称为“中间人”。中间人攻击主要的威胁是信息篡改和信息窃取。

学习笔记

3）常用的安全防御技术

（1）防火墙：作为边界设备，可对用户的上网行为、网页及邮件病毒、非法应用程序等进行阻断。通过在大中型企业、数据中心等网络的内网出口处部署防火墙，可以防范各种常见的DDoS攻击，还可以对传统单包攻击进行有效防范。

（2）定期修复漏洞：漏洞扫描、安装补丁等。

（3）提高安全意识：对可疑网站、链接保持警觉。

（4）数据传输与终端安全威胁的主要防御手段：数字签名，信息存储必须加密，信息传输必须加密，采用强加密算法，安装正版杀毒软件，采用高强度密码，降低多密码之间的关联性等。

4）常用第三方信息安全工具的使用

（1）360杀毒。360杀毒是一款免费的云安全杀毒软件，它具有查杀率高、资源占用少、升级迅速等优点，配合360安全卫士使计算机具有更高的安全等级。

（2）金山毒霸。金山毒霸是一款免费的云安全智扫反病毒软件，其最大的特点是整合性高，同时具有病毒防火墙实时监控、压缩文件查毒、查杀电子邮件病毒等功能。

（3）瑞星全功能安全软件。瑞星全功能安全软件是一款基于瑞星“云安全”系统设计的新一代杀毒软件，其整体防御系统可将所有互联网威胁拦截在用户计算机以外。深度应用“云安全”的全新木马引擎、“木马行为分析”和“启发式扫描”等技术可保证将病毒彻底拦截和查杀。再结合“云安全”系统的自动分析处理病毒流程，能第一时间将未知病毒的解决方案实时提供给用户。

网络安全法全文

引导问题： 有人说，国产化替代是我国信息安全的必由之路，对此怎么看？请谈谈你的想法。

小提示

近年来，我国围绕发展安全可信、自主可控的软硬件体系进行了一系列积极探索。例如，在芯片方面，自主生产的有手机消费级设备领域的麒麟芯片、服务器领域的鲲鹏芯片、人工智能领域的昇腾芯片；在服务器方面，浪潮天梭TS860G3为浪潮全新一代自主研发的高端服务器，采用高速互联设计，具备五大关键特性，是国内出货量较大的八路服务器，并将其与国际先进水平的差距缩短到一年以内。目前我国的水平仍然落后于发达国家，但是只要坚持国产化的战略，在不久的将来，我国将一步步实现安全可信、独立自主，实现真正意义上的信息安全。

学习笔记

2. 职业行为自律与社会责任

职业行为自律是一个行业自我规范、自我协调的行为机制，同时也是维护市场秩序、保持公平竞争、促进行业健康发展、维护行业利益的重要措施。另外，职业行为自律也是个人或团体完善自身的有效方法，是自身修养的必备环节，是提高自身发展、净化思想、强化素质、改善观念的有效途径。

在我国各行各业中制定的职业公约，如商业服务行业的“服务公约”、科技工作者的“科学道德规范”以及企业的“职工条例”中的一些规定，都属于职业行为自律的内容，它们在职业生活中已经发挥了巨大的作用。2020年的《中国互联网行业自律公约》第一条指出，遵照“积极发展、加强管理、趋利避害、为我所用”的基本方针，为建立我国互联网行业自律机制，规范行业从业者行为，依法促进和保障互联网行业健康发展，制定本公约。公约规定，互联网行业自律的基本原则是爱国、守法、公平、诚信。

在当今信息社会，我们应自觉遵守相关法律法规及信息伦理准则，树立正确的职业理念，向身边先进模范人物学习，时刻激励自己，自觉抵制拜金主义、享乐主义等腐朽思想的侵蚀，大力弘扬新时代的创业精神，不断提高参与信息社会的行为能力与社会责任感。

在个人的职业发展与行为自律方面，可充分发挥以下几种个人特质。

（1）责任意识。具有强烈的责任感和主人翁意识，对自己的工作负责。

（2）自我管理。培养良好的行为习惯，严于律己，身先士卒，为他人树立良好的行为榜样。

（3）坚持不懈。面对激烈的竞争，尤其是在面临困境或危急的时刻，能够顽强坚持，不轻言放弃。

（4）抵御诱惑。有较高的职业道德素养和坚定的品格，能够在各种利益诱惑下做好自己。

课后练习

一、单选题

1. “新一代信息技术”是国务院确定的七个战略性新兴产业之一，是以（　　）、量子信息、移动通信、物联网、区块链等为代表的新兴技术。

A. 人工智能　　B. 新能源汽车　　C. 导航系统　　D. 移动支付

2. 人工智能，英文简写为（　　）。

A. IP　　B. AP　　C. AI　　D. IT

3. 人工智能技术总体来说可分为两层，即基础支撑层和（　　）。

A. 表示层　　B. 技术层　　C. 网络层　　D. 应用层

4. 人脸识别技术水平在20世纪80年代得到不断提高，在20世纪90年代后期，人脸识别技术进入（　　）。

A. 初级应用阶段　　B. 中级应用阶段
C. 高级应用阶段　　D. 普及应用阶段

学习笔记

5. 从技术层面而言，人工智能技术的发展可以分为3个阶段：计算智能、感知智能和（　　）。

A. 认知智能　B. 高级智能　C. 生命智能　D. 多元智能

6. 量子信息是关于量子系统“状态”所带有的物理信息。通过量子系统的各种相干特性，如量子并行和（　　）等可以进行计算、编码和信息传输。

A. 量子碰撞　B. 量子纠缠　C. 量子吸引　D. 量子叠加

7. 量子信息包括量子计算、（　　）和量子测量三大技术领域。

A. 量子纠缠　B. 量子通信　C. 量子打印　D. 量子编辑

8. 测试与传感技术经机电式、（　　）两代发展，目前前沿研究已经进入量子测量领域。

A. 光电式　B. 机械式　C. 模拟式　D. 数字式

9. 第1代移动通信技术是基于（　　）传输的，其特点是业务量小、质量差、安全性差、没有加密和速度低。

A. 模拟　B. 数字　C. 电磁波　D. 微波

10. 5G网络的主要优势在于，数据传输速率远远高于以前的蜂窝网络，另一个优点是（　　）。

A. 较低的电磁辐射　　B. 较远的通信距离
C. 较低的网络延迟　　D. 较强的穿墙能力

11. 一个完整的物联网系统包括4个组成部分：传感器/设备、连接网络、数据处理和（　　）。

A. 输入设备　B. 用户界面　C. 输出设备　D. 运动反馈

12. 物联网即“万物相联的互联网”，其简称为（　　）。

A. InT　B. IoT　C. SoT　D. InU

13. 智能零售分为3种不同的形式：远场零售、中场零售、近场零售，三者分别以（　　）、商场/超市和便利店/自动售货机为代表。

A. 电商　B. 外卖　C. 快递　D. 移动支付

14. 近几年来，物联网技术加快与产业应用融合，已由碎片化应用、闭环式发展进入跨界融合、集成创新和（　　）的新阶段。

A. 渐进式发展　B. 突变式发展　C. 跳跃式发展　D. 规模化发展

15. 区块链是一种由多方共同维护，使用密码学保证传输和访问安全，能够实现数据一致存储、（　　）、防止抵赖的记账技术。

A. 难以篡改　B. 难以复制　C. 难以删除　D. 难以查看

16. 从定义及特性可以看出，区块链是一种保密性强、不可篡改、（　　）的技术。

学习笔记

A. 去中心化　B. 高可靠性　C. 低成本　D. 绿色环保

17. 随着技术与应用的不断发展，区块链由最初狭义的“去中心化分布式验证网络”衍生出了3种特性不同的类型，按照实现方式不同，可以分为公有链、(　　)和私有链。

A. 混合链　B. 联盟链　C. 数据链　D. 信息链

18. 非实物货币可分为电子货币、虚拟货币和（　　）。

A. 手机货币　B. 智能货币　C. 数字货币　D. 网络货币

19. 私有链即私有区块链，完全为一个商业实体所有的区块链，其链上所有成员都需要将数据提交给一个（　　）来处理。

A. 中心机构　B. 权威机构　C. 信息机构　D. 服务机构

20. 就目前的技术而言，要成为大数据，存储至少达到(　　)级别以上。

A. TB　B. GB　C. MB　D. KB

21. 发现计算机可能感染病毒后，比较合理的操作是（　　）。

A. 断网后使用杀毒软件杀毒　B. 重启计算机，等待自行恢复

C. 关闭计算机　D. 上网聊天

22. 下列信息安全控制方法，不合理的是（　　）。

A. 设置网络防火墙　B. 限制对计算机的物理接触

C. 用户权限设置　D. 数据加密

23. 与非对称加密技术相比，对称加密技术的优点是（　　）。

A. 加密速度更快　B. 密钥管理更安全

C. 加密程度更复杂　D. 密钥长度更长

24. 下面关于防火墙的说法中，错误的是（　　）。

A. 防火墙可以杀毒

B. 防火墙对流经它的网络通信进行扫描，能够过滤掉一些攻击

C. 防火墙能将内部网和公用网络（如 Internet）分开

D. 防火墙能监测网络通信

25. 被称为网络十大危险病毒之一的“QQ 大盗”，其属于（　　）。

A. 聊天游戏　B. 文本文件　C. 木马程序　D. 下载工具

26. 下面不是用于保证网络信息安全服务功能的是（　　）。

A. Windows 防火墙　B. 360 杀毒

C. Chrome　D. 腾讯电脑管家

27. 下列选项中，（　　）不是信息安全面临的威胁。

A. 信息泄露　B. 文件传输

C. 假冒攻击　D. 非授权访问

28. 要确保信息的保密性，可以采用（　　）技术。

A. 信息加密　B. 防火墙

学习笔记

C. 身份认证　　D. 病毒查杀

29. 数字签名技术是将签名信息用（　　）进行加密传送给接收者。

A. 发送者的私钥　　B. 发送者的公钥

C. 接收者的私钥　　D. 接收者的公钥

30. 下列选项中，（　　），不是常用的杀毒软件。

A. 360 安全卫士　　B. 金山毒霸

C. SQL Server　　D. 火绒安全软件

31. 下列选项中，（　　）不是密码技术在保障信息安全中可以达到的目的。

A. 实现数据保密性　　B. 防止数据被更改

C. 验证发送者身份　　D. 防止病毒入侵

32. 下列选项中，（　　）不是信息安全的基本属性。

A. 保密性　　B. 可用性　　C. 可读性　　D. 完整性

33. 计算机病毒是一段程序代码，具有如下特点：寄生性、隐蔽性、可触发性和（　　）。

A. 传染性　　B. 潜伏性　　C. 破坏性　　D. 以上都是

34. 下列选项中，（　　）不是防火墙技术的优点。

A. 防止恶意入侵　　B. 消灭恶意攻击源

C. 阻止恶意代码传播　　D. 保障内部网络数据安全

35. 下列选项中，（　　）不属于计算机病毒被制造的目的。

A. 破坏用户健康　　B. 盗取使用者信息

C. 破坏计算机功能　　D. 破坏用户数据

36. 下列选项中，（　　）不会引起计算机中病毒。

A. 及时更新杀毒软件　　B. 随意运行来源不明的程序

C. 随便浏览或登录陌生网站　　D. 打开不明邮件及附件

37. 通过植入（　　），黑客可以远程控制你的计算机，并进行窃取信息的活动。

A. 远程桌面连接　　B. 木马

C. 蠕虫　　D. 小邮差

38. 下列选项中，（　　）不属于信息安全技术的范围。

A. 信息加密技术　　B. 身份认证技术

C. 病毒监测技术　　D. 局域网组建技术

39. 利用凯撒密码进行加密时，约定明文中的所有字母都在字母表上向后循环偏移 3 位，从而得到密文。这里的数字 3 可以理解为（　　）。

A. 密钥　　B. 算法　　C. 明文　　D. 密文

40. 数字签名技术的使用，确保了信息的（　　）。

学习笔记

A. 保密性　　B. 可控性　　C. 可用性　　D. 不可否认性

二、判断题

1.“新一代信息技术”是国务院确定的七个战略性新兴产业之一，是以人工智能、量子信息移动通信、物联网、区块链等为代表的新兴技术。（　）

2.1958 年在第五届国际人工智能会议上，美国斯坦福大学计算机科学家费根鲍姆教授正式提出了知识工程概念。（　）

3. 机器翻译是计算语言学的一个分支，是利用计算机将一种自然语言转换为机器语言的过程。（　）

4. 搜索引擎可以在一定程度上理解人类的自然语言，从自然语言中抽取出关键内容并用于检索。（　）

5. 第 3 代移动通信技术（3G），其基本的特征是智能信号处理技术。（　）

6. 我国目前还未形成包括芯片、元器件、设备、软件、系统集成、运营、应用服务在内的较为完整的物联网产业链。（　）

7. 数字货币是非实物货币，非实物货币是区分于实物货币的一个概念，是指不存在于现实世界、不以物理介质为载体的货币形式。（　）

8. 智能合约是指利用数字区块链分布式验证和不可篡改的特点实现在线的合同签署。（　）

9. 私有链即私有区块链，其链上所有成员都需要将数据提交给若干个中心机构来处理。（　）

10. 新一代信息技术是当今世界创新最活跃、渗透性最强、影响力最广的研究焦点，正在全球范围内引发新一轮的科技革命，并以前所未有的速度转化为现实生产力。（　）

三、填空题

1.《中华人民共和国国家安全法》第十四条规定，每年 4 月 15 日为全民国家______日。

2.《中华人民共和国国家安全法》第三条规定，国家安全工作应当坚持总体国家安全观，以______为宗旨，以______为根本，以______为基础，以军事、文化、社会安全为保障，以促进国际安全为依托，维护各领域国家安全，构建国家安全体系，走中国特色国家安全道路。

3.《中华人民共和国国家安全法》第二十六条规定，国家坚持和完善民族区域自治制度，巩固和发展平等团结互助和谐的社会主义民族关系。坚持各民族一律平等，加强民族交往、交流、交融，防范、制止和依法惩治民族分裂活动，维护______、______和______，实现各民族共同团结奋斗、共同繁荣发展。

学习笔记

4.《中华人民共和国反间谍法》第二十一条规定，公民和组织发现间谍行为，应当及时向______报告；向公安机关等其他国家机关、组织报告的，相关国家机关、组织应当立即移送国家安全机关处理。

5.《中华人民共和国网络安全法》第四十条规定，网络运营者应当对其收集的用户信息严格保密，并建立健全______。

6. 新一代信息技术创新异常活跃，技术融合步伐不断加快，催生出一系列新产品、新应用和新模式，如_______、_______、_______、_______、_______等。

7. 物联网被称为继计算机、互联网之后世界信息产业发展的第三次浪潮，它具有_______、_______、_______等特点。

8. 工业互联网的核心三要素是_______、_______、_______。

9. _________通过集群应用网络技术或分式文件系统等功能将网络中大量不同类型的存储设备集合起来协同工作，共同对外提供数据存储和业务访问功能。

四、综合练习

1. 请寻找你身边行业自律的先进典范事例，从坚守健康的生活习惯、培养良好的职业态度、秉承正确的职业操守、维护核心的商业利益、规避不良的信用记录等方面，谈一谈自觉遵守行业自律规范的重要性。

2. 信息素养训练：选择自己感兴趣的一个课题，按下列步骤设计一份问题解决方案。

#1 定义问题（确定自己研究的问题）

（1）确定我研究的问题。

我决定研究：____

我给这次研究定的题目是：______________________________

我研究这个问题的原因是：______________________________

（2）确定研究所需信息和资料。

为了完成任务，我需要获取下列信息：

a.____

b.____

c.____

d.____

e.____

#2 搜寻策略（查找信息前准备工作）

邀请其他成员参与。使用头脑风暴法来确定信息搜索策略。首先，列出资源搜索的范围（如书本、网页、报纸、教师、家长等），再将资源范围按搜到相关资料的机会高低排序，找出与主题相匹配的最适资源。

学习笔记

a.__________
b.__________
c.__________
d.__________
e.__________
f.__________
g.__________

当查找资料或整理、发布资料时有困难，我准备求助：

联系（求助）对象	联系方式（博客、QQ等）

#3 找出信息（查找信息的方法和途径）

你选择从哪里获取信息？

□ 学校图书馆　□ 个人藏书
□ 公共图书馆　□ 教师提供
□ 互联网　□ 其他途径

如果你需要使用搜索引擎，请把关键词列举在下面的横线上。

____

我还需要哪些资料（文字、图片），怎样获得呢？

序号	资料内容	资料形式	获取途径
1			
2			
3			
4			
5			
6			

#4 使用信息（对自己查找到的信息进行分析）

我是如何记录获得的信息的？

□ 记在卡片上　□ 记在笔记本上
□ 记在计算机里　□ 使用概念图
□ 使用录音、视频或者数码相机
□ 使用其他方式__________

学习笔记

我找到有用的资料清单：

序号	题目	内容概述	资料来源	获取途径

还存在的问题有：________________________________

____

#5　整合信息（把信息变成自己的成果）

如何呈现我的研究成果：

□ 书面论文

□ 多媒体作品

□ 口头报告课程作业

□ 其他方式________________________________

对研究成果的资料来源进行评价（你觉得哪种方式获取的资料比较“丰富”和“方便”，进行排序）：

a. ________________________________

b. ________________________________

c. ________________________________

d. ________________________________

研究进度安排：

任务界定：________________________________

资料获取：________________________________

研究完成：________________________________

#6　评价（我成功了吗？分析一下原因）

____

____

____

____

____

____

____

学习笔记

案例分析

柯达公司拥有诸多技术创新，为何还是陷入“死亡之谷”？

自从创新理论被提出以来，特别是在经济全球化的背景下，创新能力被视为企业竞争力的核心标志。然而，近年来一些企业却在追求创新的路上走向没落，曾经被视为某个领域引领者的柯达、夏普、摩托罗拉等跨国公司在创新之旅中却面临困局。这些企业为什么会在创新之路上迷失了方向？

1880 年，当时还是银行职员的乔治•伊士曼利用自己发明的专利技术批量生产摄影干版，这就是伊士曼柯达公司的前身。伊士曼在干版生意上大获成功，翌年与商人斯特朗合伙成立了伊士曼干版公司。

1881 年末，伊士曼从罗切斯特储蓄银行辞职，投入全部精力经营自己的公司，同时继续研究简化摄影术的方法。

1883 年，伊士曼发明了胶卷，摄影行业发生了革命性的变化。

1892 年，更名为伊士曼柯达公司。

1896 年，柯达公司成为在希腊雅典举行的第一届现代奥林匹克运动会的主要赞助商。

截至 1900 年，柯达的销售网络已经遍布法国、德国、意大利和其他欧洲国家。当时，柯达产品通过世界各地的子公司销往 150 多个国家。

1975 年，一名 24 岁名叫史蒂文•赛尚（Steven Sasson）的柯达工程师发明了世界上第一台数码相机。

1981 年，柯达（中国）有限公司在北京成立办事处。

1986 年 1 月 9 日，柯达输掉了与宝利来（Polaroid）的专利官司，退出了即时拍相机行业。

1994 年，柯达快速彩色冲印店进入中国市场，全球已发展到 8000 多家。

1995 年，柯达电子（上海）有限公司成立，并于次年投产。柯达影像器材（上海）有限公司随之成立。

学习笔记

1998年，柯达承诺投资12亿美元用以全面提升中国感光行业，柯达(中国）股份有限公司及柯达（无锡）股份有限公司成立。

1998年6月，柯达厦门海沧生产基地破土动工，建造柯达在亚洲最大的感光产品生产基地。

直到这个时候，柯达虽然也些小磕小碰，但总的来看，其发展历程在中国都是顺风顺水、一路高歌的，然而自这之后，由于在数字成像技术对传统成像技术的冲击中，柯达未能及时改变战略实现转型，最终在一片片唏嘘声中逐渐衰退……

虽然柯达1998年就开始深感传统胶卷业务萎缩之痛，但柯达的决策者们，由于担心胶卷销量受到影响，一直未敢大力发展数字业务。

2000年之后，全球数码市场连续高速增长，翻了差不多两倍，而全球彩色胶卷的需求以每年10%的速度急速下滑。2002年，柯达的数字化率只有25%左右，而竞争对手富士已达到60%。

2004年，柯达推出6款姗姗来迟的数码相机，但利润率仅为1%，其82亿美元的传统业务的收入则萎缩了17%。

2006年，柯达把其全部数码相机制造业务出售给新加坡伟创力公司。

自2007年以来，柯达实施第二次战略重组，裁员达2.8万人，幅度高达50%。然而，2008年，金融危机爆发，需求减弱，市场萎缩，其第四季报显示，柯达亏损1.33亿美元，连续三年出现年度营收下滑，靠出售资产勉强盈利的柯达一下子又回到了起点。

2010年柯达财报显示，持续经营业务亏损5800万美元。其中，柯达营收的主要来源竟仍然是专利出售，而像喷墨打印机这样的产品业务尚未真正打开市场。

2012年1月6日，柯达公司首席通讯官杰拉德•穆切纳选择离开柯达。

2012年1月19日，柯达宣布，公司已经提交了破产保护申请。从此，柯达也只能成为昔日辉煌。

从1975年发明第一台数码相机，到巅峰时期全球员工达14.5万人，市值最高310亿美元，胶卷时代占据全球2/3市场份额，柯达曾一步步成长为感光界当之无愧的霸主。从柯达的发展史能够看出，柯达在百年发展历史中积累了丰富的胶片摄影技术创新成果，是创新型企业的成功代表，但进入21世纪后，随着电子信息技术日新月异，消费市场对数字摄影的需求出现井喷式增长，柯达却在很长一段时间内由于“惯性障碍”继续投入大量资源发展胶片摄影创新，贻误了战略调整时机，被后来者超越。柯达是一个依靠创新发展的科技型企业，自创立开始，从未停止过创新，甚至在申请破产保护后，柯达依然拥有近万项技术专利，其中包括千余项的数字摄影技术。如此多的创新积累并没有帮助柯达实现新

学习笔记

产品突破，没能实现技术创新产业化和商业化，最终将柯达拖入了“死亡之谷”。

思考：柯达公司的初创、发展到兴盛，再到衰退整个历程，对你树立正确的职业理念带来了哪些启示？你觉得企业应怎样来培育一个成功的品牌？

模块1 信息检索

内容导读

信息检索是人们进行查询和获取信息的主要方式，是查找信息的方法和手段。掌握网络信息的高效检索方法，是现代信息社会对高素质技术技能人才的基本要求。本模块主要包含信息检索基础知识、搜索引擎使用技巧、专用平台信息检索等内容。

项目 1

认知信息检索

知识目标

（1）熟悉信息检索系统的基本流程；
（2）掌握信息检索的基本术语；
（3）掌握检索语言的常用类型；
（4）掌握检索工具的常用类型；
（5）掌握检索途径的基本类别；
（6）掌握检索方法的基本类型。

能力目标

（1）能利用中图分类法确定文献信息所属学科领域；
（2）能根据需要应用信息外部特征语言进行信息检索；
（3）能根据需要应用信息内部特征语言进行信息检索。

素质目标

（1）通过学习信息检索的语言、工具、途径与方法，增强信息意识，具备正确进行信息检索的基本素养，培养逻辑分析、系统设计等计算思维；
（2）通过科学正确的信息检索，培养正确的信息获取方法与途径，培养基本的信息社会责任意识。

工作任务描述

中国计算机产业发展到今天，已有70余年的发展历史，走过了一段不平凡的历程。我国自主研发的计算机为国防和科研事业做出了重要贡献，并且推动了计算机产业的发展。

本任务要求通过利用信息检索语言和检索工具，选择合适的检索途径与检索方法，制订最佳的检索方案，检索从1951年到2021年这70年间，在我国计算机发展历程中的大事件及事件信息摘要，并填写在素材文件“1-1 我国计算机发展大事记”的任务记录单上，完成“我国计算机发展大事记 - 时间轴信息图”的制作。信息检索的信息包括事件发生年份、事件名称、发生地点、人气作者、相关文献的中图分类号（简称中图号）、对应的研究领域。事件选取与效果图的重复事件小于等于3个，人气最高的作者、中图号、研究领域三个信息，由知网最新数据统计，参考效果如图1-1所示。

学习笔记

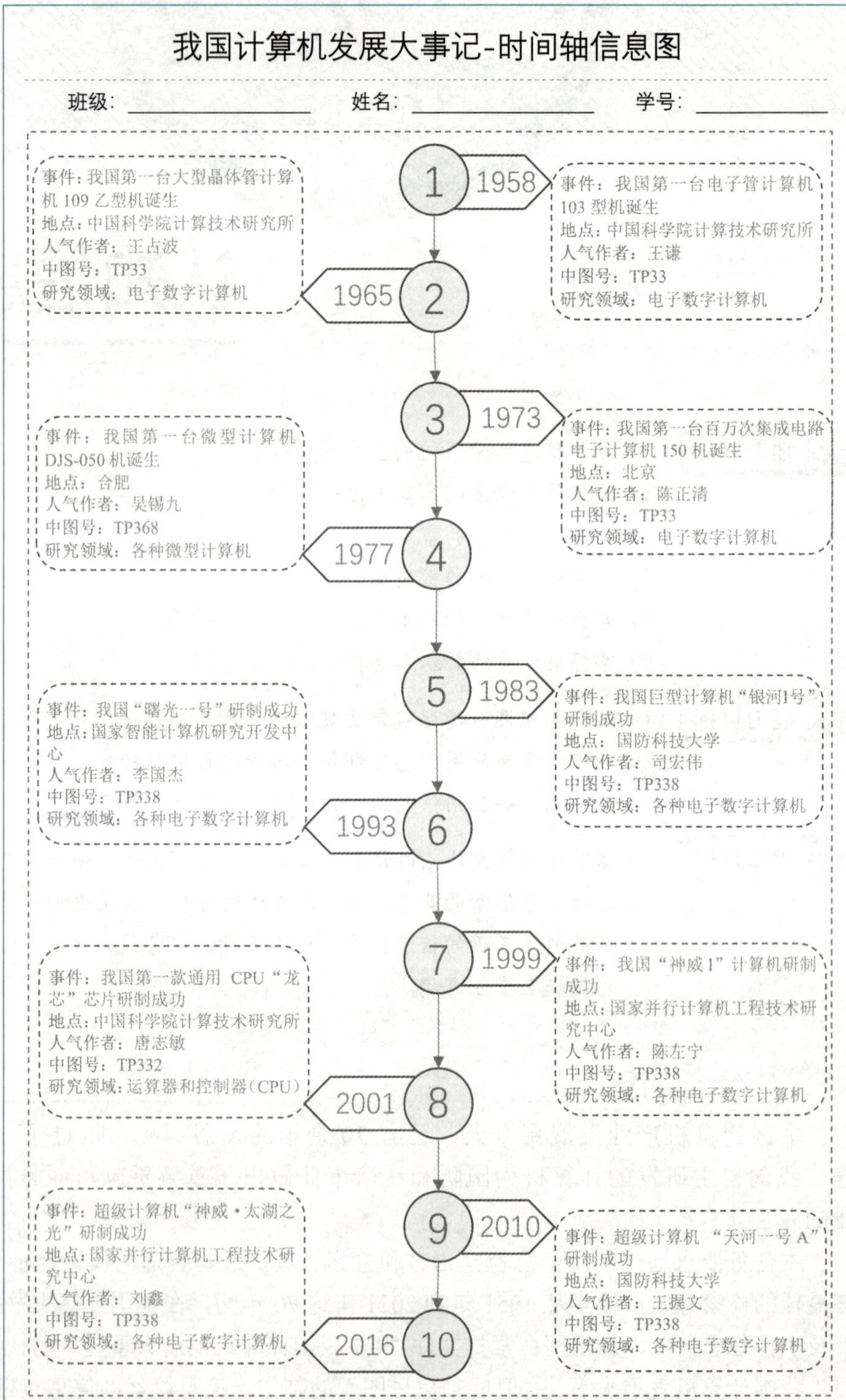

图1-1 我国计算机发展大事记-时间轴信息图

学习笔记

本任务具体要求如下：

（1）在 Word 2019 中打开“我国计算机发展大事记 - 时间轴信息图模板 .docx”，另存为“我国计算机发展大事记 - 时间轴信息图 _ 班级姓名 .docx”。

（2）打开搜索引擎（可以是百度、搜狗、360 搜索等），搜索我国计算机发展历程中的关键事件。围绕该主题核心，灵活构建搜索词。从搜索结果中选取若干核心事件，在时间轴信息图中写入事件名。

（3）分别以选取的事件名为关键词构建搜索词进行二次信息搜索，确定事件发生的年份、地点等信息，并写入时间轴信息图中的相应位置。

（4）打开中国知网或万方数据知识服务平台的官方网站，分别以选取的事件名作为主题词，进行事件相关的研究热度调研。在信息检索框中输入事件名进行文献检索。在检索结果页，通过信息检索结果的相关度、发表时间、引用、下载等维度综合判断，得出人气最高的作者及文献，并把作者姓名、文献的中图号写入时间轴信息图中的相应位置。

（5）打开中图分类号查询网站，查询相应文献的中图号所对应的学科领域，并写入时间轴信息图中的研究领域处。

（6）对文档进行整体布局、格式的优化调整。

（7）制作完成后，保存文档。

实践操作

通过信息检索，完成“我国计算机发展大事记 - 时间轴信息图”制作的工作流程如图 1-2 所示。

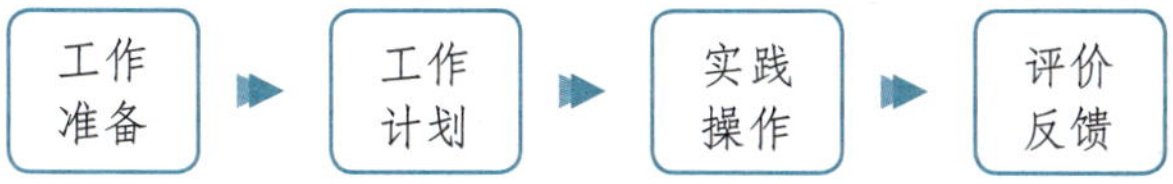

图1-2　任务实施的工作流程

1. 工作准备

（1）通过查询相关资料，收集信息检索基本操作的相关知识，熟悉信息检索语言、检索工具的常用类型，常用检索途径与检索方法。

（2）熟悉常用的搜索引擎，确定所选用的搜索引擎，并熟悉该搜索引擎的基本操作。

（3）熟悉中国知网和万方数据知识服务平台网站，确定所选用的数据知识服务平台，并熟悉该平台的基本操作。

（4）阅读工作任务描述，结合目前你所熟悉的信息检索基本操作的相关知识，分析该任务中将遇到的重点、难点问题。

引导问题：如何确定检索途径与检索方法？

学习笔记

小提示

1. 信息特征

信息检索条件的信息特征，是选择检索途径的依据。数据库信息基本特征主要有外部特征和内部特征。外部特征信息有著者、题目、机构、代码等，内部特征信息有分类特征、主题特征。根据工作任务提供的信息，分析确定采用的检索途径。本工作任务检索级数不深时，适于采用主题特征。

2. 时间顺序

可按检索信息的时间特征排序检索结果。时间顺序由远及近为顺查法，时间顺序由近及远为逆查法，选择相关信息最可能或最多出现的时间段进行重点检索为抽查法。本工作任务在中国知网检索核心关键词时，可以通过检索结果页面的“导出与分析”下的可视化分析，确定相关信息出现频度最高的时间段。

3. 收录范围

根据检索工具检索、收录信息的范围，检索工具可以划分为综合性检索工具、专科性检索工具、专题性检索工具、全面性检索工具和单一性检索工具。中国知网、万方数据知识服务平台属于综合性检索工具。根据本工作任务深度信息检索的学科特征，可以选用综合性检索工具，如中国知网、万方数据等，也可以选用专科性检索工具，如中国人民大学复印报刊资料。

2. 工作计划

根据检索语言、工具、途径、方法等的任务要求，制订一份简单的工作计划。

我国计算机发展大事记 - 时间轴信息图制作方案：

学习笔记

3. 工作实施

操作要点如下。

1）利用搜索引擎进行第一次信息搜索

打开搜索引擎（可以是百度、搜狗、360 搜索等），围绕该主题核心，灵活构建搜索词，搜索我国计算机发展历程中的关键事件。从搜索结果中选取若干核心事件，在时间轴信息图中写入事件名。

引导问题： 如何进行快速、有效地搜索符合主题的信息？

小提示

核心关键词的选取，决定了信息检索的目标精准度。

根据工作任务标题全文：我国计算机发展大事记 - 时间轴信息图，可以提取的词有：我国、计算机发展、时间轴、信息图。显然直接从标题中提取检索词，搜索结果范围过大，针对性不够，指向性比较弱。根据实际任务要求：1951 年到 2021 年的 70 年间，我国计算机发展的大事件，需要提取最关键的信息节点，构成核心检索词，如本工作任务所有信息都指向一个关键的信息节点：我国计算机发展历程。

小提示

由于核心搜索词的搜索范围仍然存在着搜索集过大的情况，可利用组合构词法，进一步缩小搜索范围。

核心搜索词确定后，再根据标题和工作任务，提取系列的次搜索词，与核心搜索词进行组合，从而缩小搜索范围。例如，本工作任务中可以提取的次搜索词有：大事记等。

小提示

动态构词法，可以帮助我们通过平台大数据优选组合构词中的次搜索词。

在信息检索的实际网站平台上，输入构造的组合搜索词，根据搜索结果记录中的相关词和搜索框中平台自动推荐的搜索长尾词，及时调整优化组合搜索词的选取及序列，让信息检索结果与检索目标更接近。通过动态构词的迭代优选，最终检索到要检索的信息。例如，本工作任务中可以增加时间年份关键词：1958 年我国计算机发展等。

学习笔记

2）二次信息搜索

分别以选取的事件名为关键词构建搜索词进行二次信息搜索，确定事件发生的年份、地点等信息，并写入时间轴信息图中的相应位置。

3）进行相关事件的研究热度调研

打开中国知网或万方数据知识平台的官方网站，分别以选取的事件名作为主题词，进行事件相关的研究热度调研。在信息检索框中输入事件名进行文献检索。在检索结果页，通过信息检索结果的相关度、发表时间、引用、下载等维度综合判断，得出人气最高的作者及文献，并把作者名、文献的中图号写入时间轴信息图中相应位置。

4）使用中图分类号查询信息所对应的学科领域

中图分类号，是以目录索引的形式编制的文献信息的综合性分类法，可以通过在线中图号查询，快速确定信息所属学科领域，同时也可以通过目录检索确定信息的中图分类号，如图 1-3 所示。

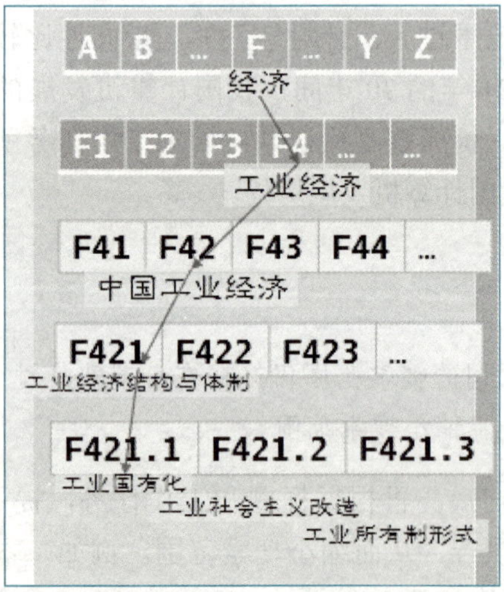

图1-3 中图分类号与学科领域

打开中图分类号查询网站，查询相应文献的中图号所对应的学科领域，并写入时间轴信息图中的研究领域处。

相关知识与基本操作

1. 信息检索基本术语

1）信息检索系统

信息检索系统，是指根据特定的信息需求建立的一种有关信息搜集、加工、存储和检索的程序化系统。信息检索系统具有信息存储与信息检索功能，是一种可以向用户提供信息检索服务的系统，如图 1-4 所示。

学习笔记

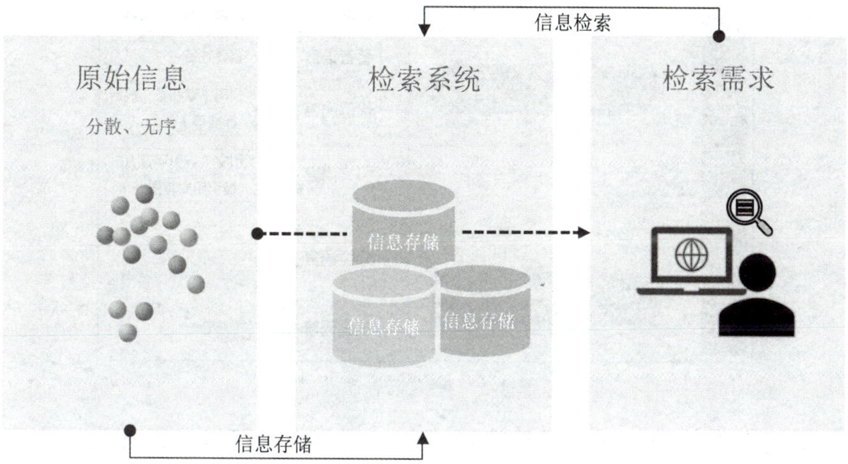

图1-4　信息检索系统

2）检索语言

检索语言，是人机系统中，信息存在、交互的标准与规范；是根据信息加工、存储和检索编制的人工语言；是依据一定的规则，对自然语言进行规范的一种受控语言。在信息检索领域，检索语言是用来描述信息内部特征和外部特征，并表达信息检索提问的专用语言，又称标引语言、索引语言，其是由语词与语法构成，构词即检索词，是检索标识。

3）检索工具

检索工具，是指用于报道、存储和查找文献线索的工具和设备的总称。检索工具需要具备三大功能：报道文献、存储文献、检索文献。与此相应，检索工具拥有三大特点：详细描述文献的内部特征、外部特征；每条文献记录必须有检索标识；文献条目按一定顺序形成一个有机整体，能够提供多种检索途径。

4）检索途径

检索途径，也称检索点，是指通过信息的何种特征进行检索。检索途径的选择，会影响检索的效果。

5）检索方法

检索方法，是指为实现检索方案中的检索目标所采用的具体操作方法和手段的总称。

2. 检索语言类型

检索语言，源流众多，按其所描述信息特征分类，可分为描述外部特征的检索语言和描述内部特征的检索语言，具体如图 1-5 所示。

描述外部特征的检索语言，又可以分为题名语言、著者姓名语言、代码语言和引文语言。

学习笔记

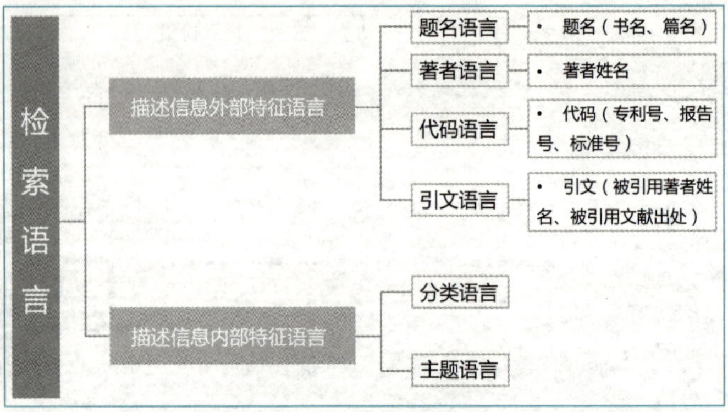

图1-5　检索语言类型

描述内部特征的语言是检索语言的使用重点，可以分为分类语言和主题语言。

分类语言，用分类法表达各种信息资源的概念，将各种概念按照学科、专业进行分类和系统排列，是以号码为基本字符，用分类号和类目表达文献主题概念的检索语言。分类语言的特点是用分类号表达各种概念，根据概念间的关系，组成一个逻辑体系，具有很好的层次性、系统性，具有较强的逐项查全功能。这种结构称为分类目录，是一个供用户按照知识关系直观查找的科学分类系统。影响力比较大的分类语言有中国图书馆分类法、国际十进制分类法、杜威分类法、国际专利分类法等。

主题语言，以语词为概念标识，是一种普遍使用的、直接面向具体对象、事实或概念的信息组织方法和信息检索途径。根据语词的选词原则、组配方式、规范方法的不同，主题语言可分为标题词语、关键词语和叙词语言，如图 1-6 所示。

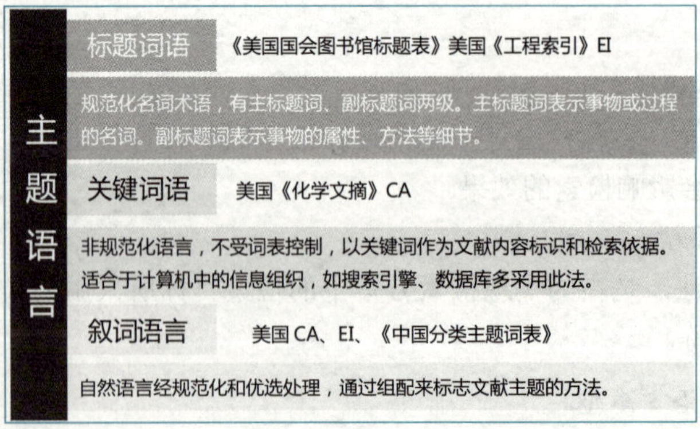

图1-6　主题语言分类

3. 检索工具类型

根据不同的特征，检索工具可以有不同的类型划分。划分依据有设备、检索词、信息载体形态、收录范围、时间范围、编制范围等，如表 1-1 所示。

学习笔记

表1-1　检索工具类型

分类依据	工具类型
设备	• 手工检索工具 • 机械检索工具 • 计算机检索工具
检索词	• 目录型检索工具（如馆藏目录、联合目录、国家书目、出版社与书店目录） • 题录型检索工具 • 文摘型检索工具（如知识型文摘） • 索引型检索工具
信息载体形态	• 书本式检索工具（期刊式、单卷式和附录式） • 卡片式检索工具 • 缩微式检索工具 • 磁性材料式检索工具
收录范围	• 综合性检索工具（中国知网、维普网、万方数据等） • 专科性检索工具（中国人民大学复印报刊资料、化学文摘、生物学文摘系列、工程索引等） • 专题性检索工具 • 全面性检索工具 • 单一性检索工具
时间范围	• 预告性检索工具 • 现期通报性检索工具 • 回溯性检索工具
编制范围	• 目录 • 文摘 • 索引 • 年鉴 • ……

4. 检索途径类别

检索途径可以分为外部类、内部类与其他类三大类，如表1-2所示。

表1-2　检索途径类别

检索途径大类	外部类	内部类	其他类
检索途径细类	• 著者途径 • 题目途径 • 机构途径 • 代码途径	• 分类途径 • 主题途径	• 号码索引（专利号、报告号等） • 专用符号代码索引（元素符号、分子式、结构式等） • 专用名词术语索引（地名、机构名、商品名、生物属名等）

5. 检索方法类型

检索方法可以分为直接法、追溯法、综合法三大类。

直接法，是指直接利用检索工具检索信息，按检索信息的时间特征逐一查找的方法，又可分为顺查法、逆查法和抽查法。顺查法是按照时间顺序，由远及近的顺序查找；逆查法是按照时间顺序，由近及远的逆序查找；抽查法是指选择相关信息最可能或最多出现的时间段，进行重点检索。

追溯法，利用已掌握的文献末尾所列的参考文献，进行逐一追溯查找，是一种最简便的扩大信息来源的方法，可以实现文献的多级追溯。

学习笔记

外部特征检索举例

综合法，又称循环法，是指综合上述两种方法，分期分段交替使用。

6. 外部特征检索操作

外部特征检索操作可以通过文献的题名语言、著者姓名语言、代码语言、引文语言来实现信息检索。

7. 内部特征检索操作

内部特征检索操作可以通过文献的分类语言、主题语言来实现信息检索。

1）分类语言

分类语言，也称分类检索语言，是以学科范畴和学科体系为基础来划分事物的一种检索语言，提供从知识分类的角度检索文献信息的类型。

分类语言类型：体系分类法、组配分类法。具有代表性的体系分类法有：杜威十进分类法、美国国会图书馆分类法、中图分类法、中国人民大学图书馆图书分类法等。以中国知网为例，查看文献的中图分类号，并通过分类号的配合使用，可以扩大同类信息检索来源。

操作步骤：

（1）进入中国知网首页。

（2）在搜索下拉框中选择“篇名”，输入框中输入“辛亥革命 科学”，检索结果中分别选择记录“2011-10-10 自然辩证法通讯 范岱年 从革命的参与者看辛亥革命与科学”“2011-10-10 自然辩证法通讯 钟少华 Science 与科学的结合——试述辛亥革命前科学知识在中国之躁动”，进入文献的搜索页面。

（3）记录分类号：K257；K828；N092。

（4）返回中国知网首页，在搜索下拉框中选择“分类号”，输入框中输入分类号“K257”，检索结果截至查询日期 12259 条；输入框中输入“K828”，单击“结果中检索”，检索结果截至查询日期 20 条；保持输入框“K828”不变，重新检索，检索结果截至查询日期 120687 条。

2）主题语言

主题索引，按照文献的主题内容查找文献的途径，使用的语言是主题语言。主题通常是表示具体事物名称、状态或现象、科学分类、研究方法、技术方法等名词术语。中国知网的主题检索，提供了复合运算符、位置描述符，用以表达复杂、高效的检索语句。下面通过关键词“辛亥革命”“书画”，体验主题语言的使用。

操作步骤：

（1）进入中国知网首页。

（2）在搜索下拉框中选择“主题”，输入框中输入“辛亥革命书画”，检索结果截至查询日期 18 条（包含辛亥革命书画）。

学习笔记

（3）输入框中输入“辛亥革命 * 书画”，检索结果截至查询日期 19 条（同时包含“辛亥革命”和“书画”）。

（4）输入框中输入“辛亥革命 + 书画”，检索结果截至查询日期 69975 条（包含“辛亥革命”和“书画”）。

（5）输入框中输入“辛亥革命 # 书画”，检索结果截至查询日期 11 条（同时包含“辛亥革命”和“书画”，并在同一句子中）。

8. 常见检索方法

1）顺查法

顺查法，是按时间由远及近的顺序进行查找的方法。例如，用顺查法检索“辛亥革命”这一主题，首先确定研究最早时间，然后从这一时间开始检索，一直到当前日期“辛亥革命”相关信息为止。顺查法查全率、查准率都较高，但耗时耗力。

2）逆查法

逆查法，也称倒查法，是按时间由近及远的顺序查找的方法。逆查法将检索重点放在近期信息，查到基本满足需要的信息为止。此法可以最快的速度获得最新资料，获取最新的研究水平与动向，因此省时省力。

3）抽查法

抽查法，是指抽取信息发表较多的时间段（信息高峰期），通过顺查法或逆查法进行逐年检索的方法。此法费时较少，获得信息较多，检索效率较高，但成功率与有效性有赖于学科发展的熟识度、敏感度。

9. 中图法基本构成

中图法是中国目前图书情报界广为使用的一部综合性分类法。依据科学分类组织类目体系，按知识门类、中国国情和文献分类特点，分为 5 个基本部类和 22 个基本大类，主要由分类表和标识符构成。分类表的构成是基本部类、大类、简表、详表，详见中图分类号查询网站：https://www.clcindex.com/，https://ztflh.xhma.com/ 等。下面通过分类号 K257、K828、N092 体验中图法符号含义。

操作步骤：

（1）进入中图法检索网站，网站首页是中图分类号 22 大类入口，如图 1-7 所示。

（2）查 K257：由 K 大类进入，按分类号编码逐级进入。K 历史、地理→K2 中国史→K25 半殖民地、半封建社会（1840 ～ 1949 年）→ K257（简表中不可查）。

（3）查 K828：由 K 大类进入，按分类号编码逐级进入。K 历史、地理→K82（简表中不可查）。

学习笔记

（4）查 N092：由 N 大类进入，按分类号编码逐级进入。N 自然科学总论→ N0 自然科学理论与方法论→ N09 自然科学史→ N092（简表中不可查）。

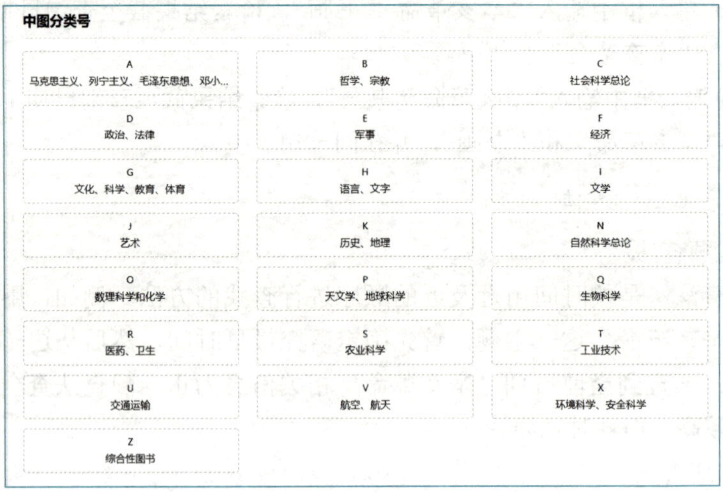

图1-7　中图分类22个基本大类的标识符及类名

拓展训练

人类信息处理技术发展谱系图制作

信息处理技术伴随着人类文明的发展而不断发展，从结绳记事到人工智能、大数据，信息处理技术的发展具有人类文明相应时期的科技印记。请合理利用搜索引擎、各类数据知识服务平台进行信息检索，并绘制人类信息处理技术发展谱系图。要求谱系节点数在 10 个以上。以“我国计算机发展大事记 - 时间轴信息图模板 .docx”作为谱系图绘制参考模板。

具体要求如下：

（1）打开“我国计算机发展大事记 - 时间轴信息图模板 .docx”，另存为“人类信息处理技术发展谱系图 _ 学号姓名 docx”。

（2）双击页眉，修改页眉为“人类信息处理技术发展谱系图”。双击正文区域，返到正文编辑区。

（3）设置系列检索词，如“人类信息技术发展”“古代信息传播”“文字发展”“信息技术发展”等，通过互联网进行信息检索，并按阶段、年代进一步检索该阶段的信息技术。时间的年份阶段数据记录在圆形节点中。

（4）在圆形节点边上的文本框中，把调研收集到的信息技术名称写入与之相应的圆形节点边上的文本框中。

（5）优化整体布局，美化图形、字体大小及色彩。

（6）保存“人类信息处理技术发展谱系图 _ 学号姓名 .docx”。

评价反馈

信息检索的基本操作综合评价反馈如表 1-3 所示。

表1-3　信息检索的基本操作综合评价反馈

<table>
<tr><td>项目名称</td><td colspan="5"></td></tr>
<tr><td>项目人员</td><td colspan="5"></td></tr>
<tr><td>评价项目</td><td colspan="2">评价内容</td><td>分值</td><td>学生自评</td><td>小组评价</td></tr>
<tr><td rowspan="3">相关知识（20%）</td><td colspan="2">熟悉了中国知网、万方数据等信息检索平台，并掌握了外部特征信息检索的基本方法</td><td>8</td><td></td><td></td></tr>
<tr><td colspan="2">掌握了分类检索的基本方法</td><td>6</td><td></td><td></td></tr>
<tr><td colspan="2">掌握了主题检索的基本方法</td><td>6</td><td></td><td></td></tr>
<tr><td rowspan="5">工作过程（80%）</td><td>计划方案</td><td>工作计划制订合理、科学</td><td>20</td><td></td><td></td></tr>
<tr><td>工作任务完成</td><td>能及时准确完成工作任务</td><td>20</td><td></td><td></td></tr>
<tr><td>自主学习</td><td>发现问题能有计划地进行相关信息的探索，及时和老师或同学讨论交流</td><td>20</td><td></td><td></td></tr>
<tr><td>工作态度</td><td>态度端正，工作认真、主动</td><td>10</td><td></td><td></td></tr>
<tr><td>职业素质</td><td>具有良好的计算机使用习惯，爱护公共设施，环境整齐、干净</td><td>10</td><td></td><td></td></tr>
<tr><td>自我总结</td><td colspan="5">学生签字：</td></tr>
<tr><td>教师评价</td><td colspan="5">教师签字：</td></tr>
</table>

A档：90分以上为A+，85～89分为A，80～84分为A−；
B档：75～79分为B+，70～74分为B，65～69分为B−；
C档：60～64分为C+，55～59分为C，50～54为分C−。

学习笔记

项目2 使用搜索引擎

知识目标

（1）熟悉搜索引擎的主要特点；
（2）掌握搜索引擎的基本工作原理；
（3）掌握搜索引擎的常用类型；
（4）熟悉综合搜索引擎的类型；
（5）熟悉常用的中文学术搜索引擎；
（6）熟悉常用的英文学术搜索引擎；
（7）熟悉百度常用的功能。

能力目标

（1）能利用百度保留字进行信息检索；
（2）能利用百度特色功能进行信息校验；
（3）能利用百度拍图识物进行图片信息检索。

素质目标

（1）通过学习搜索引擎的特点、工作原理、常用类型，增强信息意识，具备正确进行信息检索的基本素养，培养逻辑分析、系统设计等计算思维；
（2）通过科学正确的信息检索，培养正确的信息获取方法与途径，培养基本的信息社会责任意识。

工作任务描述

2021年10月12日，中华人民共和国主席习近平在《生物多样性公约》第十五次缔约方大会领导人峰会上发表主旨讲话《共同构建地球生命共同体》。讲话中再次强调："人与自然应和谐共生。当人类友好保护自然时，自然的回报是慷慨的；当人类粗暴掠夺自然时，自然的惩罚也是无情的。我们要深怀对自然的敬畏之心，尊重自然、顺应自然、保护自然，构建人与自然和谐共生的地球家园。"

历史传承悠久的中草药文化，是生物多样性带给中华民族的天赐馈赠。但人类过度的需求，过度的资源利用与开发，是多种野生物种走向匮乏、濒临灭绝的根源，作为《生物多样性公约》的协约国，国家公园、森林公园、自然保护区应运而生。金华南山生态自然保护区，利用生态自然资源，开辟教育公众，提高公众对于生物多样性的重要性和保护必

学习笔记

要性的认识，规划“金华南山中草药生态种植园”公益区。为此需要制作一份报告——中草药生态种植园初步信息调研。

本任务要求通过利用搜索引擎，选择合适的检索途径与检索方法，制订最佳的检索方案，完成一份中草药生态种植园初步信息调研报告的制作。信息检索按照模板内容框架的要求，对中草药种植的政策环境、市场环境等网络信息进行调研，通过百度搜索引擎提供的保留字和特色功能，实现信息多方面的检索，参考效果图如图2-1和图2-2所示。

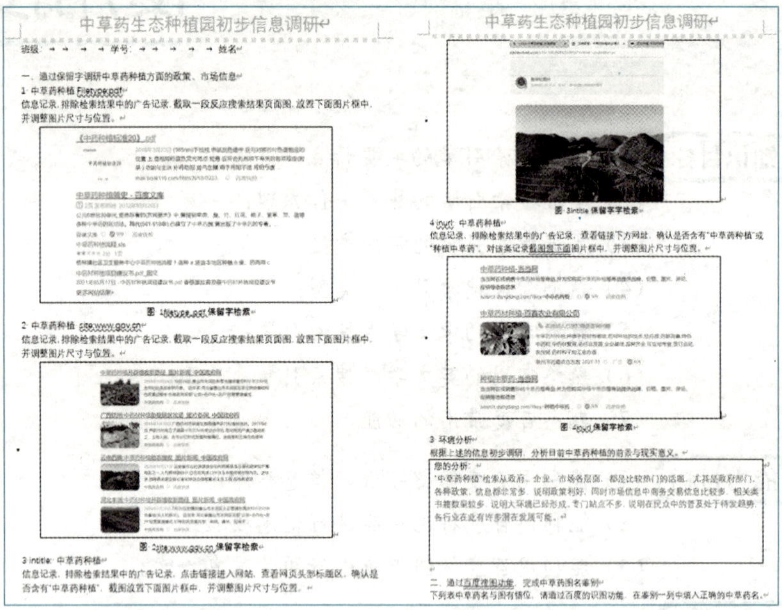

图2-1 中草药生态种植园初步信息调研效果1～2页

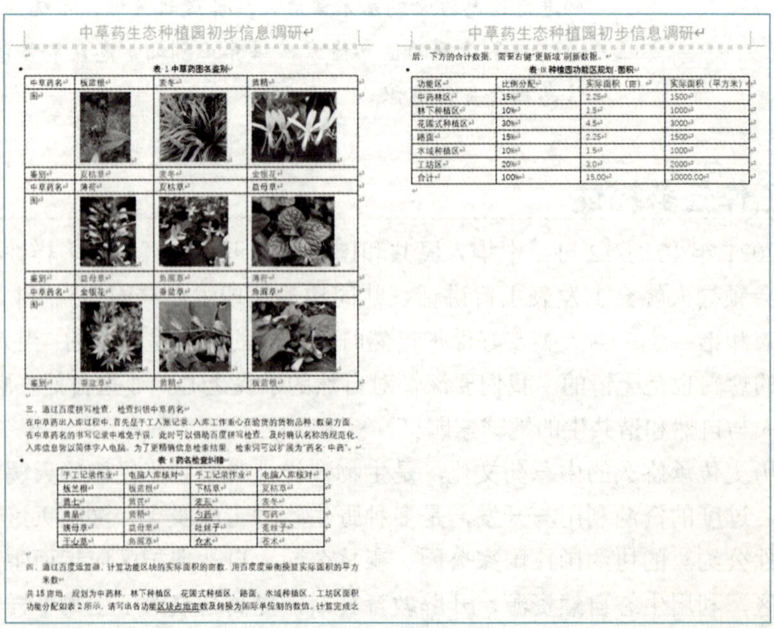

图2-2 中草药生态种植园初步信息调研效果3～4页

学习笔记

本任务具体要求如下：首先在 Word 2019 中打开模板文件“中草药生态种植园初步信息调研 .docx”，通过“另存为”命令保存为“中草药生态种植园初步信息调研 _ 班级姓名 .docx”。然后通过百度搜索引擎的保留字和特色功能，完成中草药种植的初步信息检索，并写入相应的图片框与表格中。最后对整体进行布局、格式优化，制作完成后保存文档。

实践操作

通过信息检索，完成“中草药生态种植园初步信息调研”制作的工作流程见图 1-2。

1. 工作准备

（1）通过查询相关资料，收集搜索引擎基本操作的相关知识，熟悉搜索引擎的功能、搜索引擎的常用类型、常用搜索引擎搜索命令字语法。

（2）熟悉综合搜索引擎百度，确定所选用的搜索命令字，并熟悉该搜索引擎的基本操作。

（3）熟悉百度搜索的特色功能，确定所选用的初始数据，并熟悉特色功能的基本操作。

（4）阅读工作任务描述，结合目前你熟悉的百度搜索基本操作的相关知识，分析该任务中将遇到的重点、难点问题。

引导问题： 如何确定搜索词与搜索途径？

小提示

1. 搜索词

搜索词是信息搜索的入口，直接影响信息搜索目标的精准度、全面性。搜索词通常由“主词 + 副词”的方式构成。主词决定了搜索的大方向，副词限定搜索的边界，使搜索结果集成收敛域。搜索词确定分两部分：主词、副词。

2. 回溯试探法

回溯试探法是一种选优搜索法。按选优条件向前搜索，以达到目标。当搜索到某一步时，发现原先选择并不优或达不到目标，就退回上一步重新选择，走不通即退回再走的方法为回溯法，满足回溯条件的某个状态点称为回溯点。一开始不明确如何选定搜索词的情况下，可以采用回溯法。给定一个初始搜索词，通过搜索结果，判断搜索方向是否合适，确定继续沿着初始点向前，还是另选初始搜索词。当初始搜索词确定成主词后，再用回溯法确定副词。副词可以是 1 个，也可以有多个，主词和副词整体构成长搜索词。

学习笔记

3. 搜索途径

搜索途径，是根据网站和网页结构提供的信息存在特征进行检索。该类信息组成通常有网址、标题、文件类信息、数据库类信息等。搜索引擎提供了搜索命令字，也称保留字，通过“命令字 + 搜索词”的形式提供不同搜索目标的搜索途径。

2. 工作计划

根据搜索引擎搜索命令、搜索词、搜索途径、方法及百度特色功能等的任务要求，制订一份简单的工作计划。

中草药生态种植园初步信息调研方案：

3. 工作实施

操作要点如下。

1）打开百度搜索引擎

在输入框中输入“中草药种植 filetype:pdf”，检索出的信息记录中排除广告记录，确认常规记录为“中草药种植”或相近搜索词相关的 PDF 文档链接。将截图置于“初步信息调研”文档相应位置的图片框中，并调整图片的尺寸与位置。

小提示

搜索词，决定了信息搜索的目标的精准度及全面性。

中草药生态种植园初步信息调研是为“金华南山中草药生态种植园”项目做的前期调研之一。首先提取主词：中草药、生态种植、种植园等。主词与副词构成的搜索词：中草药种植、中草药种植园、中草药生态园、生态种植园等。通过主词搜索结果分析缩小主词选取范围，然后通过回溯法对主词与副词构成的长搜索词进行检测，确定优选长词序列。“中草药种植”“中药材种植”“中草药种植园”等搜索词在目前业态发展与互联网存量信息中，搜索结果在范围与精准度上较为符合。

学习笔记

小提示

filetype：信息文件类型，用于选取文件的形式搜索信息。方案性、综合性的信息通常会以文件的形式集成存放。

互联网信息集成的文件形式有文本为主的 PDF、DOC 类，以数据为主的电子表格类，以展示为主的 PPT 类，以多媒体形式的视频类、音频类等。PDF 文件类型，通常作为政策文件、标准、方案文件等的信息存在形式，可以作为 filetype 的首选搭档。

2）进行搜索平台的限定，实现信息的有效搜索

在输入框中输入“中草药种植 site:www.gov.cn”，注意空格。检索出的信息记录都是来自中国政府网与中草药种植相关的信息记录。将截图置于“初步信息调研”文档相应位置的图片框中，并调整图片的尺寸与位置。

小提示

site：站点，用于限定站点的选取范围，决定了站点相关信息的权威性、真实性、精准性、时效性等特征。

政策环境、市场环境信息是“中草药生态种植园初步信息调研”的必要信息，政策环境的权威是政府网，可以选取国家、地方的政府网，搜索相应的信息；在线交易可以比较好地体现一种市场氛围，可以选取各类电商交易平台、商务数据中心平台，可以获取比较真实、实时的市场信息。

3）实现信息的精准、深度搜索

小提示

通过网页头部标题信息可实现网站的精准搜索。

在输入框中输入“intitle: 中草药种植”，注意空格。排除广告记录后，单击相关的信息链接，页面跳转至相应网站，查看网页头部标题，确认含有“中草药种植”或相近检索词。将截图置于“初步信息调研”文档相应位置的图片框中，并调整图片的尺寸与位置。

小提示

通过网址中的传递参数可实现信息的精准、深度搜索。

在输入框中输入“inurl: 中草药种植”，注意空格。排除广告记录后，查看链接下方网址，确认是否含有“中草药种植”或“种植中草药”，对该类

学习笔记

记录截图并将其置于“初步信息调研”文档相应位置的图片框中，并调整图片的尺寸与位置。

4）多途径信息同一化表述

在信息搜索与采集过程中实现多途径信息同一化表述。

小提示

多途径信息同一化表述，是对采集获取的信息，进行初步预处理，形成统一的信息描述体系。

在信息采集过程中，由于传统、习惯等差异，在信息表述上也会存在差异与误差。百度特色功能是根据用户信息搜索过程中经常出现的习惯性需求、习惯性问题而提供的提升用户信息搜索体验的小功能。百度提供了运算器、度量衡、识图、拼写检查、身份证号验伪等特色功能。百度提供的运算器、度量衡在数字型数据的表述上，提供便捷的信息表述的互通、同一途径；在术语与俗语的表述上实现互通与同一途径。识图功能可以排除图与相应文字信息之间的差错。

小提示

识图功能，可实现图片信息的鉴别与检查。

单击百度搜索框右侧的相机图标，进行中草药图名的鉴别。对“表 I 中草药图名鉴别”中的图片，通过百度搜图功能进行图中物种的鉴别，并把鉴定药名写入“鉴别”一栏内。

小提示

拼写检查，可实现常用语、专业用语的检查与纠错。

在百度输入框中输入“表 II 药名检查纠错”中的“手工记录作业”列中的药名，通过百度的拼写检查纠错，把纠正后的药名写入“电脑入库核对”一列中。

小提示

运算器，可实现数字的常规运算检验。

在百度输入框中输入“1+1”选择“1+1 等于多少”的检索项，百度页面自动跳出“运算器”功能，通过运算器，计算“表 III 种植园功能区规划 - 面积”中的“实际面积（亩）”一列，完成后，右击“合计”格的“0.00”，选择“更新域”命令。

学习笔记

小提示

度量衡，可实现同一物理量不同单位制之间的换算与核验。

百度输入框中输入“1 亩”，选择“1 亩等于多少平方米”的检索项，百度页面自动跳出“度量衡”功能，通过度量衡，计算“表 III 种植园功能区规划 - 面积”中的“实际面积（平方米）”一列，完成后，右击“合计”格的“0.00”，在弹出的菜单中选择“更新域”命令。

相关知识与基本操作

1. 搜索引擎基本术语

1）搜索引擎

搜索引擎是指根据一定的策略、运用特定的计算机程序从互联网上采集信息，在对信息进行组织和处理后，为用户提供检索服务，将检索的相关信息展示给用户的系统；是根据用户需求与一定算法，运用特定策略从互联网检索出指定信息反馈给用户的一门检索技术，主要技术有网络爬虫技术、检索排序技术、网页处理技术、大数据处理技术、自然语言处理技术等，技术核心模块一般包括爬虫、索引、检索和排序等。

2）性能指标

搜索引擎是应互联网信息检索的快速、全面、准确、可靠且代价低廉的需求而诞生的，主要性能体现在快、全、准、稳、省 5 个指标。

- 快，即响应速度。要求响应速度达到毫秒级。
- 全，即查全率。N/M×100%，N为检索到的含某关键词的网页数；M为含某关键词的网页数。
- 准，即查准率。P/N×100%，N为检索到的含某关键词的网页数；P为与查询需求相关的网页数。
- 稳，即持续性。系统结构的权衡，考虑文件存储方式、查询系统、索引系统设计的稳定性。
- 省，即低能耗。高信息、高请求，导致高能耗，降低电能、带宽、机器折旧，尽可能采用低能耗。

2. 搜索引擎工作原理

1）系统构成

搜索引擎通过下载、分析、索引、查询四大系统相互配合，共同实现搜索引擎的快、全、准、稳 4 个主要需求，如图 2-3 所示。

- 下载系统。互联网上下载网页，保持对互联网变化的同步。
- 分析系统。抽取下载系统得到的网页数据；进行页面分级和分词计算。

学习笔记

- 索引系统。将分析系统处理后的网页对象索引入库。
- 查询系统。复杂分析用户提交的查询请求；索引库中检索出相关网页；排序，以查询结果返回给用户。

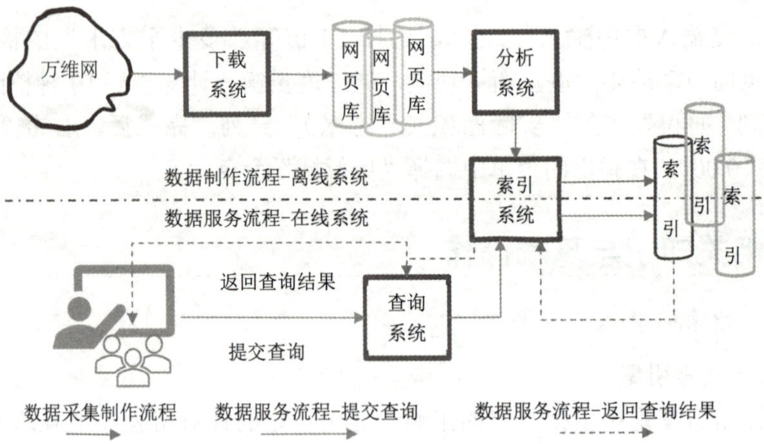

图2-3 信息检索系统

2）系统流程

搜索引擎由四大系统分工协作，完成两大流程，即数据制作流程、数据服务流程。数据制作流程称为离线系统，数据服务流程称为在线系统。在线系统，需要毫秒级的访问速度；离线系统，没有时间性的严格限制，有些计算，需要长达几周时间才能完毕。

- 数据制作流程。首先由下载系统，从互联网下载网页，存入网页库；然后由分析系统，分析网页库中的页面，抽取网页数据，对页面进行分级和分词计算；最后由索引系统，将分析系统处理后的网页对象，存入索引库。
- 数据服务流程。由查询系统分析用户提交的查询请求，通过索引系统，从索引库中检索出相关网页数据，通过排序算法，以查询结果返回给用户。

3. 搜索引擎分类

由于信息采集方式、组织方式、搜录范围、功能、适用对象等不同，搜索引擎有不同的类型划分。明确搜索引擎的类型，可以帮助用户选择更精准，搜索结果的相关度更高。

1）按信息采集方式划分

根据信息采集方式的不同，搜索引擎可分为机器人搜索引擎、人工采集搜索引擎。

- 机器人搜索引擎。数据库大，无须人工控制，更新快，信息相关性不高，如谷歌、百度等。
- 人工采集搜索引擎。数据库小，人工控制，更新慢，但信息相关性高，如Yahoo！、AskJeeves，DMZOZ等。

学习笔记

2）按内容组织方式划分

内容组织方式，即信息检索中所说的检索途径。根据内容组织方式的不同，搜索引擎可以分为关键词搜索引擎、目录式搜索引擎。机器人搜索引擎是一种关键词搜索引擎，人工采集的搜索引擎是一种目录式搜索引擎。

3）按搜索范围划分

按搜索范围划分，搜索引擎可分为综合搜索引擎、专业搜索引擎。综合搜索引擎，即通用搜索引擎，初衷是搜集各学科、各种类型的资源；专业搜索引擎是不同细分领域的搜索引擎。

4）按功能划分

按功能划分，搜索引擎分为独立搜索引擎、元搜索引擎。独立搜索引擎，用户提交的申请只在其自身的数据库中搜索，如谷歌、百度、Bing 等；元搜索引擎，会把申请提交给不同的搜索引擎，不同的搜索引擎在自身资源库进行匹配响应，如 Webcrawler 搜索会同时启用 Google、Yahoo! 搜索，可以提高搜索效率，提高查全率。

5）按适用对象划分

按适用对象，比如针对特色群体的特殊性或需求特点，而开发的儿童搜索引擎、女性搜索引擎等。

4. 典型搜索引擎类型

1）综合搜索引擎

综合搜索引擎又称通用搜索引擎，是为弥补传统搜索引擎的不足而出现的一种辅助搜索工具。在搜索过程中不限制所搜索信息的类型与主题范围，以所有网络信息资源为搜索对象。搜索结果包括所涉及的任何领域、任何方面的网络信息资源，这些信息依照排名算法排列，在快速、准确的基础上，给用户提供了更多的选择。

综合搜索引擎主要有两个功能，一是提供一站式的实用工具综合查询入口，二是提供了搜索的个性定制功能，让用户可以自由聚合海量信息。

特点

- 搜索范围：全领域，全方位。
- 信息采集方式：机器人型。
- 组织方式：关键词搜索为主，目录搜索为辅。
- 功能：包括独立型搜索引擎、元搜索引擎。

典型实例

- AltaVista。全球知名的搜索引擎公司之一，同时提供搜索引擎后台技术支持等相关产品。2003年被雅虎收购，在AltaVista上搜索会自动跳转到Yahoo!搜索。雅虎已于2013年7月8日关闭AltaVista。AltaVista是

学习笔记

一个以网页全文检索为主、同时提供分类目录的搜索引擎，支持对声音、图像的检索，曾经功能最全，查全率、查准率最高。

- Infoseek。早期重要的搜索引擎之一，允许站长提交网址是从Infoseek开始的。百度创始人李彦宏就是Infoseek的核心工程师之一。Infoseek是一个集目录查询、关键字检索、新闻服务于一身的搜索引擎，提高了两种信息检索途径：Http、FTP、Gopher等资源检索，数据库检索。
- Yahoo！。由美国斯坦福大学开发，以分类目录形式将标引内容分为艺术、商业与经济、计算机和Internet、教育等14类，可以关键词方式查询目录，Yahoo！的目录信息分类由专家手工进行，更具科学性。
- 搜狗。是搜狐公司的第三代互动式搜索引擎，于2021年7月被腾讯收购。通过智能分析技术，对于不同网站、网页采取了差异化的抓取策略，充分利用带宽资源来抓取高时效性信息，确保用户检索信息的及时性。
- Bing。中文品牌名为必应，是微软公司于2009年5月28日推出的，用以取代Live Search的全新搜索引擎服务。必应集成了多个独特功能，包括每日首页美图，与Windows 8.1以上版本深度融合的超级搜索功能，为用户带来了全新的沉浸式搜索体验——必应超级搜索功能（Bing smart search）。用户无须打开浏览器或单击任何按钮，直接在Windows搜索框中输入关键词，就能一键获得来自互联网、本机以及应用商店的准确信息，从而颠覆传统意义上依赖于浏览器的搜索习惯。

2）学术搜索引擎

学术搜索引擎简称学术搜索，是搜索学术资源的引擎，资源以学术资源、学者为主，具备个性化、智能化、数据挖掘分析等特色，其特点是：统一的检索平台；涵盖学术研究的各类资源；一站式获取结果，提供全文或线索；结果按需排列或输出，能进行二次应用；能进行知识发现与分析。

3）中文学术搜索引擎

中文学术搜索引擎是检索中文学术资源的学术搜索。主要分两类，一类基于搜索引擎开发，如Google 学术、百度学术、搜狗学术、360 学术等；另一类由专业资源提供方提供，如中国知网、万方数据等。百度学术搜索引擎目前是比较好用的中文搜索引擎，功能较强大。

4）英文学术搜索引擎

英文学术资源是科研信息检索搜集的重要来源。英文学术搜索引擎，是检索英文学术资源的学术搜索。从资源涵盖上分两类，即综合搜索和专业搜索。综合搜索如 Google、BASE、国道外文等；专业搜索如 Socolar、Springer Link、古腾堡（gutenberg）、ELSEVIER 等。

5）DOI 号

DOI（digital object identifier，数字对象标识符）号，是数字对象的唯一标识符。学术搜索引擎可以通过 DOI 号直接定位到文献源。DOI 号基本结

学习笔记

构由前缀加后缀组成，DOI 号命名规则如表 2-1 所示。

表2-1 DOI号命名规则

规则	规则说明
结构	前缀1.前缀2/后缀，用于区分一个单独的数字资料，具有唯一性
前缀	由国际数字对象识别号基金会确定。前缀1，目录代码，所有DOI的目录都是10；前缀2，登记机构代码，想登记DOI的单位组织向国际DOI基金会申请登记机构代码
后缀	由资源发布者自行指定，即由登记机构分配确保其唯一性，可以是任何字母、数字，编码方案由登记机构确定

DOI 号举例：

万方数据公司合作期刊论文 DOI 编码基本结构：DOI: 10.3969/j.issn.xxxx-xxxx.yyyy.nn.zzz，含义如表 2-2 所示。

表2-2 DOI后缀释义

后缀字符	含义	实例
j	期刊	—
issn.xxxx-xxxx	xxxx-xxxx是期刊的ISSN号	issn.1007-9572
yyyy	出版的年份	1998，2009
nn	期号	01，06，11
zzz	同一期中论文的流水号（即第几篇文章）	001，023

注意事项：

① 期刊没有 ISSN 号时，使用 CN 号，其期刊论文的 DOI 编码结构为 10.3969/j.cn.xxxx-xx(r).yyyy.nn.zzz。其中，(r) 代表 CN 号中的分类号。例如，某刊的 CN 号是 34-1080/S，其 2006 年第 3 期中的第 15 篇论文的 DOI 编码应为 doi:10.3969/j.cn.34-1080(s).2006.03.015。

② 增刊的期号从“z1”开始编排，依次为“z1”“z2”等。

例如，某刊 2008 年第 1 次增刊中第 1 篇论文的 DOI 编码为 doi:10.3969/j.issn.1004-3810.2008.z1.001。

③ 合刊的期号以“h”开头，后跟合刊的最小期号。

例如，第 1、2 期的合刊，期号为“h1”；第 5、6、7 期的合刊，期号为“h5”。

再如，某刊 2008 年第 3、4 期的合刊中第 1 篇论文的 DOI 编码为 doi:10.3969/j.issn.1004-3810.2008.h3.001。

5. 常用搜索引擎——百度功能应用

百度提供了多元化的搜索功能，除常规关键词搜索外，还有高级搜索、保留字搜索、拼写检查、数学运算、身份证辨伪、搜图识物、词典等功能。

1）百度高级搜索

高级搜索，相当于一个多条件的组合搜索，它可以根据用户的需要更加灵活地根据用户输入的不同条件组合来进行搜索。

学习笔记

2）百度保留字

百度保留字，即搜索引擎高级搜索指令，是搜索引擎提供的便于搜索的特殊指令。为了达到用户的直接目的，常用的有 site、inurl、intitle、filetype、双引号、减号、* 等。

3）百度特色功能

百度还有许多特色便捷功能，常用的有运算器、度量衡、拼写检查、身份证辨伪、搜图识物等功能。

6. 百度高级搜索操作

高级搜索，在百度页面的右上角设置，下拉选项组的第二项。单击“高级搜索”，开启“高级检索”对话框，在此对话框内可以对搜索结果、时间、文档格式、关键词位置、限定搜索网站等进行常规设置，如图 2-4 所示。

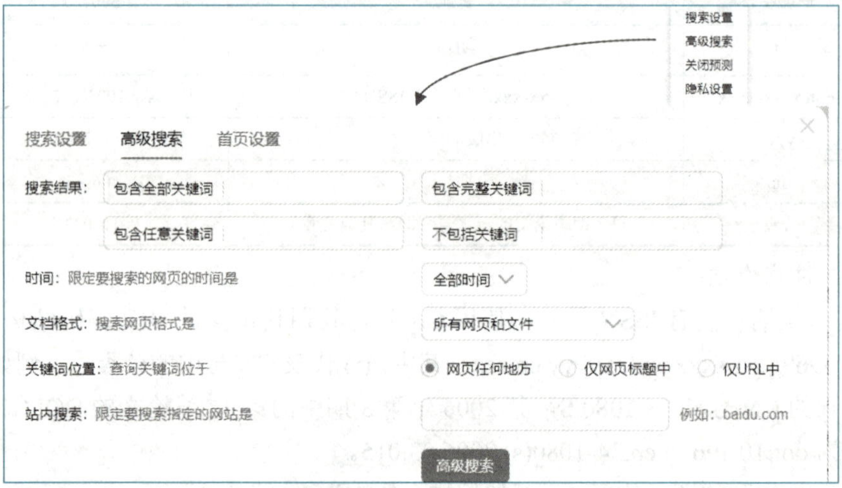

图2-4 “高级搜索”对话框

7. 百度保留字使用

通过百度专门定义的一些保留字，可以执行一些特殊的搜索或功能，操作实例如表 2-3 所示。

表2-3 百度常用保留字及操作注意事项

保留字	功能	实例
双引号“” 书名号《》	实现搜索精确匹配	“中药药典” 《中药药典》
减号	搜索结果中不含特定查询	“中草药种植” - “中药材种植”
inurl	搜索范围限定在链接中	inurl: 中草药种植
intitle	搜索范围限定在网页标题中	intitle: 中草药种植
site	搜索范围限定在特定站点中	site: www.gov.cn
filetype	查找非HTML格式的文件	中草药种植filetype:pdf

学习笔记

8. 百度特色功能操作

百度提供了许多特色功能，辅助用户信息搜索过程中经常遇见的需求，操作实例如表 2-4 所示。

表2-4　百度常用特色功能

特色功能	功能	实例
运算器	实数的+、-、*、/、%的运算	输入“1+1”，选择“1+1等于多少”，即可调出百度运算器
度量衡	面积、长度、体积、质量、温度、压力、功率、功-能-热、密度、力、时间、速度、存储、角度、人民币共15类量的计量单位换算	输入“1亩”，选择“1亩等于多少平方米”，即可调出百度的度量衡
拼写检查	根据用户输入的文字，百度会自动匹配到相近的字、词	输入“羊羽”，选择“羊羽是什么字”，搜索结果自然会跳出百度汉语词典中的“翔” 输入“banlangen”，搜索词中自然会出现“板蓝根”
身份证辨伪	输入18位类似身份证的数字，百度会自动开启身份证辨伪功能	输入“330724197801015023”，页面自动跳出身份证号验伪功能；号码相应字段需有效范围，如日期段“0100”便是无效字段
拍图识物	通过输入框右侧的相机图标，可以开启百度提供的图片匹配识别功能	个人客户端百度。单击输入框右侧的相机图标，单击“选择文件”按钮，上传图片进行匹配识别

拓展训练

野生动物园项目初步信息调研

野生动物是生物多样性的重要组成部分，在接近自然保护区的区域开辟野生动物园，既可以有效治理人类活动区域与自然区域的交界区域，也可以为人们了解动物提供平台，提高保护动物、热爱大自然的情感窗口。请合理选择搜索词，利用百度搜索提供的搜索指令、特色功能进行野生动物园项目建设的初步信息调研。以“野生动物园项目初步信息调研 .docx”为模板，完成信息搜索任务。

具体要求如下：

（1）打开“野生动物园项目初步信息调研 .docx”，另存为“野生动物园项目初步信息调研 _ 班级姓名 .docx”。

（2）确定搜索词，通过搜索指令 filetype、site、inurl、intitle 完成互联网信息调研。

（3）根据第二步的信息搜索及调研，分析目前野生动物园的现状与前景。

（4）通过百度搜图功能，完成野生动物图名鉴别。

（5）通过百度拼写检查，纠错野生动物名。

（6）通过运算器与度量衡，计算功能区块面积规划。

（7）优化整体布局，美化图形、字体大小及色彩。

（8）保存“野生动物园项目初步信息调研 _ 班级姓名 .docx”。

评价反馈

搜索引擎的基本操作综合评价反馈如表 2-5 所示。

表2-5　搜索引擎的基本操作综合评价反馈

<table>
<tr><td>项目名称</td><td colspan="5"></td></tr>
<tr><td>项目人员</td><td colspan="5"></td></tr>
<tr><td>评价项目</td><td colspan="2">评价内容</td><td>分值</td><td>学生自评</td><td>小组评价</td></tr>
<tr><td rowspan="3">相关知识（20%）</td><td colspan="2">熟悉了百度搜索引擎进行信息搜索，并掌握了常用搜索指令的基本使用</td><td>8</td><td></td><td></td></tr>
<tr><td colspan="2">掌握了百度特色功能识图、拼写检查的基本方法</td><td>6</td><td></td><td></td></tr>
<tr><td colspan="2">掌握了运算器、度量衡的基本方法</td><td>6</td><td></td><td></td></tr>
<tr><td rowspan="5">工作过程（80%）</td><td>计划方案</td><td>工作计划制订合理、科学</td><td>20</td><td></td><td></td></tr>
<tr><td>工作任务完成</td><td>能及时准确完成工作任务</td><td>20</td><td></td><td></td></tr>
<tr><td>自主学习</td><td>发现问题能有计划地进行相关信息的探索，及时和老师或同学讨论交流</td><td>20</td><td></td><td></td></tr>
<tr><td>工作态度</td><td>态度端正，工作认真、主动</td><td>10</td><td></td><td></td></tr>
<tr><td>职业素质</td><td>具有良好的计算机使用习惯，爱护公共设施，环境整齐、干净</td><td>10</td><td></td><td></td></tr>
<tr><td>自我总结</td><td colspan="5">学生签字：</td></tr>
<tr><td>教师评价</td><td colspan="5">教师签字：</td></tr>
</table>

A档：90分以上为A+，85～89分为A，80～84分为A-；
B档：75～79分为B+，70～74分为B，65～69分为B-；
C档：60～64分为C+，55～59分为C，50～54为分C-。

项目 3

专用平台信息检索

知识目标

（1）掌握专利信息检索的基本术语；

（2）掌握学位论文检索的基本术语；

（3）掌握会议论文与会议信息检索的基本术语。

能力目标

（1）能利用常用专利搜索平台进行专利信息检索；

（2）能根据需要应用不同的检索方式进行学位论文检索；

（3）能根据需要应用不同的检索方式进行会议论文及会议信息检索。

素质目标

（1）通过学习不同专用平台信息检索的语言、工具、途径与方法，增强信息意识，具备正确进行不同特征信息检索的基本素养，培养逻辑分析、系统设计等计算思维；

（2）通过科学正确的信息检索，培养正确的信息获取方法与途径，培养基本的信息社会责任意识。

工作任务描述

2021 年 10 月 12 日，中华人民共和国主席习近平在《生物多样性公约》第十五次缔约方大会领导人峰会上发表主旨讲话《共同构建地球生命共同体》，讲话中提到“为加强生物多样性保护，中国正加快构建以国家公园为主体的自然保护地体系，逐步把自然生态系统最重要、自然景观最独特、自然遗产最精华、生物多样性最富集的区域纳入国家公园体系。”“本着统筹就地保护与迁地保护相结合的原则，启动北京、广州等国家植物园体系建设。”“生态文明是人类文明发展的历史趋势。”《生物多样性公约》秘书处执行秘书伊丽莎白・穆雷玛在讲话中提到“我们自己有责任要保护自己的文化、传统和生物多样性，共建地球生命共同体。”“国际社会已经做出了政治承诺，带领大家走上生物多样性恢复之路。”“最终实现 2025 年与自然和谐相处的共同愿景。”中草药是自然遗产精华的部分，中草药生态种植是生物多样性保护与经济利用、社会价值兼顾的新模式。金华南山中草药生态种植园依托金华南山生态自然保护区，寻求现代科技助力的主题式生物多样性保护、自然生态保护与发展的可行路径。为此需要制作一份专业层面的深度调研——中草药生态种植园可行性信息调研。

学习笔记

本任务要求通过利用专用平台信息检索，选择合适的检索途径与检索方法，制订最佳的检索方案，完成一份“中草药生态种植园可行性信息调研”文档的制作。信息检索按照模板内容框架的要求，对中草药相关的专利、学位论文、相关会议、会议论文等信息进行检索，多途径获取中草药在实际生产、民用、科研等多方面信息，作为可行性调研的信息支持。首页参考效果如图 3-1 所示。

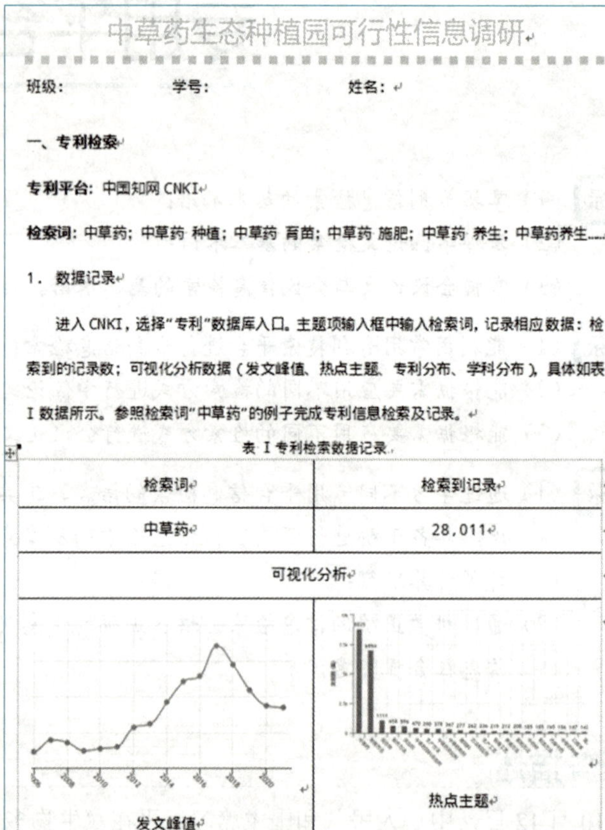

中草药生态种植园可行性信息调研

班级：　　学号：　　姓名：

一、专利检索

专利平台：中国知网 CNKI

检索词：中草药；中草药 种植；中草药 育苗；中草药 施肥；中草药 养生；中草药养生……

1．数据记录

进入 CNKI，选择“专利”数据库入口。主题项输入框中输入检索词，记录相应数据：检索到的记录数；可视化分析数据（发文峰值、热点主题、专利分布、学科分布），具体如表 I 数据所示。参照检索词“中草药”的例子完成专利信息检索及记录。

表 I 专利检索数据记录

检索词	检索到记录
中草药	28,011
可视化分析	
发文峰值	热点主题

图3-1　中草药生态植物园可行性信息调研首页

本任务具体要求如下：首先在 Word 2019 中打开模板文件“中草药生态种植园可行性信息调研 _ 模板 .docx”，通过“另存为”命令保存为“中草药生态种植园可行性信息调研 _ 班级姓名 .docx”。然后通过中国知网、中国重要会议论文全文数据库、中国学术会议网，体验“中草药生态种植可行性信息调研”的信息检索，并写入相应表格中，完成局部信息的分析。最后对整体进行布局、格式优化，制作完成后保存文档。

实践操作

通过专用平台信息检索，完成“中草药生态种植园可行性信息调研”，制作的工作流程见图 1-2。

学习笔记

1. 工作准备

（1）通过查询相关资料，收集专用平台信息检索基本操作的相关知识，熟悉专用平台信息检索语言、检索工具的常用类型，常用检索途径与检索方法。

（2）熟悉中国知网的专利检索引擎，确定所选用的专利检索平台，并熟悉该平台的基本操作。

（3）熟悉中国知网的学位论文检索，确定所选用的学位论文检索平台，并熟悉该平台的基本操作。

（4）熟悉中国重要会议论文全文数据库的会议论文检索，确定所选用的会议论文检索平台，并熟悉该平台的基本操作。

（5）熟悉中国学术会议网的会议信息检索，确定所选用的会议信息检索平台，并熟悉该平台的基本操作。

（6）阅读工作任务描述，结合目前你所熟悉的专用平台信息检索基本操作的相关知识，分析该任务中将遇到的重点、难点问题。

引导问题：如何确定专用平台信息的检索途径与检索方法？

小提示

1. 专用平台

专用平台是针对特殊领域、特殊需求、特殊群体等信息特征而集成的专用信息平台，为某类信息检索提供快、全、准的服务。确定信息特征是选择专用平台的先决条件。例如，查找某领域的新技术、新应用信息，可以选择专利平台；查找某领域的新研究、新方向、新动态，可以选择学位论文、会议论文、会议信息平台；查询实际应用中商标合法性问题，可以选择商标信息查询。

2. 近似检索词

按主题信息特征的不同维度，拓展延伸检索词构词，形成近似检索词。通过一组系列的近似检索词，达成从不同维度描述检索主题的目标，如“中草药生态种植园”中的关键词根：中草药、生态、种植园。由此可以拓展为：中草药种植、生态种植、中草药种植园、生态种植园等。如果近似检索词数目多，可以分类编组进行信息检索，对比分析、提取更为趋近目标的检索词，或通过检索结果分析存在的机会。

3. 分组聚类

对信息检索结果，根据不同的分组条件进行检索信息聚类，通过聚类信息可视化，可以快速帮助检索者明确检索重点，开启二次检索的方向。例如，知网提供了可视化分析数据的工具、引文网络等，都是平台提供的分组聚类工具。

学习笔记

2. 工作计划

根据检索语言、工具、途径、方法等的任务要求，制订一份简单的工作计划。

中草药生态种植园可行性信息调研报告制作方案：

____

____

____

____

3. 工作实施

操作要点如下。

1）实现相似专利信息的检索及数据分析比对

（1）专利检索。打开中国知网，选择“专利”数据库入口。主题项输入框中输入检索词，记录相应数据：检索到的记录数；可视化分析数据（发文峰值、热点主题、专利分布、学科分布）。数据记录到“表 I”。

（2）专利检索数据分析。根据专利信息检索，分析总结中草药领域的专利热区。分析从发文峰值、热点主题、学科分布等维度展开，内容记录在“您的分析”表格框中。

小提示

巧妙运用近似检索词的选取，可以实现相似专利信息的检索。

根据工作任务标题全文：中草药生态种植园可行性信息调研。第一核心词：中草药；第二核心词：生态；第三核心词：种植园。三词序列有优先，但都无法完整表达搜索主题，需要以不同的核心词为词根，构造不同维度的近似词，通过信息检索数据分析，形成信息热点或热区，筛选出进一步信息检索的近似检索词、复合检索词和句式检索词。

小提示

运用数据可视化分析，可以快速实现检索信息的数据分析比对。

现有信息检索平台一般会提供可视化分析数据的接口，有免费与付费之分。中国知网提供的免费可视化分析数据有：发文峰值、热点主题、专利分布、学科分布等。可视化分析数据，可以帮助我们直观地看到检索结果收敛的热词，更为精准地开启第二次信息检索。

学习笔记

小提示

检索式，可以帮助检索者更灵活地控制检索项。

检索式是由检索项、检索词、数据运算符、逻辑关系运算符等组成的检索表达式。检索式的基础是检索项，检索项是文献信息的特征数据。文献信息特征不同，可用的检索项也会有所不同。检索项与检索词通过数据运算符构成单检索条件，多个检索条件通过逻辑关系运算符构成检索式。单检索条件是简单形式的检索式。逻辑运算符 AND、OR、NOT 分别表示“与”“或”“非”运算。数据运算符如图 3-2 所示。

运算符	检索功能	检索含义	举例	适用检索项
='str1'*'str2'	并且包含	包含str1和str2	TI=转基因*水稻	所有检索项
='str1'+'str2'	或者包含	包含str1或者str2	TI=转基因+水稻	
=str1-str2	不包含	包含str1不包含str2	TI=转基因-水稻	
=str	精确	精确匹配词串str	AU='袁隆平'	作者、第一责任人、机构、中文刊名&英文刊名
='str /SUB N'	序位包含	第n位包含检索词str	AU='刘强 /SUB 1 '	
%'str'	包含	包含词str或str切分的词	TI%'转基因水稻'	全文、主题、题名、关键词、摘要、中图分类号
='str'	包含	包含检索词str	TI='转基因水稻'	
=' str1 /SEN N str2 '	同段，按次序出现，间隔小于N句		FT='转基因 /SEN 0水稻'	
=' str1 /NEAR N str2 '	同句，间隔小于N个词		AB='转基因 /NEAR 5 水稻'	主题、题名、关键词、摘要、中图分类号
=' str1 /PREV N str2 '	同句，按词序出现，间隔小于N个词		AB='转基因 /PREV 5 水稻'	
=' str1 /AFT N str2 '	同句，按词序出现，间隔大于N个词		AB='转基因 /AFT 5 水稻'	
=' str1 /PEG N str2 '	全文，词间隔小于N段		AB='转基因 /PEG 5 水稻'	
=' str $ N '	检索词出现N次		TI='转基因 $ 2'	
BETWEEN	年度阶段查询		YE BETWEEN ('2000','2013')	年、发表时间、学位年度、更新日期
=xls('str')	中英文扩展	扩展该检索词的中文或英文同义词与该检索词一起检索	KY=xls('区块链')	主题、题名、关键词、摘要、全文、参考文献、基金

图3-2　数据运算符

检索式输入注意事项：

- 所有符号和英文字母，都必须使用英文半角字符；
- “AND”“OR”“NOT”，可自由组合，优先级需用英文半角圆括号“()”确定；
- “AND”“OR”“NOT”前后要空一个英文字节；
- 中英文扩展 .xls('str')中'str'被视为单一检索词，不支持多词组合扩展；
- 使用“同句”“同段”“词频”时，需用一组西文单引号将多个检索词及其运算符括起，如'流体 # 力学'。

示例：

- 要求：检索屠呦呦在中国中医科学院中药研究所或北京大学时发表的文章。检索式：AU ='屠呦呦' and (AF ='中国中医科学院中药研究所' or AF ='北京大学')。
- 要求：检索屠呦呦在中国中医科学院中药研究所期间发表的题名或摘要中都包含“中药”的文章。检索式：AU='屠呦呦' and AF='中国中医科学院中药研究所' and (TI='中药' or AB='中药')。

学习笔记

2）快速进入某个领域，实现相关领域的文献检索

（1）学位论文检索初检。打开中国知网，选择“学位论文”库入口，输入检索词“中草药种植”，并按“被引”降序排序。记录相应数据：检索到的记录数；最高被引学位论文基本信息，填在“序号 1”。最新论文基本信息，年份相同，取被引高者，被引相同，取下载高者，填在“序号 2”，数据记录到“表 II”。

（2）学位论文检索引文情况。分别进入“表 II”两条记录的摘要关键词页，截取该论文的引文网络，图片置于“表 III”中。

小提示

引文网络，可以帮助检索者快速深入某一领域中进行相关的文献检索。

引文网络可以提供信息检索目标领域的研究脉络，给检索者提供一个全局观。提供参考文献、二次参考文献、节点文献、引证文献、二次引证文献的五级引证关系；提供共引文献、同被引文献的同期研究情况。引文网络可以帮助信息检索者快速进入相应领域。

3）实现某个方向的学位论文检索

（1）学位论文检索初检。打开中国知网，选择“学位论文”库入口，输入检索词“中草药种植”，并按“被引”降序排序。记录相应数据：检索到的记录数；最高被引学位论文基本信息，填在“序号 1”。最新论文基本信息，年份相同，取被引高者，被引相同，取下载高者，填在“序号 2”，数据记录到“表 II”。

（2）学位论文检索引文情况。分别进入“表 II”两条记录的摘要关键词页，截取该论文的引文网络，图片置于“表 III”中。

4）实现特定检索条件的会议论文检索

（1）会议论文检索初检。进入中国重要会议论文全文数据库，在“文献检索”组的“标准检索”页“2. 输入内容检索条件”区域，选择“主题”检索，输入框中输入“中草药种植”，包含关系中选择“或者包含”，输入框中输入“生态种植”，进行文献检索。选择与中草药生态种植可以借鉴的会议论文信息，记录相应数据于“表 IV”中。

（2）会议论文检索发文单位约束。在“1. 输入检索控制条件”的作者单位中输入“大学”，检索并记录中草药种植相关的信息于“表 V”中。

（3）会议集检索。在“1. 输入检索控制条件”的会议名称中输入“2020/2021 中国城市规划年会暨 2021 中国城市规划学术季”，清除作者单位中的信息，“2. 输入内容检索条件”区域的输入保持不变，检索信息，并记录信息于“表 VI”中。

（4）作者发文检索。在“1. 输入检索控制条件”的作者框中输入“郭兰萍”，作者单位输入“中国中医科学院”，“2. 输入内容检索条件”区域的主题输入“中药”检索信息，并记录中草药种植相关信息于“表 VII”中。

（5）会议全文检索。选择“句子检索”页，选择“在全文同一句”，含

学习笔记

有双成分检索词如下：中草药……生态、中草药……种植园、中草药……生态园、中草药……种植园，检索信息记录在“表 VIII”中。

5）实现特定检索条件的会议信息的检索

（1）来源会议检索。时间条件检索：会议时间 2021-01-01 到 2021-12-31，记录分组信息于“表 IX”中；主办单位检索：中国农业科学院，中国农业大学，相关信息记录在“表 X”中。

（2）会议信息检索。首先，近期会议浏览。进入中国学术会议网首页，浏览“推荐会议”和“最近召开会议”，请选择开会时间最近的 3 则会议信息，记录在“表 XI”中。然后，会议搜索。单击页面上方的会议搜索栏右侧“高级检索”，进入检索条件页面。选择“会议所有描述”，输入检索词：中草药、生态学、种植园、生物多样性，检索相应会议信息，并将时间最近的一条会议信息记录于“表 XII”中。

相关知识与基本操作

1. 专利信息检索基本术语

1）专利

专利，通常是指一项发明创造的首创者所拥有的受保护的独享权益。知识产权中的三层意思：专利权、专利技术、专利证书或专利文献。

2）专利类别

依据创新的不同层次，专利可以分为发明专利、实用新型专利和外观设计专利。

（1）发明专利。对产品的方法及其改进而提出新的技术方案。特点：申请价值最高、最难。

（2）实用新型专利。对产品的形状、构造及其结合而提出的实用的新技术方案。特点：申请量最多，涉及领域最广。

（3）外观设计专利。对产品外观中形状、颜色、图案的新设计。特点：申请费用少、授权快、保护及时、授权率高。

3）专利信息检索

专利信息检索，通常是指一项或数项特征，从大量的专利文献或专利数据库中挑选符合某一特定要求的文献或信息的过程。

4）专利信息检索种类

专利信息检索可分为专利技术信息检索、专利技术方案检索、同族专利检索、专利法律状态检索、专利引文检索、专利相关人检索等。

2. 学位论文检索基本术语

1）学位

学位是证明学生在相应学科的知识、能力和学术水平的重要标志。学

学习笔记

位不是学历，有学位不一定有学历，有学历也不一定有学位。学位等级有学士、硕士之分。

2）学位论文

学位论文是作者为获得某种学位而撰写的研究报告或科学论文。论文级别有学士论文、硕士论文、博士论文。

3）学位论文检索途径

学位论文检索途径主要有学科导航分类检索、学位论文外部特征检索、主题词检索等。

3. 会议论文与会议信息检索基本术语

1）会议论文

会议论文是指在国内外学术会议等正式场合首次发表的论文，属于公开发表的论文。会议主办单位或论文汇编单位汇集出版论文集，优秀论文会被相关数据库检索收录。收录是对论文质量的一种认可。

2）会议信息

会议信息是关于学术会议的会议名称、召开地点、会议开始时间、论文集收录情况等的信息。会议信息检索是根据会议的外部特征、主题、分类等途径进行会议信息的检索。

4. 专利信息检索基本操作

1）常用专利信息检索平台

常用专利信息检索平台，如表 3-1 所示。

表3-1　常用专利信息检索平台

平台名	所有权人
中国专利公布公告	国家知识产权局
专利检索及分析	国家知识产权局
中国专利信息中心	阿里云计算有限公司
专利信息服务平台	知识产权出版社
国家重点产业专利信息服务平台	国家知识产权局
中国专利信息网	国家知识产权局
Patentics专利智能检索分析平台	索意互动
SooPat专利搜索引擎	苏州搜湃知识产权代理
IncoPAT	北京合享智慧科技有限公司
上海知识产权（专利）服务平台	上海知识产权局
北京知识产权公共信息服务平台	北京知识产权信息中心
中国知网专利子库	同方股份有限公司
万方专利子库	北京万方数据股份有限公司

学习笔记

2）检索方法

以中国知网专利信息检索为例，专利检索入口提供了简单检索与高级检索两种方式。

（1）简单检索。单条件检索，提供了主题、篇关摘、关键词、专利名称、摘要、全文、申请号、公开号、分类号、主分类号、申请人、发明人、代理人、同族专利项、优先权共15种检索途径。操作方法如下：确定检索项，输入检索词。操作数据为：第一组（申请人：中国农业科学院）；第二组（专利名称：黄芪）；第三组（发明人：屠呦呦）。检索结果如图3-3～图3-5所示。

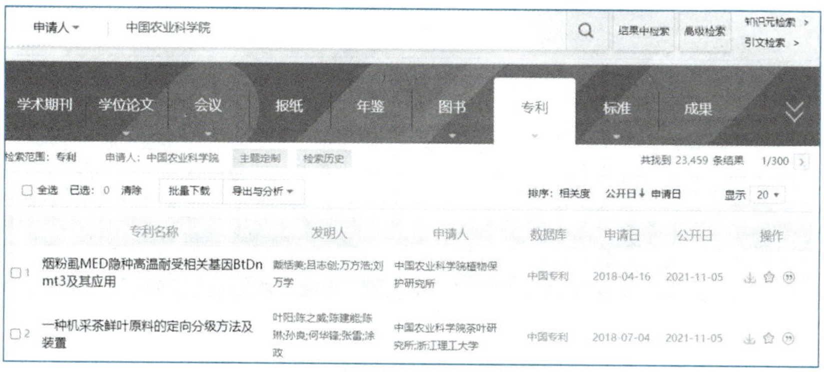

图3-3　专利简单检索第一组

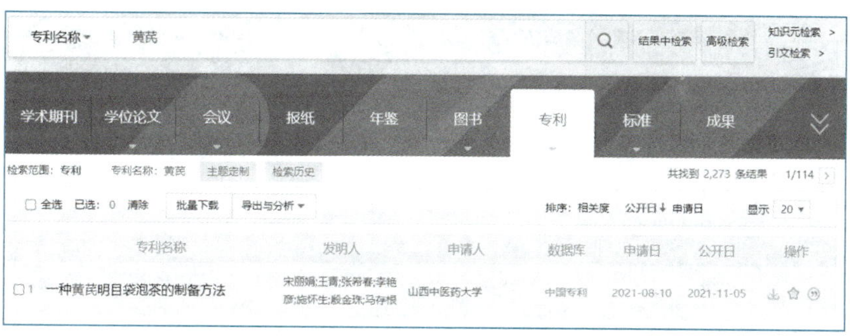

图3-4　专利简单检索第二组

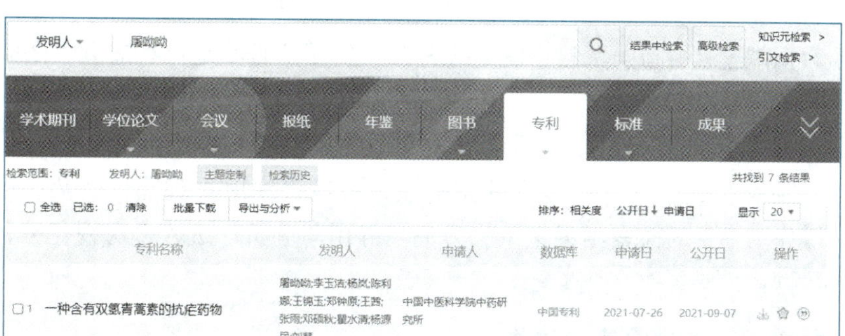

图3-5　专利简单检索第三组

（2）高级检索。多条件检索，在简单检索的基础上增加了逻辑运算符，

学习笔记

构造高级复杂的多条件检索。同时，还提供了申请日、公开日、更新时间等条件限制。操作方法如下：确定检索项，输入检索词，选好运算关系。操作数据为：第一组（申请人：中国中医科学院，发明人：屠呦呦，检索方式：精确）；第二组（申请人：中国中医科学院，发明人：屠呦呦，检索方式：模糊）；第三组（申请人：中国中医科学院，专利名称：青蒿素，检索方式：模糊）。检索结果如图 3-6 ～图 3-8 所示。

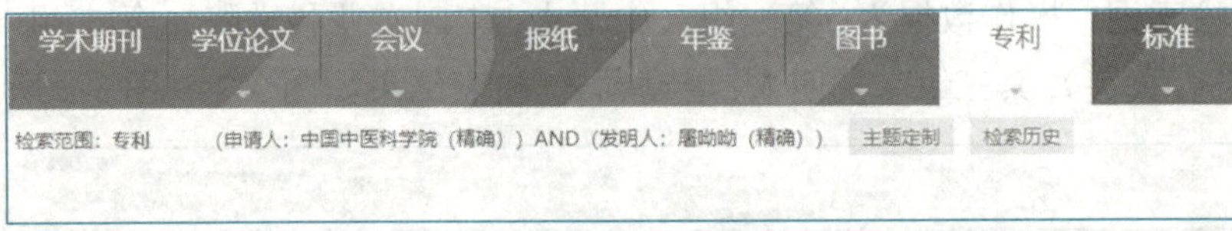

图3-6　专利高级检索第一组

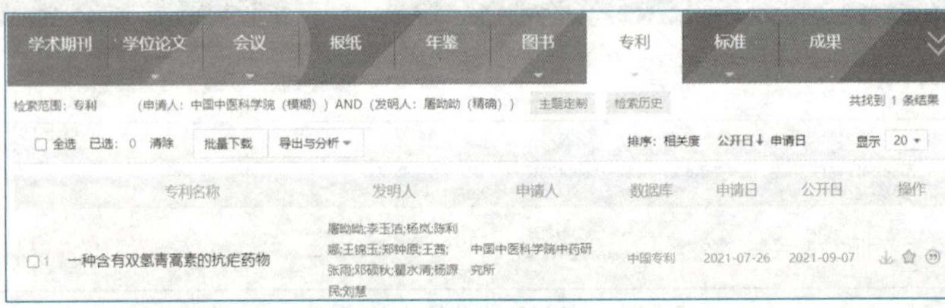

图3-7　专利高级检索第二组

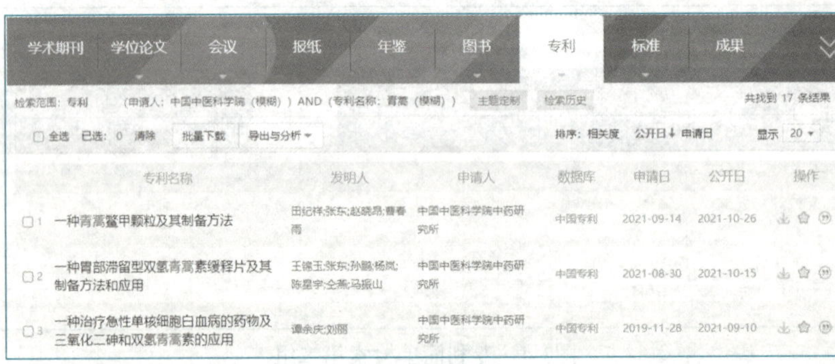

图3-8　专利高级检索第三组

数据观察：中国中医科学院研究青蒿素的团队是不是只有屠呦呦团队？

3）可视化分析

可视化分析工具可以查看专利发布的年度趋势、按主要主题、次要主题、专利类别、学科 4 个维度的聚类图，可以直观地看到热词、热区的分布。操作方法：从检索结果记录上方的“导出与分析”进入“可视化分析”。操作数据：专利名称 - 青蒿素。

5. 学位论文检索基本操作

1）常用数据库

常用的学位论文检索数据库有中国知网学位论文数据库、万方学位论

学习笔记

文数据库。

2）检索方式

以中国知网为例，提供的学位论文检索方式有：一框式检索、高级检索、句子检索、专业检索。一框式检索是简单检索，高级检索、句子检索是复杂检索。

6. 会议论文与会议信息检索基本操作

1）常用会议论文检索工具

常用会议论文检索工具有中国知网的中国重要会议论文全文数据库、万方数据的中国学术会议论文全文数据库、国家科技图书文献中心数据库、EI（engineering index，工程索引）会议论文、ISTP（index to scientific & technical proceedings，科技会议录索引）等。国际检索的权限门槛比较高。

2）会议论文检索途径

会议论文检索提供了主题检索为主的论文检索途径；分类检索为主的会议论文集检索途径及会议信息相关的外部特征检索途径。

- 主题检索：简单检索、高级检索、专业检索、句子检索。
- 分类检索：学科导航、行业导航、党政导航。
- 外部特征检索：作者发文检索、科研基金检索、来源会议检索。

7. 商标信息检索基本操作

以中国知识产权网商标查询为例。此处不详细介绍。

拓展训练

中草药生态养殖园可行性信息调研

一个完整的生态系统需要植物、动物、微生物等多层级物种来构成。中草药生态养殖园利用中草药生态种植园的优势，通过合适选种、组配，调和中草药生态园的生态平衡。在选种、技术方面需要进行可行性信息调研，以便拟出更明确可行的方案。以“中草药生态养殖园可行性信息调研_模板.docx”作为参考模板，通过专用平台体验多维度信息检索。

具体要求如下：

（1）打开“中草药生态养殖园可行性信息调研_模板.docx”，另存为“中草药生态养殖园可行性信息调研_学号姓名.docx”。

（2）根据各板块提供的操作数据，完成各专用平台相关信息检索。

（3）优化整体布局，美化图形、字体大小及色彩。

（4）保存“中草药生态养殖园可行性信息调研_学号姓名.docx”。

评价反馈

信息检索的基本操作综合评价反馈如表3-2所示。

表3-2 信息检索的基本操作综合评价反馈

<table>
<tr><td>项目名称</td><td colspan="5"></td></tr>
<tr><td>项目人员</td><td colspan="5"></td></tr>
<tr><td>评价项目</td><td colspan="2">评价内容</td><td>分值</td><td>学生自评</td><td>小组评价</td></tr>
<tr><td rowspan="3">相关知识（20%）</td><td colspan="2">熟悉了中国知网、万方等信息检索平台并掌握了外部特征信息检索的基本方法</td><td>8</td><td></td><td></td></tr>
<tr><td colspan="2">掌握了分类检索的基本方法</td><td>6</td><td></td><td></td></tr>
<tr><td colspan="2">掌握了主题检索的基本方法</td><td>6</td><td></td><td></td></tr>
<tr><td rowspan="5">工作过程（80%）</td><td>计划方案</td><td>工作计划制订合理、科学</td><td>20</td><td></td><td></td></tr>
<tr><td>工作任务完成</td><td>能及时准确完成工作任务</td><td>20</td><td></td><td></td></tr>
<tr><td>自主学习</td><td>发现问题能有计划地进行相关信息的探索，及时和老师或同学讨论交流</td><td>20</td><td></td><td></td></tr>
<tr><td>工作态度</td><td>态度端正，工作认真、主动</td><td>10</td><td></td><td></td></tr>
<tr><td>职业素质</td><td>具有良好的计算机使用习惯，爱护公共设施，环境整齐、干净</td><td>10</td><td></td><td></td></tr>
<tr><td>自我总结</td><td colspan="5">学生签字：</td></tr>
<tr><td>教师评价</td><td colspan="5">教师签字：</td></tr>
</table>

A档：90分以上为A+，85～89分为A，80～84分为A-；
B档：75～79分为B+，70～74分为B，65～69分为B-；
C档：60～64分为C+，55～59分为C，50～54为分C-。

模块 2 文档编辑

内容导读

文档处理是信息化办公的重要组成部分，Word 已逐渐成为人们办公、学习、生活中应用较广泛的文字处理软件，能使用 Word 进行各类文档的编排是现代办公最基本的要求。本模块主要包含文档的基本编辑、图片的插入和编辑、表格的插入和编辑、样式与模板的创建和使用、多人协同编辑文档等内容。

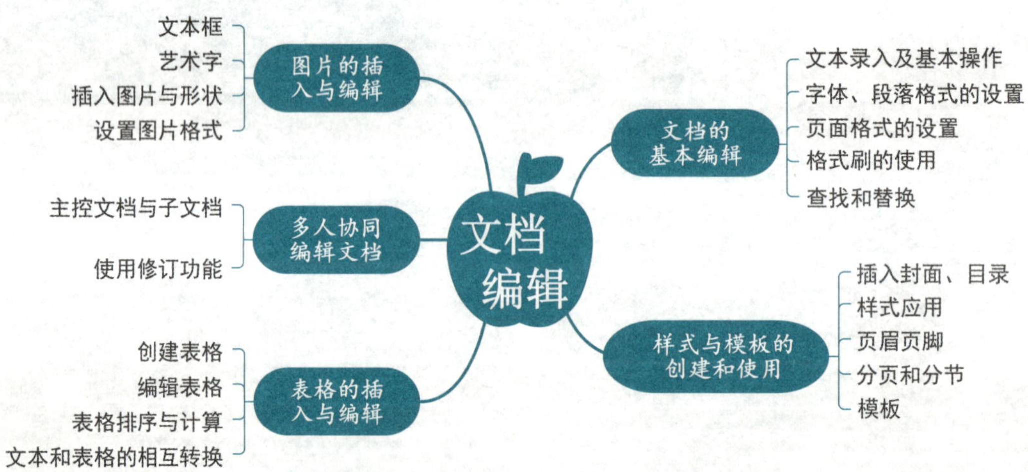

项目 4

文档的基本编辑

知识目标

（1）理解文档页面设置和文档录入的方法；

（2）了解文本的基本编辑方法，如文本的选择、删除、复制、移动等；

（3）掌握设置文档字符格式和段落格式的方法；

（4）掌握使用格式刷复制文本格式和段落格式的方法；

（5）掌握全文快速替换的方法。

能力目标

（1）能根据需要快速地批量替换；

（2）能熟练使用各种操作按钮对文档进行编辑、排版。

素质目标

（1）通过学习 Word 各种操作按钮的功能，在生活中能灵活应用相应命令解决实际的文档排版问题，培养创造性思维；

（2）激发对信息技术进一步学习的兴趣。

工作任务描述

为深入学习贯彻习近平新时代中国特色社会主义思想和党的十九大精神，紧紧围绕纪念五四运动，团结引领广大团员青年弘扬和践行社会主义核心价值观，积极投身同心共筑伟大复兴中国梦的奋斗征程，某校团委决定在全校团员青年中开展“社会主义核心价值观宣传月”活动，需要制作一份通知，通知样本如图 4-1 所示。

要完成本任务，首先需熟悉文档页面的设置、文档字符格式和段落格式、段边框和底纹、格式刷、全文快速替换等的相关知识。本任务具体要求如下：

（1）新建文档并录入文本内容，另存为“关于开展‘社会主义核心价值观宣传月’活动的通知 .docx”。

（2）页面设置。左、右边距各为 2.5 厘米。

（3）首行标题设置。字体为黑体，加粗，二号，文字效果为渐变填充：径向渐变 - 个性色 2，类型为射线。段落居中。

（4）其余正文段落设置为首行缩进 2 厘米，1.2 倍行距。将“校团委”“2021 年 4 月 25 日”设置为右对齐。

学习笔记

（5）对“活动时间：2021 年 5 月”“活动地点：西实训楼 3 楼多功能厅”“活动对象：全校团员青年”“活动内容：”“联系方式：”设置自动编号“一”“二”“三”……

（6）对“联系人：张丽”“联系电话：130****8888”设置项目符号“➢”。

（7）设置“活动时间”“活动地点”“活动对象”“活动内容”“联系方式”突出显示颜色为“鲜绿”、字符间距为“120%”。

（8）将“各学院团总支”中的“各”设置为增大圈号。

（9）将“2021 年 5 月”设置字符边框。

（10）在“联系人”后插入特殊符号“☺”，在“联系电话”后插入特殊符号“☎”。

（11）设置全文数字为红色。

（12）保存文档。

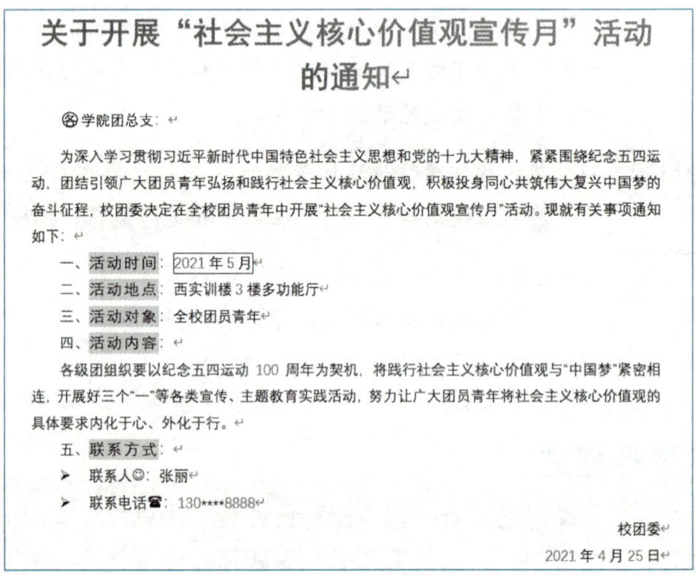

关于开展“社会主义核心价值观宣传月”活动的通知↵

㊔学院团总支：↵

为深入学习贯彻习近平新时代中国特色社会主义思想和党的十九大精神，紧紧围绕纪念五四运动，团结引领广大团员青年弘扬和践行社会主义核心价值观，积极投身同心共筑伟大复兴中国梦的奋斗征程，校团委决定在全校团员青年中开展“社会主义核心价值观宣传月”活动。现就有关事项通知如下：↵

一、活动时间：2021 年 5 月↵

二、活动地点：西实训楼 3 楼多功能厅↵

三、活动对象：全校团员青年↵

四、活动内容：↵

各级团组织要以纪念五四运动 100 周年为契机，将践行社会主义核心价值观与“中国梦”紧密相连，开展好三个“一”等各类宣传、主题教育实践活动，努力让广大团员青年将社会主义核心价值观的具体要求内化于心、外化于行。↵

五、联系方式：↵

➢ 联系人☺：张丽↵

➢ 联系电话☎：130****8888↵

校团委↵

2021 年 4 月 25 日↵

图4-1　通知样本

实践操作

对关于开展“社会主义核心价值观宣传月”活动的通知进行相应的编辑、排版，工作流程见图 1-2。

1. 工作准备

（1）通过查询相关资料，收集文档排版、编辑的相关知识，了解 Word 中格式刷、批量替换的方法。

（2）浏览“关于开展‘社会主义核心价值观宣传月’活动的通知”Word 文档，熟悉各行内容。

（3）阅读工作任务描述，结合目前你所收集到的文档排版、编辑知识，

学习笔记

分析该任务中将遇到的难点问题。

引导问题： 格式刷的作用是什么？

小提示

在给文档中大量的内容重复设置相同的格式时，就可以利用格式刷来完成。格式刷可以复制文字格式、段落格式等。

引导问题： 你觉得什么时候可以用批量替换？

小提示

处理文档时，常常需要批量替换多个相同的文本内容，若用户采用手动替换，将花费大量的时间，此时可以使用批量替换功能自动批量替换文本内容、文本格式等。

调整窗口的显示比例

2. 工作计划

根据资料收集整理、文档排版等任务要求，制订一份简单的工作计划。

对关于开展“社会主义核心价值观宣传月”活动的通知的排版设计方案：

3. 工作实施

操作要点如下。

1）页面设置

选择“布局”选项卡，单击“页面设置”选项组的“页边距”下拉按钮→单击“自定义页边距”进行页面设置。

2）设置字体格式

选择“开始”选项卡，单击“字体”选项组的对话框启动器→在“字体”对话框“字体”选项卡中，设置字体、字形、字号等→在“高级”选项卡中设置字符间距缩放、间距等→单击下方的“文字效果”按钮，在弹出的“设置文本效果格式”对话框中设置文本渐变填充效果、类型等，如图 4-2 所示。

学习笔记

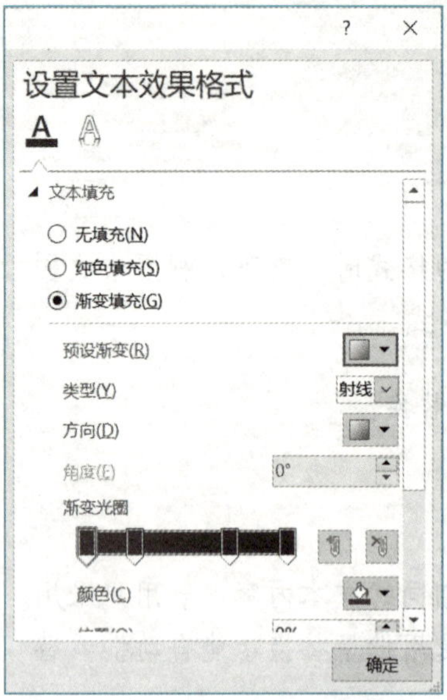

图4-2 设置文本效果格式

在“开始”选项卡“字体”选项组的工具栏中设置文本突出显示颜色、带圈字符、字符边框等。

3）设置段落格式

选中其余正文，选择“开始”选项卡，单击“段落”选项组的对话框启动器→设置首行缩进、对齐方式等→设置“多倍行距”为“1.2”。

设置“校团委”“2021年4月25日”为段落右对齐。

4）设置自动编号、项目符号

选中文本内容，在“段落”选项组中的自动编号、项目符号下拉列表中选择相应的编号、符号格式。

5）使用格式刷

设置完“活动时间”的格式后，用格式刷刷“活动地点”“活动对象”等。

6）插入特殊符号

选择“插入”选项卡，在“符号”分组中单击“符号”下拉按钮→单击“其他符号”→选中相应的符号，单击“插入”按钮。

7）批量设置任意数字的格式

选择“开始”选项卡，在“编辑”分组中单击“替换”按钮。单击“更多”按钮，在“查找内容”编辑框中单击。然后单击下方的“特殊格式”按钮，在打开的“特殊格式”菜单中选择“任意数字”命令。单击“替换为”编辑框，单击“格式”按钮，设置字体为红色。

相关知识与基本操作

1. 文本录入及基本操作

输入文本就是在Word文档编辑区的文本插入点处输入所需的文本内容，它是Word对文本进行处理的基本操作。文档制作的一般原则是先进行文字录入，后进行格式排版。在这个过程中，不要使用空格对齐文本。

文本录入及基本操作

2. 字体格式的设置

在Word 2019中，常用的字体格式主要包括字体、字号、字体颜色等。

1）通过“开始”选项卡“字体”组内的按钮设置字体格式

“字体”选项组如图4-3所示。

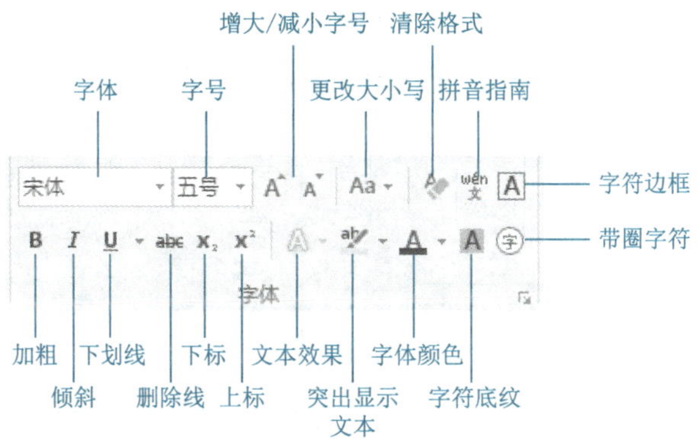

图4-3　“字体”选项组

学习笔记

字体段落格式的设置

首字下沉

2）通过“字体”对话框设置字符格式

单击“字体”组右下角的对话框启动器，即可打开“字体”对话框。在“字体”选项卡中可以设置中文字体、西文字体、字形、字号和字体颜色等。在“高级”选项卡中可以设置字符缩放、间距、位置等格式，如图4-4所示。

- 缩放：是指在保持字符高度不变的情况下改变字符宽度，100%表示无缩放。用户可以在该下拉列表框中选择缩放百分比，或直接输入缩放百分比。
- 间距：是指字符之间的距离。先在该下拉列表框中选择“加宽”或“紧缩”选项，然后可在右侧的“磅值”编辑框中设置需要加宽或紧缩的字符间距值。若选择“标准”选项，则可恢复默认的字符间距。
- 位置：先在该下拉列表框中选择“提升”或“降低”选项，然后在“磅值”编辑框中设置需要的数值，可将所选字符向上提升或向下降低。

3. 段落格式的设置

在Word 2019中，常用的段落格式主要包括对齐方式、段前段后间距、首行缩进和悬挂缩进、行距、边框和底纹等。设置段落格式，可通过“开始”选项卡上“段落”组中的按钮或“段落”对话框进行。

1）通过“开始”选项卡的“段落”组按钮设置段落格式

利用“开始”选项卡“段落”组中的按钮可以设置段落的对齐方式、缩进、行间距，以

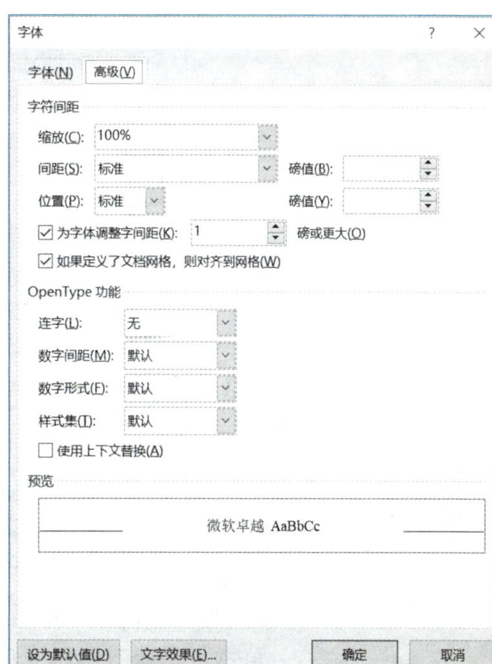

图4-4　“字体”对话框

学习笔记

及边框和底纹、项目符号等，如图4-5所示。

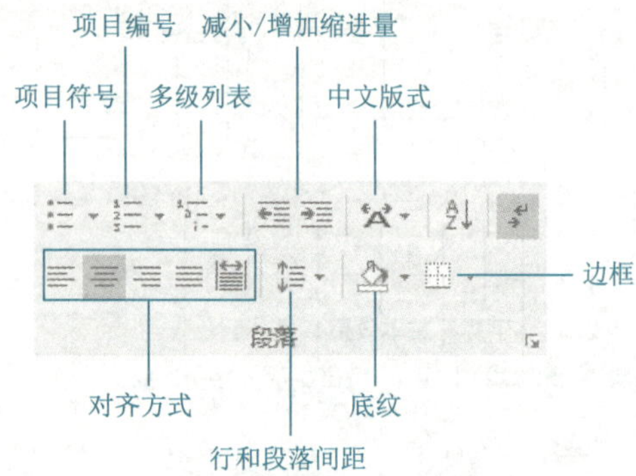

图4-5　“段落”组按钮

项目符号和编号

- 项目符号和编号：对所选段落设置项目符号列表、编号列表。
- 对齐方式：设置所选段落的对齐方式，有左对齐、居中、右对齐、两端对齐和分散对齐5种对齐方式。
- 减小/增加缩进量：增减段落左侧与左页边距的距离。
- 行距：对所选段落各行之间的距离进行调整。
- 边框：对所选文本或段落添加边框，可以从下拉列表中选择不同的边框类型，还可以单击下拉列表中的“边框和底纹……”，在弹出的对话框中进一步详细设置边框的样式和颜色，如图4-6所示。
- 底纹：对所选文本或段落设置背景颜色，可以从调色板中选择颜色。

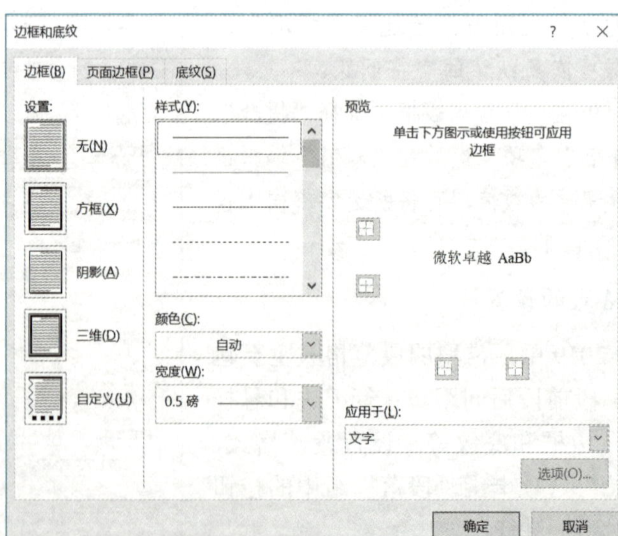

图4-6　“边框和底纹”对话框

2）通过“段落”对话框设置段落格式

单击“段落”组右下角的对话框启动器，打开“段落”对话框，在此对话框中可以设置更多的段落格式。

学习笔记

4. 页面格式的设置

页面格式设置主要包括页边距、纸张方向、纸张大小等。单击“布局”选项卡，可利用“页面设置”选项组的工具按钮完成如纸张方向、纸张大小等简单的页面设置，如图4-7所示。对格式要求较高的，则要通过单击右下角的对话框启动器，在打开的“页面设置”对话框中进行设置。

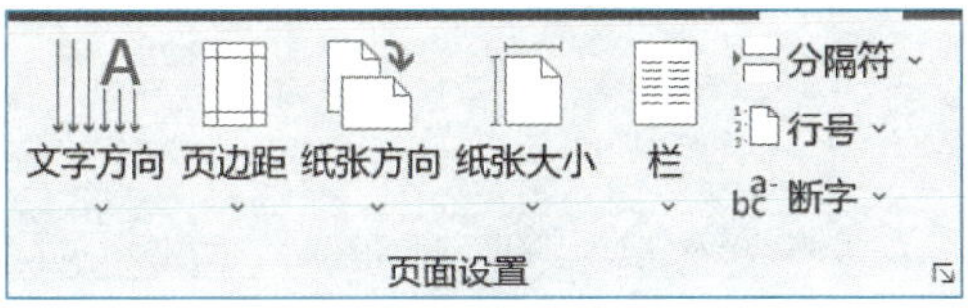

图4-7　“页面设置”组按钮

分栏

5. 格式刷的使用

使用格式刷可以复制字符格式和段落格式，具体使用方法如下：

（1）选中要进行格式复制的文本，或将光标置于段落中；

（2）单击“开始”选项卡的“剪贴板”组中的格式刷按钮；

（3）拖动鼠标选中目标文本或段落即可。

在Word 2019中，段落格式设置信息被保存在每段后的段落标记中。因此，如果只希望复制字符格式，就不要选中段落标记；如果希望同时复制字符格式和段落格式，则须选中段落标记。此外，如果只希望复制某段落的段落格式，只需将插入符置于源段落中，单击格式刷按钮，再单击目标段落即可，无须选中段落文本。

格式刷的使用

若要将所选格式应用于文档中多处内容，只需双击格式刷按钮，然后依次选择要应用该格式的文本或段落。在此方式下，若要结束格式复制操作，需按Esc键或再次单击格式刷按钮。

6. 查找和替换

如果需要在一个内容较多的Word 2019文档中快速地查看某项内容，可输入内容中包含的一个词组或一句话，进行快速查找。在Word 2019文档中发现错误后，如果要修改多处相同内容，可以使用替换功能。

打开原始文件，在“开始”选项卡下单击“编辑”组中的“替换”按钮，弹出“查找和替换”对话框，切换到“查找”选项卡，在“查找内容”文本框中输入需要查找的内容，如“每月”，单击“查找下一处”按钮，可以看见查找到的第一处“每月”文本内容，如图4-8所示。继续单击“查找下一处”按钮，可查找其他的“每月”文本内容。为了方便用户查看文档中所有的“每月”文本内容，可以将内容突出显示，具体方法是在“查找和替换”对话框中单击“阅读突出显示”按钮→在展开的下拉列表中选择“全部突出显示”选项。如果查找时发现内容有误，可切换到“替换”选项卡，在“替换为”

学习笔记

文本框中输入要替换的内容，如“每天”，单击“全部替换”按钮即可完成替换。

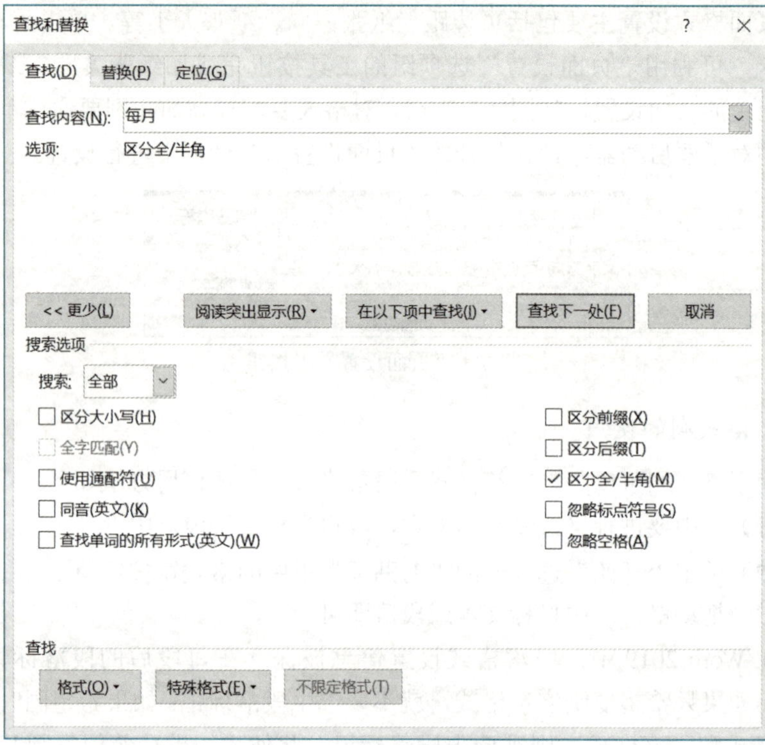

图4-8　“查找和替换”对话框

还可以利用替换功能批量设置字符格式、批量删除空格、删除全文多余空行等。以删除全文多余空行为例，具体操作为：不用选中任何内容，单击“开始”选项卡，在“编辑”组中单击“替换”按钮→单击“更多”按钮→在“查找内容”编辑框中单击。然后单击下方的“特殊格式”按钮，在打开的“特殊格式”菜单中单击两次“段落标记”命令→单击“替换为”编辑框，单击“特殊格式”按钮，在打开的“特殊格式”菜单中选择“段落标记”命令→在“查找和替换”对话框中单击“全部替换”按钮，在弹出的对话框中单击“确定”按钮→重复单击“全部替换”按钮直至完成替换数没有变化。

拓展训练

制作“企业年终工作会议通知”

在“桌面”上新建一个 Word 文档，命名为“企业年终工作会议通知 .docx”。

（1）录入如图 4-9 所示的内容。

（2）对文档进行编辑排版，最终样文如图 4-10 所示，具体排版要求如下。

① 页面设置：上边距为 1 厘米，下边距为 2 厘米，左右页边距均为 2

厘米，纸张大小为 B5，纸张方向为横向。

② 标题文字：字体为隶书，字号为二号，字形为加粗，字体颜色为蓝色，效果为阴影，加着重号；段前、段后各 0.5 行，对齐方式为居中对齐。

③ 正文：字体为宋体，字号为小四号；行距为 1.5 倍行距，首行缩进 2 个字符。

④ 称呼“各部门负责人及员工”：字形加粗，带下划线。

⑤ 各子标题：字形为加粗；文本底纹为灰色，边框为蓝色 0.5 磅单线。

⑥ 落款两段：对齐方式为右对齐。

⑦ 在标题左边插入特殊符号，颜色为橙色。

⑧ 为该文档设置打开密码“123”。

公司年终总结会议通知

各部门负责人及员工：

为进一步做好 2021 年的年终总结工作，明确 2022 年工作目标及实施计划，经公司董事会研究决定召开 2021 年年终总结会议。现将有关事项通知如下：

一、会议时间：

2021 年 12 月 28 日（周五）下午 2:30

二、会议地点：

高老庄酒店 8 楼多功能会议室

三、会议要求：

1. 请综合办公室部做好相关资料准备。

各部门汇报材料要以数据说话，重点进行结果和整改措施汇报，于 2021 年 12 月 25 日下班前发到公司综合办。

2. 请与会人员妥善安排好工作，提前 15 分钟到场。

阿里里有限责任公司

2021 年 12 月 15 日

图4-9　文本录入的内容

公司年终总结会议通知

<u>各部门负责人及员工</u>：

为进一步做好 2021 年的年终总结工作，明确 2022 年工作目标及实施计划，经公司董事会研究决定召开 2021 年年终总结会议。现将有关事项通知如下：

一、会议时间：

2021 年 12 月 28 日（周五）下午 2:30

二、会议地点：

高老庄酒店 8 楼多功能会议室

三、会议要求：

1. 请综合办公室部做好相关资料准备。

各部门汇报材料要以数据说话，重点进行结果和整改措施汇报，于 2021 年 12 月 25 日下班前发到公司综合办。

2. 请与会人员妥善安排好工作，提前 15 分钟到场。

阿里里有限责任公司
2021 年 12 月 15 日

图4-10　“公司年终总结会议通知”样文

学习笔记

文档加密方法

评价反馈

文档的基本编辑评价反馈如表 4-1 所示。

表4-1　文档的基本编辑评价反馈

项目名称					
项目人员					
评价项目	评价内容		分值	学生自评	小组评价
相关知识（20%）	掌握了文字格式设置和段落格式设置		8		
	掌握了格式刷的正确使用方法		6		
	掌握了批量替换的操作方法		6		
工作过程（80%）	计划方案	工作计划制订合理、科学	20		
	工作任务完成	能及时准确完成工作任务	20		
	自主学习	发现问题能有计划地进行相关信息的探索，及时和老师或同学讨论交流	20		
	工作态度	态度端正，工作认真、主动	10		
	职业素质	具有良好的计算机使用习惯，爱护公共设施，环境整齐、干净	10		
自我总结	学生签字：				
教师评价	教师签字：				

A档：90分以上为A+，85～89分为A，80～84分为A-；
B档：75～79分为B+，70～74分为B，65～69分为B-；
C档：60～64分为C+，55～59分为C，50～54为分C-。

项目 5

图片的插入与编辑

知识目标

（1）掌握文本框及艺术字的插入、格式设置；

（2）掌握图片及形状的插入、设置；

（3）熟悉图文混排技巧。

能力目标

（1）能根据需要正确插入和设置图片与形状；

（2）能根据需要正确插入和设置文本框与艺术字。

素质目标

（1）通过学习 Word 各种操作命令的功能，在学习及以后的工作中能灵活应用相应命令解决文档中的图文混排问题，培养创造性思维；

（2）激发对信息技术进一步学习的兴趣。

工作任务描述

有一群劳动者，他们认为的成功并不是上重点高中、进知名大学，而是追求职业技能的完美和极致。靠着传承和钻研，凭着专注和坚守，他们技艺精湛，有人能在牛皮纸一样薄的钢板上焊接而不出现一丝漏点，令人叹服。他们用劳动者的手缔造了一个个“中国制造”的神话。在喧嚣中，他们固执地坚守着内心的宁静，凭着一颗耐得住寂寞的匠心，创新传统技艺，传承工匠精神。他们是国宝级的顶级工匠。寻找工匠精神，制作“大国工匠”海报，海报的样本如图 5-1 所示。

完成本工作任务首先要进行图片的插入，然后对图片进行一定的编辑修改，如设置图片大小、样式、版式等，最后按要求对文本框和艺术字进行相应的格式设置，从而学会制作宣传海报、个人名片、产品介绍等图文混排文档。

本任务具体要求如下：

（1）设置纸张方向为横向，设置合适的页边距。

（2）设置页面背景图片“背景 .jpg”。

（3）插入图片“人 1.jpg”“人 2.jpg”“人 3.jpg”“人 4.jpg”“手 1.jpg”“手 2.jpg”“字 .jpg”。

（4）调整图片的版式、大小和位置。

（5）设置图片样式。

学习笔记

（6）细调图片位置。

（7）插入艺术字并进行设置。

（8）插入文本框并进行设置。

设置页面背景

图5-1　海报样本

没有人会拒绝美，精心设计的作品，可以停留在观众心里一个月、一年，甚至一生。

实践操作

对“大国工匠”海报进行相应的编辑、排版的工作流程见图 1-2 。

1. 工作准备

（1）通过查询相关资料，收集文档图片、艺术字、文本框编辑的相关知识，了解 Word 中图文混排的方法。

（2）浏览“大国工匠海报”Word 文档预览图和素材，熟悉各块内容。

（3）阅读工作任务描述，结合目前你所收集到的文档排版与编辑知识，分析该任务中将遇到的难点问题。

引导问题： 你觉得应如何调整图片和文字的相对关系？

小提示

（1）图片与文字有 7 种环绕方式，如嵌入型的图片左右两侧可以有文字；上下型的图片左右两侧都没有文字，图片独立占用了几行的空间。

（2）可以使用文本框或表格来调整图片和文字的相对关系。

引导问题： 如何对图片进行格式设置？

学习笔记

小提示

通过“图片工具 - 格式”选项卡可设置“图片格式”“大小和位置”等。

引导问题：如何对文本框进行属性设置？

小提示

通过“绘图工具 - 格式”选项卡可设置“形状样式”“排列”“大小”等。

2. 工作计划

根据资料收集整理、文档图文混排等任务要求，制订一份简单的工作计划。

制作“大国工匠”海报设计方案：

3. 工作实施

操作要点如下。

1）页面设置

在制作海报之前，首先要新建一个名为“大国工匠海报”的 Word 文档，而 Word 文档的默认纸张方向为纵向，如果需要制作横向的文档，可以通过设置纸张方向来完成。如果默认的页边距不适合正在编辑的文档，可以通过页面设置进行修改。

2）背景设置

为海报插入图片背景，可以使海报更加美观。背景图片可以是本机图片，也可以搜索联机图片。

学习笔记

3）插入及调整图片的版式、大小和位置

单击“插入”选项卡“插图”组中的“图片”按钮，选择需要插入的图片完成插图步骤。在图片中右击→选择“大小和位置”→在打开的“布局”对话框中，单击“大小”选项卡，设置宽度、高度为“40%”→单击选项卡，文字环绕设置为“浮于文字上方”，单击“确定”按钮关闭对话框。将每个图片拖动至合适位置。

4）设置图片样式，调整对齐方式

选中图片“人 1.jpg”和“人 2.jpg”，单击“图片工具 - 格式”选项卡，在“图片样式”组中单击“旋转，白色”样式。同样，设置图片“人 3.jpg”和“人 4.jpg”为“棱台左透视，白色”样式；设置图片“手 1.jpg”为“棱台形椭圆，黑色”样式；设置图片“手 2.jpg”为“棱台透视”样式。

选中图片“人 1.jpg”和“人 3.jpg”，在“排列”组中单击“对齐”下拉按钮，在弹出的下拉列表中单击“顶端对齐”，如图 5-2 所示。同理，设置图片“人 2.jpg”和“人 4.jpg”为“顶端对齐”；设置图片“手 1.jpg”和“手 2.jpg”为“左对齐”。

5）设置艺术字

选择样式“填充：橙色，主题色 2；边框：橙色，主题色 2”，在新出现的艺术字提示文字内输入文本“大国工匠”，按 Enter 键后继续输入文本“匠心筑梦”。选中艺术字文字，在新出现的“绘图工具 - 格式”选项卡的“艺术字样式”组中，单击“文本填充”下拉按钮，设置颜色为“橙色，个性色 2，深色 25%”。单击“文字效果”下拉按钮，在下拉列表中单击“转换”选项→选择“双波形：下上”，如图 5-3 所示。将艺术字文字拖动至右上角区域，并且显示为两行。

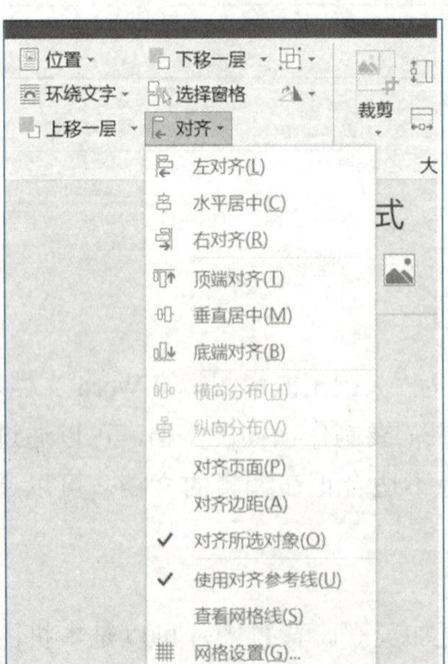

图5-2 图片对齐方式设置

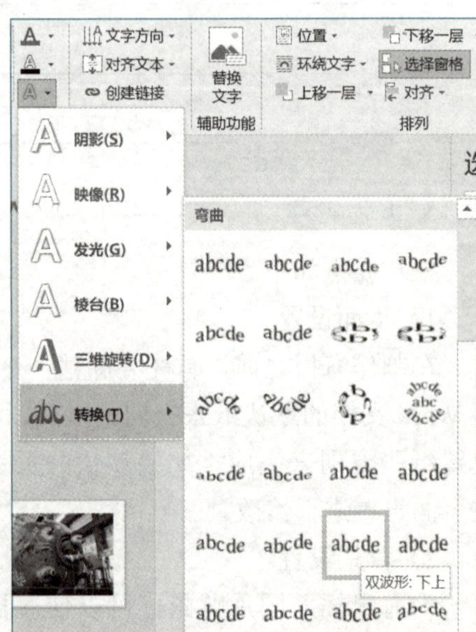

图5-3 设置艺术字转换

6）设置文本框

单击“插入”选项卡，在“文本”组中单击“文本框”按钮，单击“简单文本框”。在文本框提示文字处输入“追求职业技能的完美和极致”，将其拖动到文档正下方处。选中文字，右击→单击“字体”，设置字体颜色为“橙色，个性色 2，深色 25%”。选中文本框，右击→选择“设置形状格式”命令，在“形状选项”下的“填充和线条”中，设置渐变填充为“顶部聚光灯 - 个性色 2”，如图 5-4 所示。返回“绘图工具 - 格式”选项卡，单击“形状样式”组的“形状轮廓”下拉按钮→单击“虚线”→单击“长划线 - 点 - 点”，如图 5-5 所示。

学习笔记

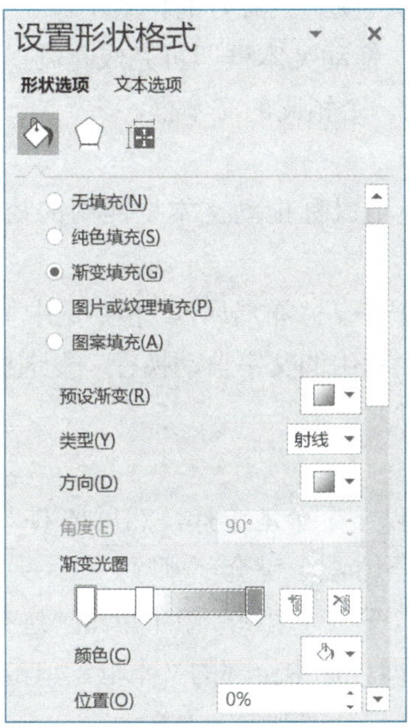

图5-4　设置文本框形状格式

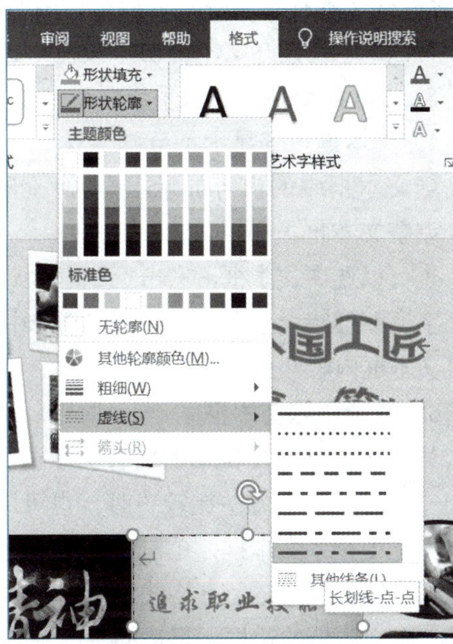

图5-5　设置文本框形状轮廓

插入文本框及格式设置

相关知识与基本操作

1. 文本框

文本框是 Word 排版中最常见且使用频率较高的元素。它不仅承载着储存图文的功能，同时，还能布局、排版、美化 Word 文档版面，让文档效果灵活多变，从而快速传递图文信息。

1）快速插入文本框

在“插入”选项卡的“文本”组中单击“文本框”下拉按钮，单击“简单文本框”，然后拖动鼠标绘制文本框，即可在 Word 中插入文本框。

2）设置文本框格式

选中文本框，单击新出现的“绘图工具 - 格式”选项卡，可以在“形状样式”“文本”“排列”等选项组中单击相应的按钮进行设置，如图 5-6 所示。

学习笔记

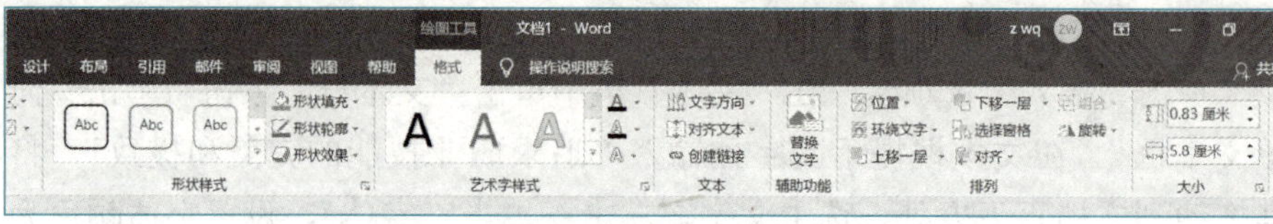

图5-6 “绘图工具－格式”选项卡

3）快速添加相同格式文本框

插入文本框，设计格式之后，如果想要得到相同大小或样式的文本框，可以用以下方法。

方法一：设置好文本框后，右击文本框边框，在弹出的快捷菜单中选择“设置默认文本框”命令，以后再绘制的文本框就是设置好的样式了。

方法二：设置好文本框后，按住 Ctrl 键，拖动文本框即可完成复制。按 Ctrl+Shift 键拖动则可在水平或垂直位置复制一个相同的文本框。

4）文本框内容显示不全

当文本框中的内容显示不全时，可以使用鼠标拖动文本框四周的控制点来调整文本框大小。

也可以选中文本框，右击“设置形状格式”→在“布局属性”栏中选中“根据文字调整形状大小”复选框，取消选中“形状中的文字自动换行”复选框，此时文本框内容即可显示完整。

5）批量删除文本框

如果想要删除文档中的所有文本框，可以一个个地选择，然后按 Delete 键一一删除，这种方法比较费时。也可用以下方法一键全部删除。

先选中一个文本框，单击“开始”选项卡→在“编辑”组中单击“选择”下拉框→单击“选定所有格式类似的文本”，即可选中全部的文本框，单击其中某一个文本框的边框，再按 Delete 键便可一键全部删除文本框。

2. 艺术字

插入艺术字及编辑

在一些特殊的 Word 文档中，如公司简介、产品介绍和宣传手册等文档，艺术字被广泛应用于文档标题和重点内容，可使文本醒目、美观。

在 Word 中，我们不仅可以根据需要添加艺术字，还可以对艺术字的文本效果进行详细设置，以呈现出不同的效果。

时时只见龙蛇走，入木三分临池成。艺术字具有很强的艺术表现力，往往是点睛之笔。

1）插入艺术字

Word 2019 为用户提供了 15 种艺术字样式，用户可根据情况选择需要的艺术字样式插入使用，方法非常简单。

单击“插入”选项卡“文本”组中的“艺术字”按钮，在弹出的下拉列表中选择一种预置的艺术字样式，如图 5-7 所示。

在鼠标光标处插入艺术字的范本。在艺术字范本文本框中输入新内容替换原有的范本内容，即可插入需要的艺术字。

学习笔记

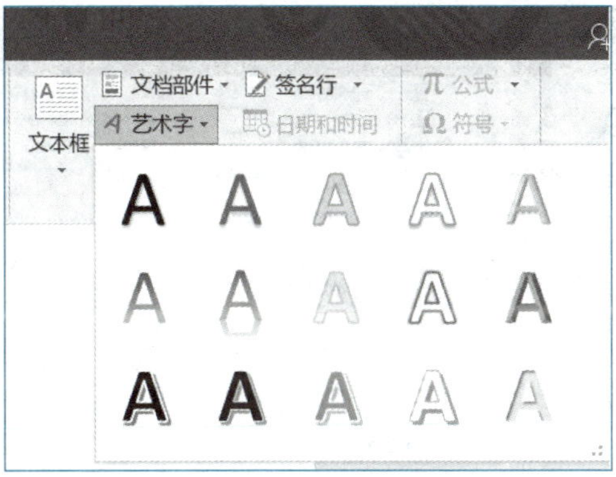

图5-7　选择艺术字样式

2）编辑艺术字

插入艺术字之后，若对艺术字的显示效果不满意，可以随时更改艺术字样式，如字体的填充颜色、阴影、映像、发光、棱台、转换等效果。

（1）更改艺术字效果。单击艺术字边框以选中整个艺术字，在新出现的“绘图工具 - 格式”选项卡中，单击“艺术字样式”组的下拉按钮，在弹出的列表中可重新选择一种艺术字样式进行更改，如图 5-8 所示。

单击“文本轮廓”下拉按钮，在弹出的菜单中可设置艺术字轮廓线的精细及线型，如图 5-9 所示。

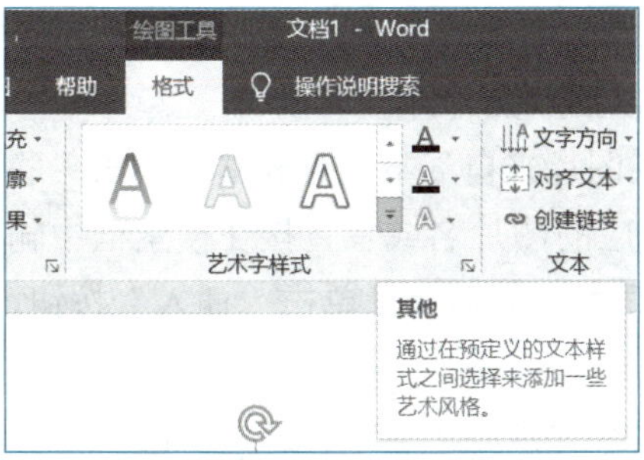

图5-8　更改艺术字效果

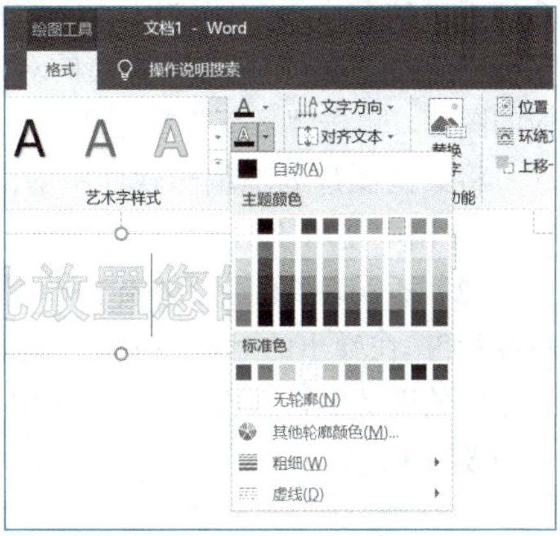

图5-9　设置艺术字轮廓线

（2）设置艺术字效果。单击“文字效果”按钮，在弹出的菜单中可为艺术字设置各种效果。例如，这里选择“发光”选项，在弹出的列表框中可选择一种发光样式作为艺术字的效果，如图 5-10 所示。

除此之外，在 Word 中还可以设置许多艺术字样式和效果。例如，艺术字的填充颜色、阴影、转换等效果，其设置方法与上文操作类似，只需选择插入的艺术字，在“艺术字样式”组中单击相应的下拉按钮，在弹出的下拉列表中设置即可。

学习笔记

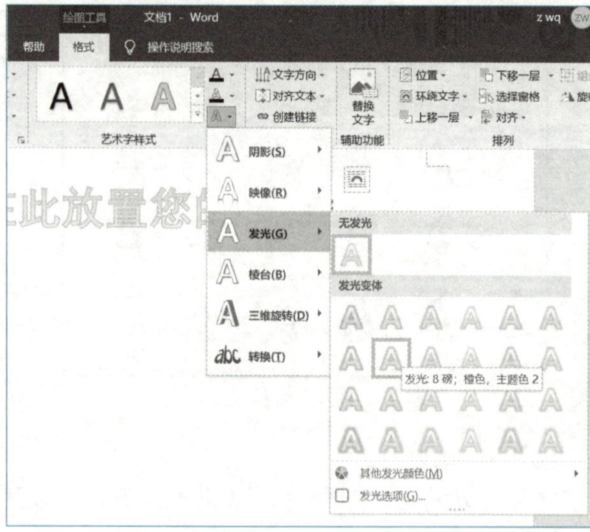

图5-10　设置发光效果

3. 插入图片与形状

插入图片与编辑

1）插入图片

图片可以来源于已保存在此设备上的图片文件，也可以是联机图片。

（1）插入本地图片。将光标定位在要插入图片的位置，单击“插入”选项卡“插图”组中的“图片”按钮，在弹出的“插入图片来自”下拉列表框中单击“此设备”，在弹出的对话框中选择要插入图片的位置，选择相应的图片，单击“插入”按钮即可。

将某些图片处理编辑软件中的部分或全部图片剪切或复制下来后，在Word文档中使用“粘贴”命令，同样可以插入图片。

（2）插入联机图片。在弹出的“插入图片来自”下拉列表框中单击“联机图片”，在弹出的对话框中单击选择相应的图片名或者直接在搜索框中输入相应的图片名，再在出现的界面中选择相应的图片，单击“插入”按钮，如图5-11所示。

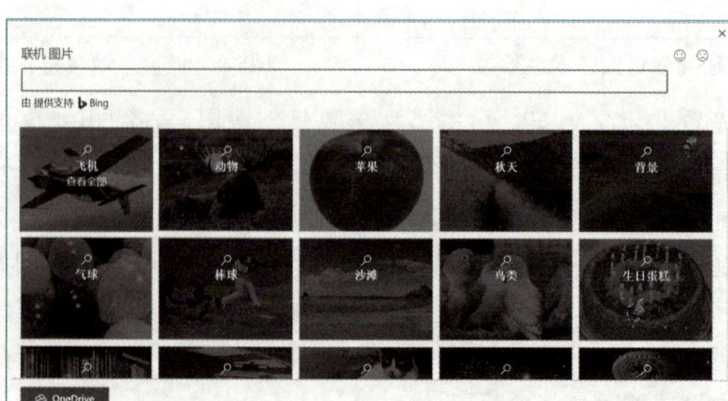

图5-11　插入联机图片

图片格式设置内容较多，将在后面进行详细介绍。

2）插入形状

在 Word 文档中插入类型非常丰富的形状，包括线条、矩形、基本形状（诸如圆形、多边形、星形、括号、笑脸等图形）、箭头总汇、公式形状、流程图、星与旗帜、标注等等。

（1）直接插入形状。单击“插入”选项卡，在“插图”组中单击“形状”下拉按钮，在弹出的列表框中单击需要插入的形状，在需要绘制的地方单击即可，如图 5-12 所示。

（2）在形状中插入文字。Word 中插入形状之后，还可以将其作为文本框使用，即在形状中添加文字。

操作方法为：插入形状，选中形状后右击→在弹出的快捷菜单中选择“添加文字”命令，此时，插入点会显示在形状中，输入需要添加的文本内容即可。

（3）形状格式设置。选中形状后右击→在弹出的快捷菜单中选择“设置形状格式”命令，右侧出现“设置形状格式”窗格，有“填充与线条”“效果”“布局属性”3 个选项卡。选中相应选项卡后，可选择下面的选项展开按钮，再进行具体的设置，如图 5-13 所示。

学习笔记

绘制线条

绘制图形

形状在文档中的使用

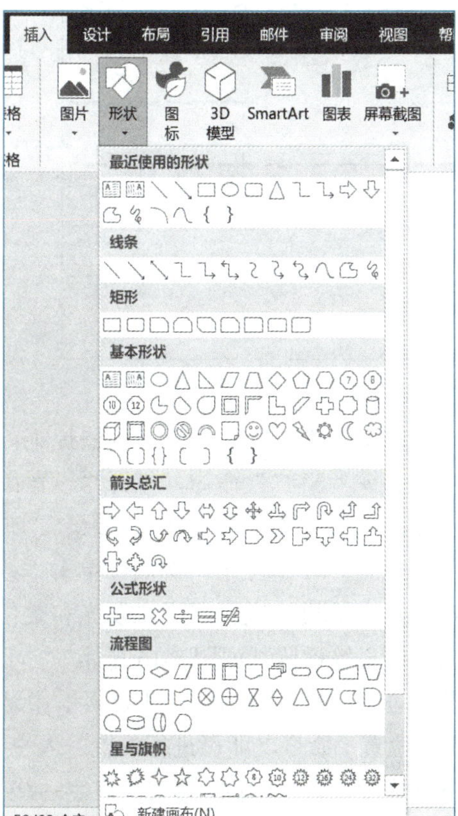

图5-12　插入形状

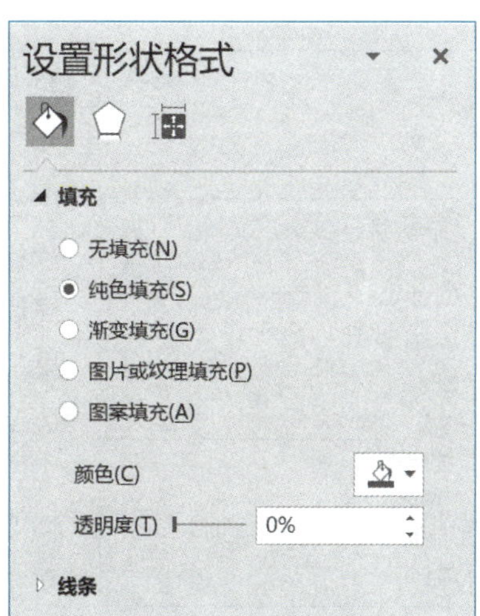

图5-13　设置形状格式

学习笔记

4. 设置图片格式

选中图片对象，会出现8个控点。同时会出现“图片工具－格式”选项卡，如图5-14所示。

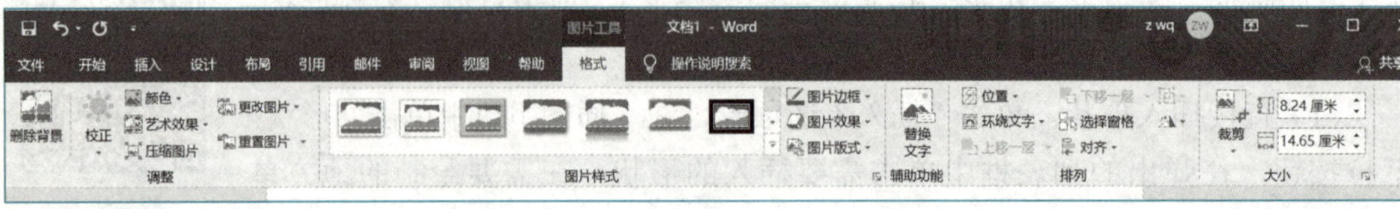

图5-14　“图片工具－格式”选项卡

该选项卡提供了丰富的图片格式设置命令，可在各组中单击相应的工具按钮进行图片样式、柔化、改变大小、裁剪等设置。例如，可以在“调整”组中单击“颜色”下拉按钮，可以进行色调、重新着色、设置透明色等设置，如图5-15所示。

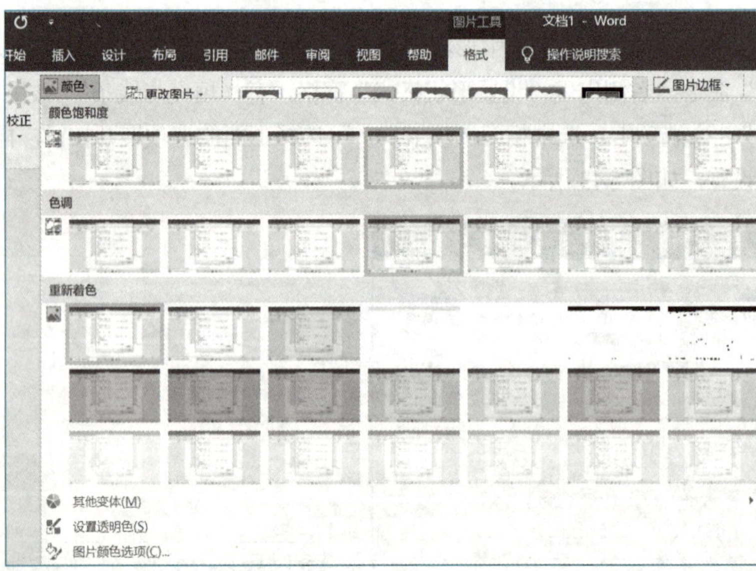

图5-15　图片颜色设置

对图片进行简单处理

也可以在图片上右击，在弹出的快捷菜单中选择“设置图片格式”命令，打开“设置图片格式”窗格。有“填充与线条”“效果”“布局属性”“图片”4个选项卡。例如，单击“效果”选项卡，在效果中进行阴影、发光和柔化边缘、艺术效果等设置，如图5-16所示。

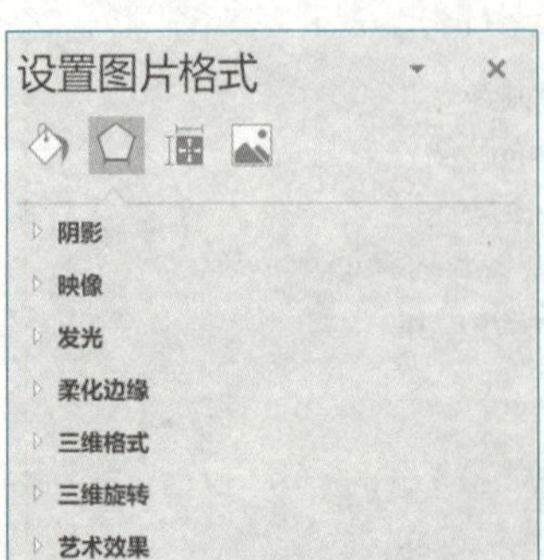

图5-16　设置图片格式

在图片上右击，在弹出的快捷菜单中选择“大小和位置”命令，即可进行位置、大小、文字环绕方式等设置。例如，单击“文字环绕”选项卡，如图5-17所示。

学习笔记

图5-17　设置图片布局

文字环绕方式主要包括以下几类。

嵌入型：将图片当作文本中的一个普通字符来对待，图片将跟随文本的变动而变动。

四周型：文字在图片方形边界框四周环绕。

紧密型：文字紧密环绕在实际图片的边缘，文字按实际的环绕顶点环绕图片，而不是环绕于图片边界。

穿越型：文字沿着图片的环绕顶点环绕图片，且穿越凹进去的图形区域。

上下型：文字位于图片的上、下侧，图片和文字泾渭分明。

衬于文字下方：图片就像背景一样出现在文字下面。

浮于文字上方：文字位于图片的下方，图片覆盖了文字。

在 Word 文档中插入图片、形状、艺术字、文本框后都可以设置文字环绕方式。

拓展训练

小区开盘活动宣传海报

对文档“拓展训练——小区开盘活动宣传海报 .docx”进行编辑排版，具体排版要求如下：

（1）将“注：以上部分图片来源于网络，广告为要约邀请仅作展示之用，

学习笔记

最终权利义务以双方签订的《商品房买卖合同》为准。”剪切至页脚。

（2）标题文字：字体为微软雅黑，字号为小二号，字形加粗；段前、段后各 1 行，行距为 2 倍，对齐方式为居中对齐。

（3）设置其余字体为微软雅黑，字号为小四号，设置文字效果为“蓝色，5pt 发光，强调文字颜色 1”。

（4）在标题下方插入图片“kp1.jpg”，设置大小为“200%”，文字环绕为“嵌入型”；将光标定位于“建面约 143m^2 大四房火爆认筹”之前，插入图片“kp2.jpg”，设置大小为“200%”，文字环绕为“嵌入型”。

（5）在图片“kp1.jpg”右侧插入图片“kp3.jpg”，文字环绕为“四周型”，样式为“剪裁对角线，白色”；在图片“kp2.jpg”右侧插入图片“kp4.jpg”，文字环绕为“四周型”，样式为“矩形投影”。

（6）在下方依次插入图片“01.jpg”“02.jpg”“03.jpg”，文字环绕都为“四周型”，样式为“棱台形椭圆，黑色”，拖放至合适位置即可。

最终样本如图 5-18 所示。

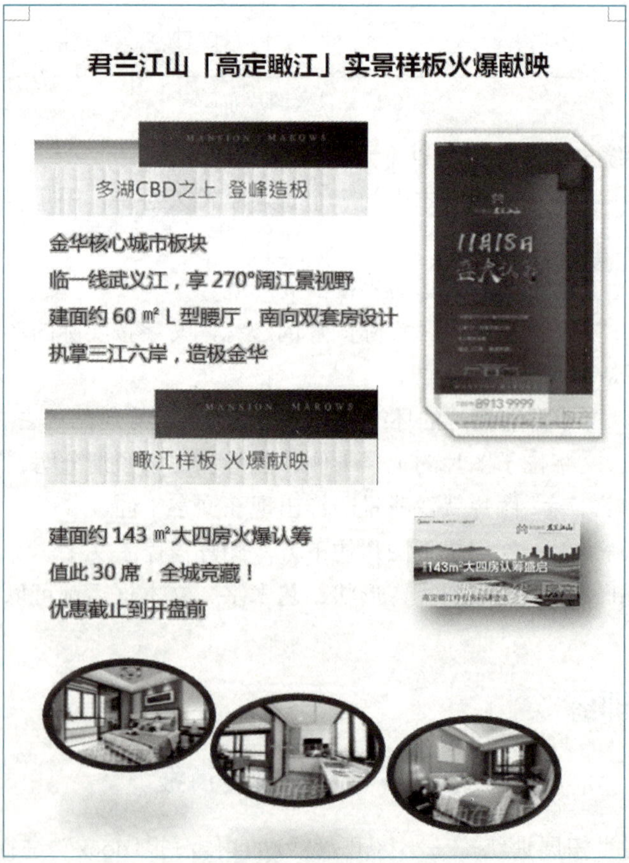

图5-18 小区开盘活动宣传海报样本

小区楼盘宣传海报

评价反馈

图片的插入与编辑综合评价反馈如表 5-1 所示。

表5-1　图片的插入与编辑综合评价反馈

<table>
<tr><td>项目
名称</td><td colspan="5"></td></tr>
<tr><td>项目
人员</td><td colspan="5"></td></tr>
<tr><td>评价
项目</td><td colspan="2">评价内容</td><td>分值</td><td>学生
自评</td><td>小组
评价</td></tr>
<tr><td rowspan="3">相关知识
（20%）</td><td colspan="2">掌握了文本框及艺术字的插入、格式设置</td><td>8</td><td></td><td></td></tr>
<tr><td colspan="2">掌握了图片及形状的插入、大小设置、版式更改、样式设置等编辑操作</td><td>6</td><td></td><td></td></tr>
<tr><td colspan="2">能根据需要进行图文混排</td><td>6</td><td></td><td></td></tr>
<tr><td rowspan="5">工作过程
（80%）</td><td>计划方案</td><td>工作计划制订合理、科学</td><td>20</td><td></td><td></td></tr>
<tr><td>工作任务
完成</td><td>能及时准确完成工作任务</td><td>20</td><td></td><td></td></tr>
<tr><td>自主学习</td><td>发现问题能有计划地进行相关信息的探索，及时和老师或同学讨论交流</td><td>20</td><td></td><td></td></tr>
<tr><td>工作态度</td><td>态度端正，工作认真、主动</td><td>10</td><td></td><td></td></tr>
<tr><td>职业素质</td><td>具有良好的计算机使用习惯，爱护公共设施，环境整齐、干净</td><td>10</td><td></td><td></td></tr>
<tr><td>自我
总结</td><td colspan="5">学生签字：</td></tr>
<tr><td>教师
评价</td><td colspan="5">教师签字：</td></tr>
</table>

A档：90分以上为A+，85～89分为A，80～84分为A−；
B档：75～79分为B+，70～74分为B，65～69分为B−；
C档：60～64分为C+，55～59分为C，50～54为分C−。

学习笔记

项目 6

表格的插入与编辑

知识目标
（1）掌握在文档中插入和编辑表格的方法；
（2）掌握表格美化的技巧；
（3）掌握表格的排序与计算方法；
（4）掌握文本和表格的相互转换方法。

能力目标
（1）能根据需要快速添加不规则表格；
（2）能根据需要正确选用合适的命令美化表格。

素质目标
（1）通过学习 Word 各种操作命令的功能，在生活中能灵活应用相应命令解决实际的表格处理问题，培养创造性思维；
（2）激发对信息技术进一步学习的兴趣。

工作任务描述

中华人民共和国成立 70 多年来，中国科技事业走过不平凡的发展之路，印证了科技兴则民族兴、科技强则国家强这一真理，让我们一起回顾中华人民共和国成立 70 多年的诸多科技成就。本任务制作的中国科技成就年表样本如图 6-1 所示。

完成本工作任务首先要进行表格的插入，然后对表格进行一定的编辑修改，如拆分、合并单元格，文本内容的输入，设置边框和底纹等，从而学会制作学生成绩单、档案表等表格排版。

要完成本任务，需要进行如下操作：

（1）新建一个空白 Word 文档，命名为“中国科技成就年表 .docx”，输入标题“中国科技成就年表”，设置标题字体为黑体、一号。

（2）创建一个 12 行 3 列表格。设置列宽分别为 3 厘米、5 厘米、3.7 厘米。

（3）进行一系列的合并单元格操作。

（4）表格中输入文字。在第一行中输入“类别”“成就”“时间”……

（5）设置表格的第 1 行和第 1 列单元格对齐方式为水平居中，其余单元格对齐方式为中部左对齐。

（6）设置表格中的字体为微软雅黑，小四号。

学习笔记

（7）表格外边框设置为1.5磅双线。第1行下边框线为1.5磅红色双线。

（8）设置表格的第1行底纹为“蓝色，个性色1”；第2行起第1列底纹为“蓝色，个性色1，淡色40%”；第1、4、6、8、10、12行的第2、3列底纹为“绿色，个性色6，深色25%”；第3、5、7、9、11行的第2、3列底纹为“金色，个性色4，淡色40%”。

中国科技成就年表

类别	成就	时间
国防技术	原子弹	1964年
	导弹	20世纪60年代
	人造地球卫星	1970年
	量子卫星	2016年
	北斗卫星导航系统	2017年
载人航天	神舟五号	2003年
	神舟六号	2005年
	神舟七号	2008年
生物技术	人工合成牛胰岛素	1965年
	杂交水稻	1973年
计算机技术	银河-I号	1983年

图6-1　中国科技成就年表样本

实践操作

对“中国科技成就年表”文档进行相应的编辑与排版的工作流程见图1-2。

1. 工作准备

（1）通过查询相关资料，收集文档表格的相关知识，了解Word中表格插入、排序、边框和底纹等。

（2）浏览“中国科技成就年表”Word文档，熟悉其布局。

（3）阅读工作任务描述，结合目前你所收集到的文档表格编辑知识，分析该任务中将遇到的难点。

引导问题：如何对表格进行布局？

学习笔记

小提示

单元格的拆分和合并

（1）拆分单元格是把一个或多个相邻的单元格拆分为两个或者两个以上的单元格。

（2）合并单元格是把一个或多个相邻的单元格合并为一个单元格。

引导问题： 如何制作出不同风格的表格？

小提示

设置边框和底纹

除了可以直接套用 Word 提供的内置表格样式外，还可以根据需要自行设置 Word 表格的边框和底纹效果，制作出符合个人风格的表格。

2. 工作计划

根据资料收集整理、文档表格处理等任务要求，制订一份简单的工作计划。

排版设计方案：

3. 工作实施

操作要点如下。

1）插入表格

单击“插入”选项卡“表格”选项组中的“表格”下拉按钮，在弹出的菜单中选择“插入表格”命令，在出现“插入表格”对话框中输入 12 行 3 列。在表格上右击，在弹出的快捷菜单中选择“表格属性”命令，弹出“表格属性”对话框，在该对话框中单击“列”选项卡，在第 1 列中设置为 3 厘米→单击“后一列”按钮，设置第 2 列、第 3 列分别为 5 厘米、3.7 厘米，单击“确定”按钮，如图 6-2 所示。

学习笔记

表格创建、编辑与修饰

单元格的色彩

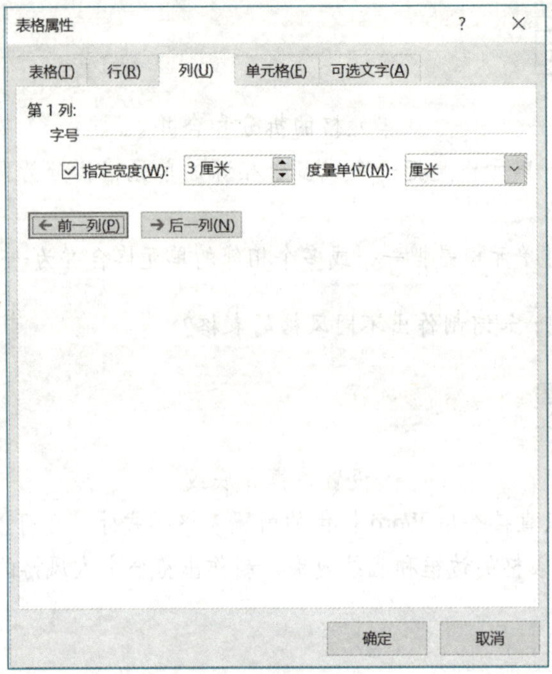

图6-2　设置表格列宽

小提示

表格的作用

在制作 Word 文档时，使用表格可以使文档表达更清晰，也能更好地归类和查找数据。

2）单元格的拆分和合并

选中第 1 列的第 2 行～第 6 行，右击→在弹出的快捷菜单中选择“合并单元格”命令。同理，第 1 列的 7～9 行合并，第 1 列的 10、11 行合并。在各单元格中输入文本内容并进行格式设置。

3）设置单元格对齐方式

选中表格的第 1 行和第 1 列的单元格，单击“表格工具－布局”选项卡“对齐方式”选项组中的“水平居中”按钮，如图 6-3 所示。同理，选中其余单元格，设置对齐方式为中部左对齐。

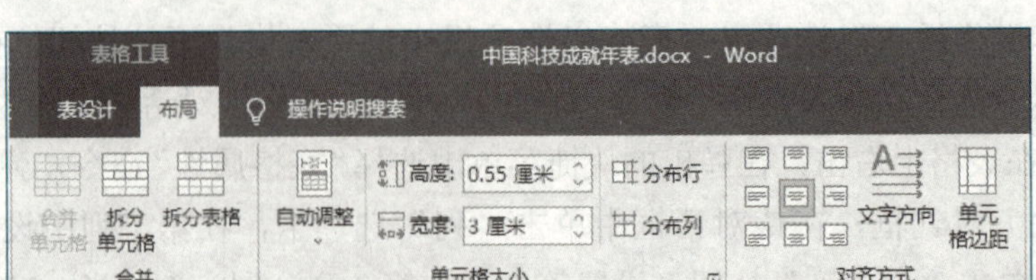

图6-3　设置单元格对齐方式

4）设置边框和底纹

为了让表格更加美观，可以为表格添加各种颜色和样式的边框和底纹。

学习笔记

相关知识与基本操作

1. 创建表格

1）创建一个规则表格

可将插入点定位在待插入表格处，单击“插入”选项卡“表格”选项组中的“表格”下拉按钮，在弹出的菜单中选择“插入表格”命令，在“插入表格”对话框中，进行表格列数和行数等的设置。

表格的美化

如果要创建的表格比较小时，可将插入点定位在待插入表格处，单击“表格”选项组中的“表格”下拉按钮，弹出的菜单中向右下方拖动，系统会显示选定的行和列，当行、列数符合要求时，释放鼠标即可。

2）创建不规则的表格

可以先设计一个规则表格，然后在其基础上拆分或合并单元格、设置边框和添加斜线等。

2. 编辑表格

创建表格之后，可根据实际工作需要对表格进行调整，如插入行、列，合并或拆分单元格，调整行高、列宽，设置表格样式等。

1）选定表格、行、列或单元格

选定的基本方法是按住左键拖动。其他选定方法有：在一行的左边线上或一列的上边线上单击，可以选中一行或一列，鼠标移到表格左上角，在出现的标志“⊞”上单击，就可选中整个表格。

2）插入单元格、行或列

将光标定位在相应位置，单击“表格工具－布局”选项卡“行和列”选项组中相应的按钮，如图 6-4 所示。或者在要插入的位置处右击→选择“插入”选项下相应的命令即可。

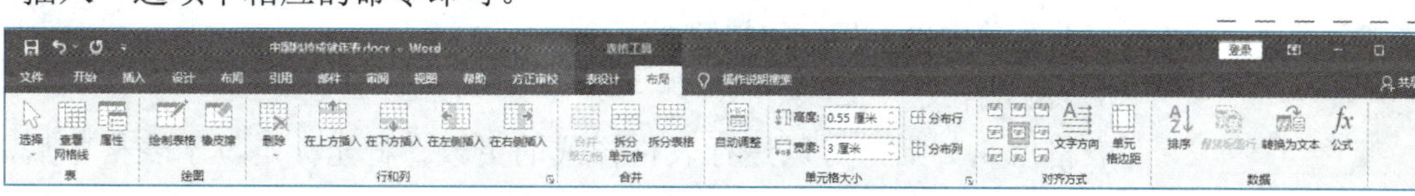

图6-4　“表格工具－布局”选项卡

3）删除单元格、行或列

选定待删除的单元格，单击“表格工具－布局”选项卡“行和列”选项组中的“删除”下拉按钮，在弹出的菜单中再单击相应的按钮删除即可。或者在要删除的单元格（行或列）上右击→在弹出的快捷菜单中选择“删除单元格”命令，打开“删除单元格”对话框，选定对话框中的选项之一，即可完成删除

学习笔记

单元格、行或列的操作。

4）合并与拆分单元格

合并单元格是将选中的相邻多个单元格合并为一个单元格。选中相应的单元格，单击“表格工具－布局”选项卡“合并”选项组中的“合并单元格”按钮。或者选中相应的单元格→右击→在弹出的快捷菜单中选择“合并单元格”命令。

拆分单元格是指将一个或多个单元格拆分为若干部分。选定待拆分的单元格，单击“表格工具－布局”选项卡“合并”选项组中的“拆分单元格”按钮，在“拆分单元格”对话框中，进行列数和行数等的设置。或在待拆分的单元格上右击→选择“拆分单元格”命令，打开“拆分单元格”对话框，输入所要拆分的列数及行数，则系统自动完成拆分。

5）拆分表格

将插入点置于将要作为第2张表的第1行上，单击“表格工具－布局”选项卡“合并”选项组中的“拆分表格”按钮，即可将表格一分为二。

6）设置行高、列宽

在表格处理时，经常需要根据单元格内放置的内容（字符、数字或图形）来调整表格行的高度和列的宽度。设置行高、列宽有以下两种方法。

（1）用鼠标的拖动调整行高及列宽。将鼠标指针定位在待调整行高的行底边线上，当鼠标指针的形状变为指向上下的双向箭头时，沿垂直方向拖动即可调整行高。

将鼠标指针定位在待调整列宽的列右边线上，当鼠标指针的形状变为指向左右的双向箭头时，沿水平方向拖动即可调整列宽。

（2）菜单命令。在待调整行高、列宽的单元格上右击→在弹出的快捷菜单中选择“表格属性”命令，打开“表格属性”对话框，单击“行”标签或“列”标签，可分别对行高及列宽进行精确设置。

7）自动调整

有时需要根据内容自动调整表格或根据窗口自动调整表格。单击“表格工具－布局”选项卡“单元格大小”选项组中的“自动调整”下拉按钮，在弹出的菜单中单击相应的按钮即可。

8）表格样式

表格编辑好后，可以进行表格样式的更改。将光标定位于表格中后，Word 2019会出现“表格工具－设计”选项卡，如图6-5所示。可以在“表格样式”选项组中选择某种表格样式，如网格表2。

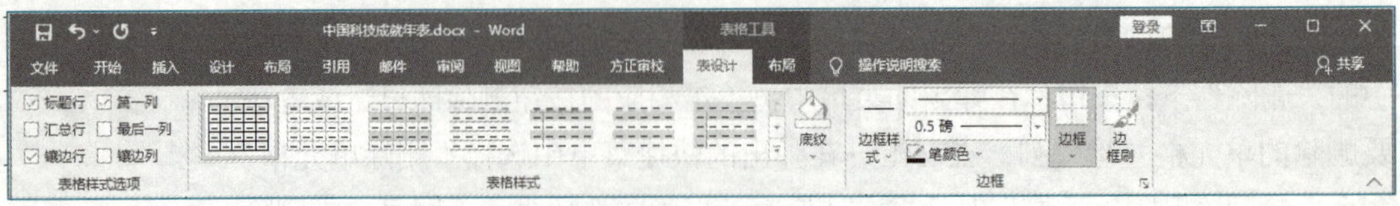

图6-5　“表格工具-设计”选项卡

学习笔记

边框与底纹

设置表格框线

9）边框和底纹

选中表格或相应的行、列或单元格，右击，在弹出的快捷菜单中选择“边框和底纹”命令，弹出“边框和底纹”对话框。

在“边框和底纹”对话框中选择“边框”选项卡，选择一种边框样式，再分别选择线型、边框颜色、边框线的宽度等。在“预览”下，单击不同的按钮，可以在需要的位置上添加或取消边框。在“应用于”列表框中选择所设边框的应用范围。如果要取消原先设置的边框，在边框类型中选择“无”即可。

在“边框和底纹”对话框中选择“底纹”选项卡，再分别选择底纹填充色、图案样式、颜色，在“应用于”列表框中选择所设底纹的应用范围，最后单击“确定”按钮。如果要取消原已设置的底纹，在“填充色”选项中选择“无”即可。

3. 表格排序与计算

Word 提供了对表格中数据的计算功能。先选定要进行计算的单元格，单击“表格工具－布局”选项卡“数据”选项组中的“公式”按钮，打开“公式”对话框，如图 6-6 所示。可以从“粘贴函数”下拉列表中选择系统提供的常用函数，被选函数将出现在“公式”文本框中，也可以在“公式”文本框中直接输入计算公式，在“编号格式”下拉列表中选择计算结果的显示格式，然后单击“确定”按钮，计算结果就会显示在选定单元格中。当表格中数据发生变化时，可以选中计算结果，右击，在弹出的快捷菜单中选择“更新域”命令，显示的计算结果便会自动更新。

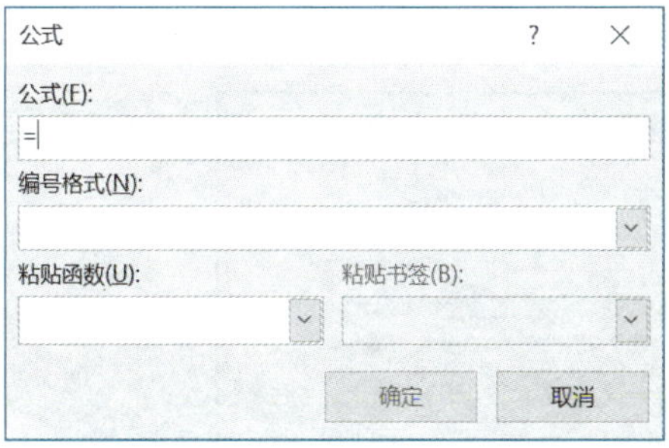

图6-6　“公式”对话框

Word 还具有对表格中数据进行排序的功能。将插入点置于待排序的表格中，单击“表格工具－布局”选项卡“数据”选项组中的“排序”按钮，打开“排序”对话框，如图 6-7 所示。在“排序依据”下拉列表中选择排序依据的字段名（关键字），排序依据最多可选择 3 个，并在右边的“类型”下拉列表中选择该字段名的类型（笔画、数字、日期或拼音），再选择“升序”或“降序”按钮确定排序的方向，然后单击“确定”按钮，表格中的数据将重新排列。可选择设置“有标题行”或“无标题行”。

学习笔记

文本与表格相互转换

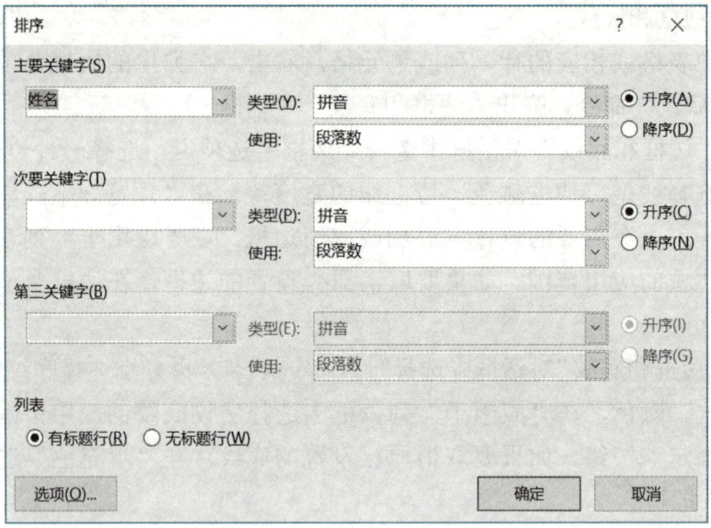

图6-7　“排序”对话框

4. 文本和表格的相互转换

1）文本转换成表格

选中文本内容，单击“插入”选项卡“表格”选项组的“表格”下拉按钮，在弹出的下拉列表中选择“文本转换成表格”命令，在“将文字转换成表格”对话框中，进行“自动调整”等设置，如图6-8所示。

2）表格转换为文本

选中表格，出现“表格工具”，在“表格工具 - 布局”选项卡“数据”选项组中选择“转换为文本”命令，弹出“表格转换成文本”对话框，一般选取默认分隔符“制表符”，单击“确定”按钮，如图6-9所示。

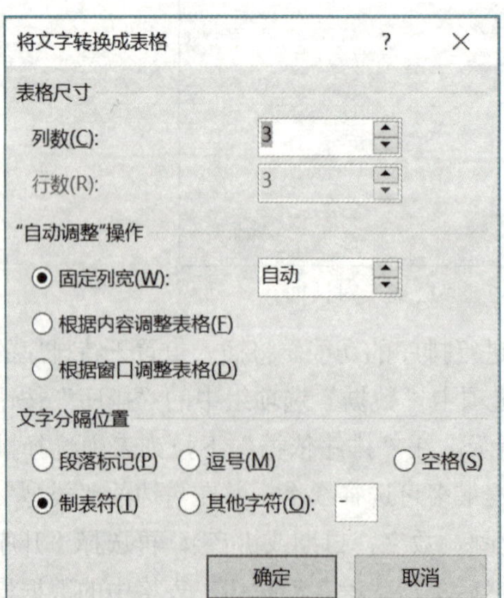

图6-8　将文字转换成表格

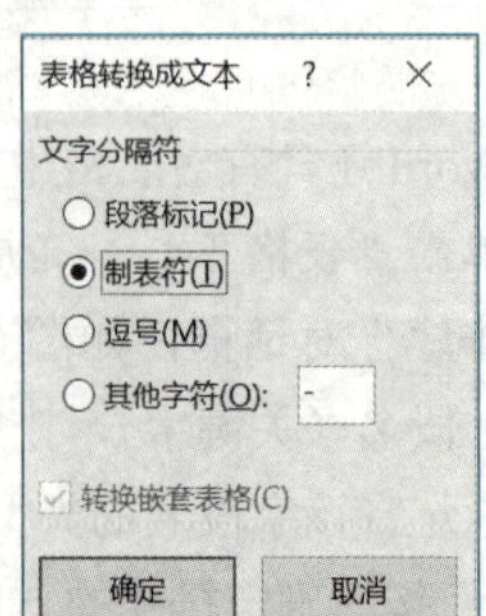

图6-9　表格转换成文本

拓展训练

学习笔记

学生成绩单的制作

（1）新建一个空白 Word 文档，命名为“学生成绩单 .docx”。

（2）对文档进行编辑排版，最终样文如图 6-10 所示。

附：大学成绩单

科目 / 成绩	计算机	高等数学	大学英语	体育	思想政治	总分
第一学年	90	89	78	85	78	420
第二学年	96	86	78	90	80	430
第三学年	88	78	82	83	89	420
平均分	91.33	84.33	79.33	86	82.33	

图6-10　学生成绩单样本

表格的计算和排序

具体排版要求如下：

① 输入标题“附：大学成绩单”，设置字体为黑体，五号。

② 插入一个 5 行 7 列的表格。

③ 对表格左上第一个单元格，添加左上右下斜线，斜线以上为“科目”，斜线以下为“成绩”。

④ 第 1 行后面几个单元格依次输入：计算机、高等数学、大学英语、体育、思想政治、总分。

⑤ 在第 2 行中依次输入：第一学年、90、89、78、85、78；在第 3 行中依次输入：第二学年、96、86、78、90、80；在第 4 行中依次输入：第三学年、88、78、82、83、89。

⑥ 利用 SUM 函数计算总分列。提示：“表格工具 - 布局”→“公式”，输入公式“=SUM(left)”。

⑦ 在第 5 行第一个单元格中输入“平均分”，利用 AVERAGE 函数计算各科平均分。提示：“表格工具 - 布局”→“公式”，输入公式“=AVERAGE (above)”。

⑧ 为第 1 列和第 1 行的全部单元格设置背景色“白色，背景 1，深色 5%”。

⑨ 调整图片版式、大小和位置。

评价反馈

表格的插入与编辑综合评价反馈如表 6-1 所示。

表6-1 表格的插入与编辑综合评价反馈

<table>
<tr><td>项目名称</td><td colspan="5"></td></tr>
<tr><td>项目人员</td><td colspan="5"></td></tr>
<tr><td>评价项目</td><td colspan="2">评价内容</td><td>分值</td><td>学生自评</td><td>小组评价</td></tr>
<tr><td rowspan="3">相关知识（20%）</td><td colspan="2">掌握了表格的插入及表格内容的添加方法</td><td>8</td><td></td><td></td></tr>
<tr><td colspan="2">掌握了表格属性的设置方法</td><td>6</td><td></td><td></td></tr>
<tr><td colspan="2">掌握了表格的排序与计算方法</td><td>6</td><td></td><td></td></tr>
<tr><td rowspan="5">工作过程（80%）</td><td>计划方案</td><td>工作计划制订合理、科学</td><td>20</td><td></td><td></td></tr>
<tr><td>工作任务完成</td><td>能及时准确完成工作任务</td><td>20</td><td></td><td></td></tr>
<tr><td>自主学习</td><td>发现问题能有计划地进行相关信息的探索，及时和老师或同学讨论交流</td><td>20</td><td></td><td></td></tr>
<tr><td>工作态度</td><td>态度端正，工作认真、主动</td><td>10</td><td></td><td></td></tr>
<tr><td>职业素质</td><td>具有良好的计算机使用习惯，爱护公共设施，环境整齐、干净</td><td>10</td><td></td><td></td></tr>
<tr><td>自我总结</td><td colspan="5">学生签字：</td></tr>
<tr><td>教师评价</td><td colspan="5">教师签字：</td></tr>
</table>

A档：90分以上为A+，85～89分为A，80～84分为A−；
B档：75～79分为B+，70～74分为B，65～69分为B−；
C档：60～64分为C+，55～59分为C，50～54为分C−。

7 项目

样式与模板的创建和使用

知识目标 （1）了解样式的修改与使用方法；

（2）掌握题注的插入、分节符的使用、页眉页脚的设置；

（3）掌握自动目录的插入；

（4）掌握模板的创建与使用。

能力目标 （1）能使用样式、主题美化文档；

（2）能使用模板文件。

素质目标 （1）通过学习 Word 样式与模板功能，培养高效办公思维；

（2）激发对信息技术进一步学习的兴趣。

工作任务描述

毕业论文通常具有相同的格式及一些相应的标准或规范。例如，有相同的页眉页脚、相同的背景、相同的字体及样式等。如果将这些相同的元素制作成为一个模板文件，在使用时就可以直接使用该模板创建文档，而不用花费时间另行设置。本任务将简单制作一个论文模板，模板样本如图 7-1 所示。

要完成本任务，需要熟练掌握样式、分节符、题注、页眉页脚、目录、模板的相关知识，具体要求如下：

（1）章名使用样式“标题 1”，编号格式为：X，其中 X 为自动排序。小节名使用样式“标题 2”，编号格式为：多级符号，X .Y。X 为章数字序号，Y 为节数字序号（例：1.1）。

（2）设置“标题 1”为段落居中，缩进为 0，无首行缩进和悬挂缩进，字体为二号。设置“标题 2”为段落左对齐，缩进为 0，无首行缩进和悬挂缩进。

（3）除章名、小节名外的内容使用“正文”样式。

（4）对正文中的图添加题注“图”，位于图下方，居中。

① 编号为“章序号”-“图在章中的序号”（例如，第 1 章中的第 2 幅图，题注编号为 1-2）；

② 图的说明使用图下一行的文字，格式同标号；

③ 图及题注居中。

学习笔记

（5）对正文中的表添加题注“表”，位于表上方，居中。

① 编号为“章序号”-“表在章中的序号”（例如，第 1 章中第 1 张表，题注编号为 1-1）；

② 表的说明使用表上一行的文字，格式同标号；

③ 表及题注居中。

（6）在正文前按序插入封面及目录，使用“引用”中的“目录”功能生成目录，其中：

① 封面使用“积分”；

②“目录”使用样式“标题 1”，并居中；

③“目录”下为目录项。

（7）添加页脚。正文页码采用“1，2，3…”格式，页码连续，页码从 1 开始。

（8）更新目录。

（9）保存文档为模板文件。

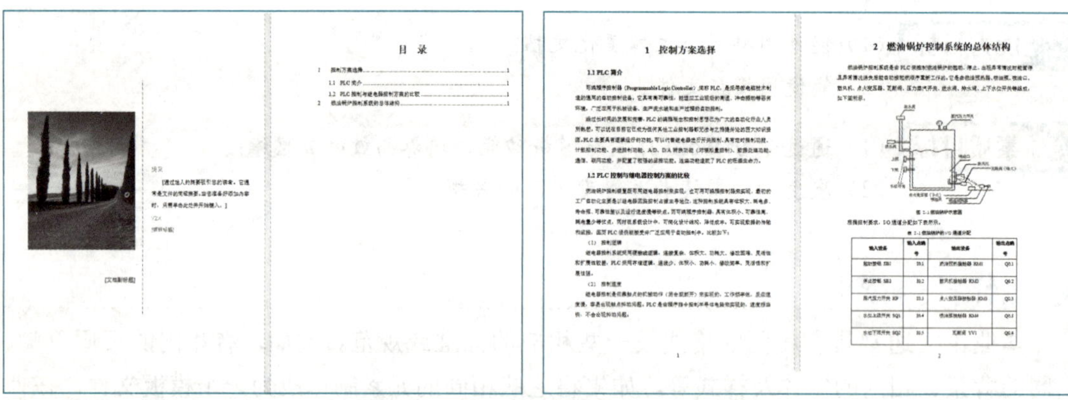

图7-1 “规范论文式样”文档样本

实践操作

对“规范论文式样”文档进行相应的编辑、排版工作流程见图 1-2。

1. 工作准备

（1）通过查询相关资料，收集文档样式与模板的相关知识，了解 Word 中样式与模板创建与使用的方法。

（2）浏览“规范论文式样”Word 文档预览图和素材，熟悉各块内容。

（3）阅读工作任务描述，结合目前你所收集到的文档排版与编辑的知识，分析该任务中将遇到的难点问题。

引导问题： 什么是模板？它在文档编辑中能够起到什么作用？

模板的创建与使用

学习笔记

小提示

模板就是预先设定好的文字、排版格式等，方便以后调用，可以减少重复工作。模板包含内容和设计元素，可用于开始创建文档。所有格式都是完整的，你可以为格式添加所需内容。

（1）在 Word 中新建文件时，Normal.dotm 模板是默认的文档模板，即空白文档。

（2）Word 中除了通用型的空白文档模板之外，还内置了多种文档模板，如简历模板、书法模板等。

（3）可以将某些常用固定格式的文档定义为模板。

引导问题： 样式在文档排版中能够起到什么作用？

新样式的创建与使用

小提示

样式是可应用于文本的格式设置集。Word 本身有很多默认样式，用户可以直接用，也可以修改后再用，也可以完全创建自己的全新样式。

（1）如果要快速更改文本格式，Word 样式是最有效的工具。将一种样式应用于文档中不同文本节之后，只需要更改该样式，即可更改这些文本的格式。

（2）经常使用的样式可以保留在“开始”选项卡上的“样式”库中，以便于使用。用户随时都可以创建新样式并将其添加到“样式”库中。

2. 工作计划

根据资料收集整理、文档排版、模板等任务要求，制订一份简单的工作计划。

排版设计方案：

____

____

____

3. 工作实施

操作要点如下。

1）定义新多级列表

将光标定位于“1.1 PLC 简介”行的任意位置，单击“开始”选项卡“段落”选项组中的“多级列表”下拉列表，在弹出的“定义新多级列表”

学习笔记

中进行设置，如图 7-2 和图 7-3 所示。

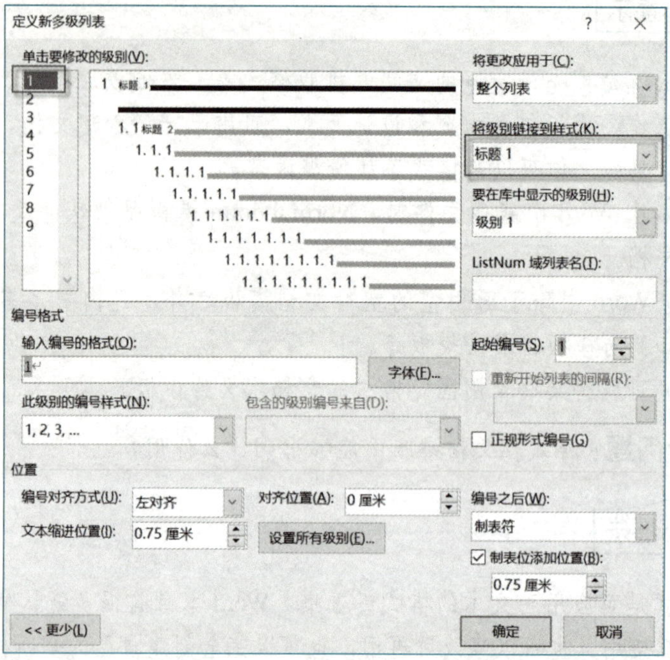

图7-2　定义新的多级列表（一）

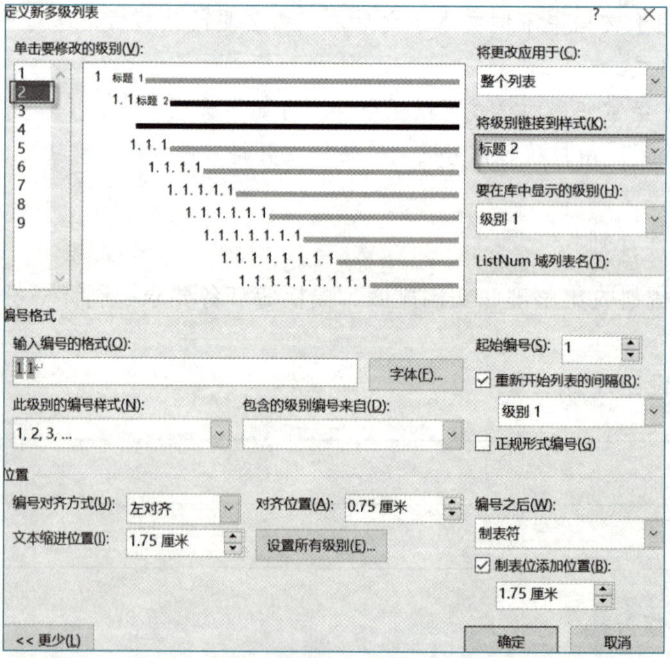

图7-3　定义新的多级列表（二）

多级符号的使用

2）修改与应用样式

右击“样式”选项组中的“标题 1”样式，在弹出的快捷菜单中选择“修改”命令，格式处设置字体为“二号”，单击下方的“格式”按钮，选择“段落”命令，对段落进行设置，如图 7-4 所示。同样，修改标题 2 段落对齐方式设置为“左对齐”。

将各章名、各小节名分别应用“标题 1”样式、“标题 2”样式，删除多余的文字。

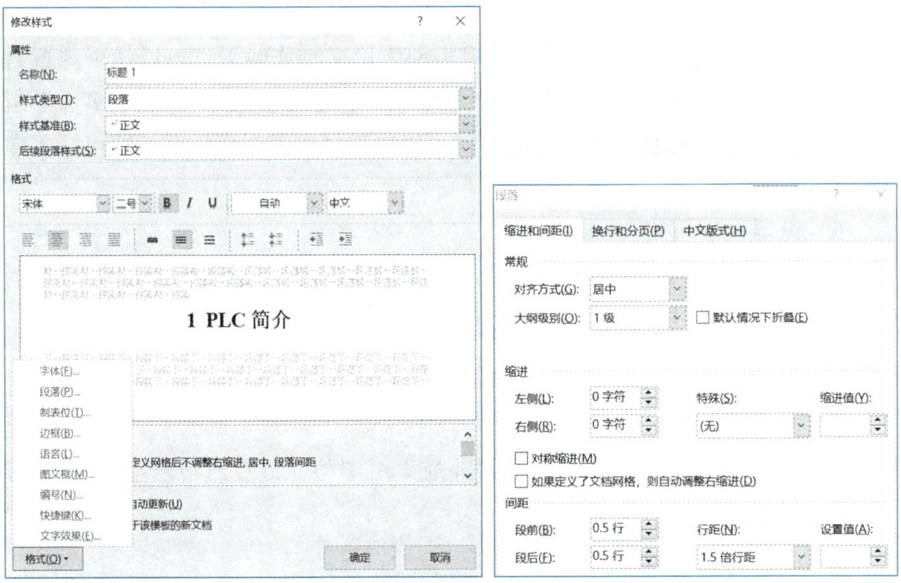

图7-4　修改“标题1”样式

3）图和表题注的设置

选中第一张图，右击，在弹出的快捷菜单中选择“插入题注”命令，在弹出的“题注”对话框中进行设置。单击“新建标签”按钮，输入文字“图”→单击下方的“编号”按钮，在出现的“题注编号”对话框中选中“包含章节号”复选框→单击“确定”按钮返回“题注”对话框，在位置中选择“所选项目下方”，单击“确定”按钮，如图 7-5 所示。同理，选中第一张表，“新建标签”，输入文字“表”，在位置中选择“所选项目上方”，其他设置同图题注。

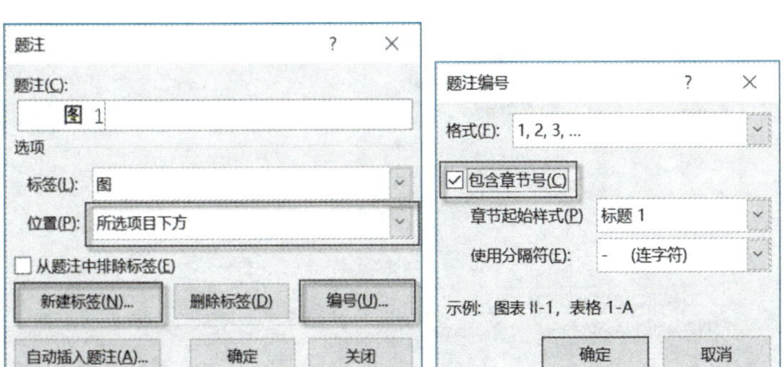

图7-5　图题注设置

4）提取文档目录

因为毕业论文内容较多，为方便读者了解大致结构和快速查看所需的

学习笔记

目录的制作和编辑

学习笔记

内容，可以提取文档的目录。

在文档最前面，先插入一个“下一页”分节符。单击“引用”选项卡“目录”选项组中的“目录”下拉按钮→选择“自定义目录”命令→单击“确定”按钮完成目录的提取。

5）插入封面

Word 内置了多种封面模板，如果需要为论文制作封面，可以使用内置封面轻松地制作出专业、美观的封面。切换到“插入”选项卡，单击“页面”组中的“封面”下拉按钮，在弹出的下拉列表中选择一种封面样式，即可插入内置封面。

6）设置页眉页脚

将学校 logo、页码等信息设置在页眉页脚，既可以美化文档，又能增强文档的统一性与规范性，同时让论文的内容显得更加丰富。

小提示

取消“页眉和页脚”选项卡“导航”组中的“链接到前一节”命令，可完成特殊需求。

7）更新目录设置

选中目录内容，右击，在弹出的快捷菜单中选择“更新域”命令可完成目录内容与页码的更新。

8）保存为模板

单击“文件”选项卡中的“另存为”按钮，在“保存类型”中选择“Word 模板”，则会自动跳出保存路径，单击下方的“保存”按钮即可，如图 7-6 所示。

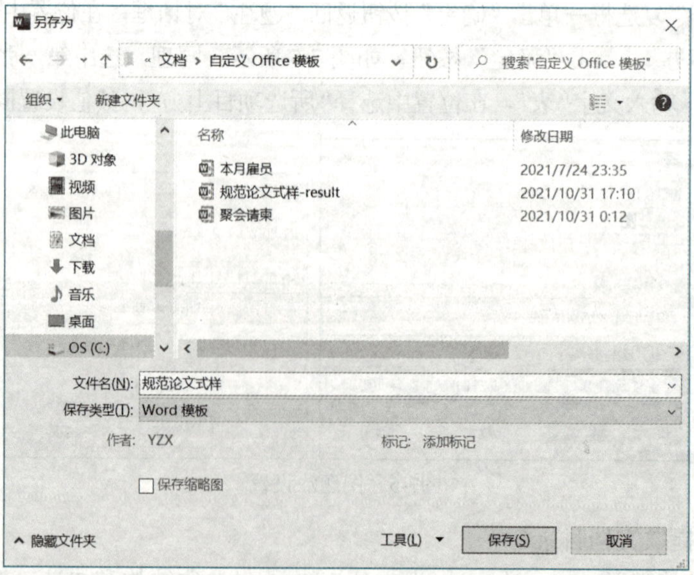

图7-6　另存为模板

相关知识与基本操作

学习笔记

1. 插入封面、目录

在“插入”选项卡中，单击“封面”，选择封面样式。

在“引用”选项卡中，单击“目录”，在弹出的界面中选择目录模式，如插入“手动目录”，则需要手动输入每章节的标题，“自动目录”则可以自动添加目录。

2. 样式应用

应用样式美化文档

Office 的样式是用有特定意义的名称保存的字符格式和段落格式的集合，这样在编排重复格式时，先创建一个该格式的样式，然后在需要的地方应用这种样式，系统会自动完成该样式中所包含的所有格式的设置工作，可以大大提高排版的工作效率。

样式通常有字符样式、段落样式、表格样式和列表样式等类型。 Word 允许用户自定义上述类型的样式，同时还提供了多种内建样式，如标题 1 ～标题 3、正文等。Word 快速样式库中只列出了其中的一部分样式，如果需要显示所有的样式，可以在“开始”选项卡“样式”选项组中单击显示样式窗口按钮，在打开的“样式”任务窗格中，单击“选项”按钮进行设置。

样式的应用很简单，只要选中需要应用样式的段落或文本块，然后在样式列表中选择需要应用的样式即可。

3. 页眉页脚

页眉和页脚一般出现在文档的顶部或底部，在其中可以插入页码、文件名或章节名称等内容。当一篇文档创建了页眉和页脚后，就会感到版面更加新颖，版式更具风格。

1）页眉和页脚的插入

复杂页码的设置

单击“插入”选项卡“页眉和页脚”选项组中的“页眉”下拉按钮，在弹出的菜单中选择“编辑页眉”命令，进入页眉编辑状态，若要编辑页脚，在“导航”选项组选择“转至页脚”命令或直接将光标移至页脚处编辑即可。编辑完毕后，单击“页眉和页脚工具－页眉和页脚”选项卡工具栏上的“关闭”按钮返回文档的编辑状态，如图 7-7 所示。

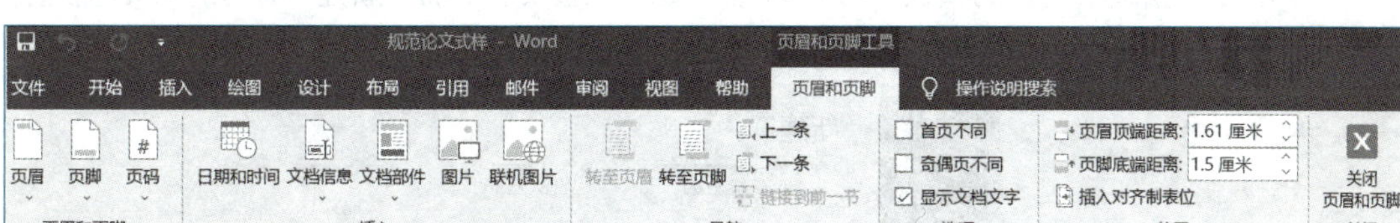

图7-7　“页眉和页脚工具－页眉和页脚”选项卡

(1)“选项”组。

首页不同：可将首页和后面其他页的页眉和页脚区别开来。

学习笔记

奇偶页不同：选中这个选项，可设置奇偶页不同的页眉和页脚。

（2）“导航”组中“链接到前一节”按钮。

默认情况下，上下两节的页眉和页脚相同。如果需要设置不同的页眉和页脚，在设置下一节的页眉和页脚前，应先单击此按钮，再进行其他编辑。

2）页眉和页脚的删除

（1）单击“插入”选项卡“页眉和页脚”组中的“页眉”下拉按钮，在弹出的菜单中选择“删除页眉”命令。这里只是删除了页眉，不包括页眉处的横线。

（2）单击“插入”选项卡“页眉和页脚”组中的“页眉”下拉按钮，在弹出的菜单中选择“编辑页眉”命令，进入页眉编辑状态，按 Delete 键删除所有内容。这里删除了页眉，且包括页眉处的横线。

注意

在首页不同和奇偶页不同的状态下，要对其中的奇偶页或首页、后面其他页分别进行删除才能删除所有的页眉和页脚。

分页与分节

4. 分页和分节

文档中篇幅满了会自动分页。如果需要手动分页，单击“页面设置”选项卡“页面设置”组中的“分隔符”下拉按钮，在弹出的菜单中选择“分页符”选项下的“分页符”命令。

“节”是文档格式化的基本单位，可以单独设置格式。在一个文档中有需要编辑修饰的独立单元，应使用分节符分开。只有在不同的节中，才可以设置与前面文本不同的页边距、页眉和页脚等。添加分节符的方法：单击“页面设置”选项卡“页面设置”组中的“分隔符”下拉按钮，在弹出的菜单中选择“分节符”选项下的“下一页”（除了分节外，还进行了分页）或“连续”等命令。

5. 模板

模板是可帮助用户设计有趣、引人入胜和具有专业外观的文档的文件。Word 2019 为用户内置了很多固定格式的模板文件，可以让用户快速地制作出特定的 Word 文档，如个人简历模板、文章模板、书法模板等，用户还可以下载微软提供的模板。可以选择“文件”选项卡下的“新建”命令，在右侧选择 Office 或“个人”，在出现的列表中单击相应的模板，如图 7-8 所示。

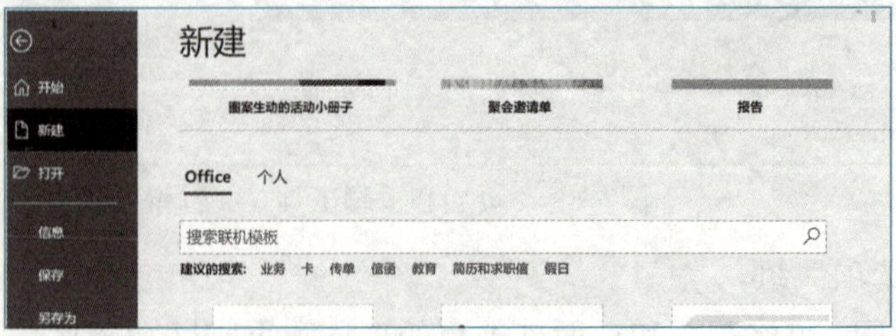

图7-8　模板使用

学习笔记

一些 Word 文档会经常使用，用户可以将这些固定格式的文档定义为模板，创建该文档后单击“文件”按钮，选择“另存为”命令，然后在“保存类型”中选择“Word 模板”将该文档保存为模板即可。如果对某个内置模板不满意，还可以在 Word 中对其进行修改，然后再次保存它。当创建类似文档时，只需在该模板的基础上修改其中的内容即可。

拓展训练

毕业论文的编排

打开“毕业论文原稿 .docx”，进行以下操作：

（1）设置上边距 2.5 厘米，下、左、右边距 2 厘米，左侧装订线 1 厘米；纸张大小为 A4；页脚设置为 1.8 厘米。

（2）目录、图索引、表索引、中文标题及摘要、英文标题及摘要、引言、正文的每一章、结论与致谢、参考文献都单独成页。

（3）正文（包括引言，不包括参考文献）使用样式“正文”，其中，

字体：中文字体为宋体，西文字体为 Times New Roman，字号为小四号；

段落：首行缩进 2 字符，段前、段后均为 0，行距 1.5 倍。

（4）章名使用样式“标题 1”，宋体，小四号，加粗；居中，1.5 倍行距；编号格式为：第 X 章，其中 X 为自动排序。小节名使用样式“标题 2”，宋体，小四号，加粗；左对齐，左、右缩进为 0，无特殊格式，1.5 倍行距；编号格式为：多级符号，X .Y。其中，X 为章数字序号，Y 为节数字序号（例如：1.1）。

（5）“引言”“结论与致谢”“参考文献”使用样式“标题 1”，并去除编号，居中。

（6）对正文中的图添加题注“图”，位于图下方，居中，字号为五号。

编号为“章序号”-“图在章中的序号”，（如第 1 章中的第 2 幅图，题注编号为 1-2）；图的说明使用图下一行的文字，字号为五号；图居中。

（7）对正文中的表添加题注“表”，位于表上方，居中，字号为五号。

编号为“章序号”-“表在章中的序号”，（如第 1 章中第 1 张表，题注编号为 1-1）；表的说明使用表上一行的文字，字号为五号；表居中。

（8）在以下页面的页脚中插入页码，居中显示。其中：

摘要所在的两页页码采用“Ⅰ，Ⅱ，Ⅲ…”格式，页码连续；

正文内容（包括引言），页码采用“1，2，3…”格式，页码连续。

（9）在目录页中插入目录，两级。

（10）在图索引、表索引页面中插入图索引、表索引。

毕业论文编排最终样文参见本项目的操作素材文件夹中“拓展训练——毕业论文效果图 .pdf”文件。

评价反馈

样式与模板综合评价反馈如表 7-1 所示。

表7-1　样式与模板综合评价反馈

<table>
<tr><td>项目名称</td><td colspan="5"></td></tr>
<tr><td>项目人员</td><td colspan="5"></td></tr>
<tr><td>评价项目</td><td colspan="2">评价内容</td><td>分值</td><td>学生自评</td><td>小组评价</td></tr>
<tr><td rowspan="4">相关知识（20%）</td><td colspan="2">掌握了样式的定义和修改方法</td><td>5</td><td></td><td></td></tr>
<tr><td colspan="2">掌握了题注的使用方法</td><td>5</td><td></td><td></td></tr>
<tr><td colspan="2">掌握了页眉和页脚的使用方法</td><td>5</td><td></td><td></td></tr>
<tr><td colspan="2">掌握了模板的创建和使用方法</td><td>5</td><td></td><td></td></tr>
<tr><td rowspan="5">工作过程（80%）</td><td>计划方案</td><td>工作计划制订合理、科学</td><td>20</td><td></td><td></td></tr>
<tr><td>工作任务完成</td><td>能及时准确完成工作任务</td><td>20</td><td></td><td></td></tr>
<tr><td>自主学习</td><td>发现问题能有计划地进行相关信息的探索，及时和老师或同学讨论交流</td><td>20</td><td></td><td></td></tr>
<tr><td>工作态度</td><td>态度端正，工作认真、主动</td><td>10</td><td></td><td></td></tr>
<tr><td>职业素质</td><td>具有良好的计算机使用习惯，爱护公共设施，环境整齐、干净</td><td>10</td><td></td><td></td></tr>
<tr><td>自我总结</td><td colspan="5">学生签字：</td></tr>
<tr><td>教师评价</td><td colspan="5">教师签字：</td></tr>
</table>

A档：90分以上为A+，85～89分为A，80～84分为A-；
B档：75～79分为B+，70～74分为B，65～69分为B-；
C档：60～64分为C+，55～59分为C，50～54为分C-。

项目 8

多人协同编辑文档

知识目标 (1) 掌握使用协同编辑工具进行多人在线编辑的方法；
(2) 掌握将一个文档拆分成多个子文档的方法；
(3) 掌握多个子文档合成一个文档的操作方法。

能力目标 (1) 能根据需要多人在线编辑文档；
(2) 能根据需要熟练拆分子文档及合成文档。

素质目标 (1) 通过实际的协同编辑问题，培养团队合作意识；
(2) 激发对信息技术进一步学习的兴趣。

工作任务描述

人工智能也称机器智能，是计算机科学、控制论、信息论、神经生理学、心理学、语言学等多种学科互相渗透而发展起来的一门综合性学科。从计算机应用的角度出发，人工智能是研究如何制造智能机器或智能系统来模拟人类智能活动的能力，以延伸人们智能的科学。为了更好地学习人工智能知识，请同学们组织团队进行相关资料的收集和编辑，建立主控文档“人工智能现状及发展趋势展望.docx”，并建立 3 个子文档分别对应 3 个章节，如图 8-1 所示。

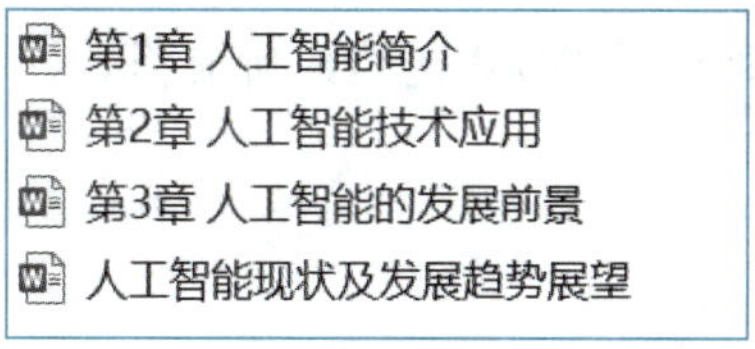

图8-1　文档显示

要完成本任务，需要熟悉主控文档与子文档、“腾讯文档”App 的相关知识。

本任务具体要求如下：

（1）把文档“人工智能现状及发展趋势展望.docx”按标题 1 拆分成 3 个子文档。

（2）编辑子文档 1“第 1 章 人工智能简介.docx”，进入修订模式，利用“腾讯文档”App，生成链接，分享给其他人。

学习笔记

（3）汇总子文档 1“第 1 章 人工智能简介 .docx”，退出修订模式。

（4）其他子文档，同样操作。

实践操作

对“人工智能现状及发展趋势展望 .docx”文档进行相应的编辑、排版工作流程见图 1-2。

使用协同工具进行多人在线编辑

1. 工作准备

（1）通过查询相关资料，收集多人协同编辑文档的相关知识，了解其使用方法。

（2）浏览“人工智能现状及发展趋势展望 .docx”Word 文档预览图和素材，熟悉各块内容。

（3）阅读工作任务描述，结合目前你所收集到的文档排版与编辑的知识，分析该任务中将遇到的难点问题。

引导问题：什么是主控文档和子文档？

小提示

主控文档包含几个独立的子文档，可以用主控文档控制整篇文章或整本书，而把书的各个章节作为主控文档的子文档。

引导问题：“腾讯文档”App，如何共享？

小提示

“腾讯文档”是一款可以多人在线同时编辑文档的在线文档工具，能够支持 Excel、Word、PPT 等多种格式的文件在线编辑。

（1）可以用微信或 QQ 登录。

（2）设置查看和编辑权限。

（3）要跟踪对 Word 文档的所有修改，了解修改的过程，可启用修订模式。

2. 工作计划

根据资料收集整理、主文档与子文档、多人协作等任务要求，制订一份简单的工作计划。

多人协同编辑文档的设计方案：

学习笔记

3. 工作实施

操作要点如下。

1）拆分子文档

单击“视图”选项卡“视图”选项组中的“大纲”按钮，如图 8-2 所示。

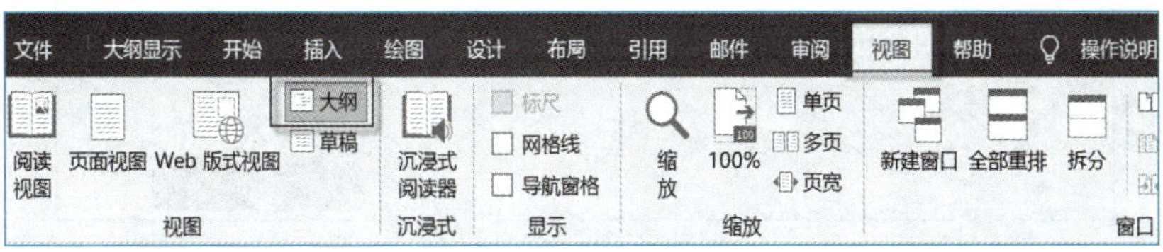

图8-2　“视图”选项卡

单击“大纲显示”选项卡“主控文档”选项组中的“显示文档”按钮→选择“大纲工具”选项组中的“显示级别”为“1 级”，如图 8-3 所示。

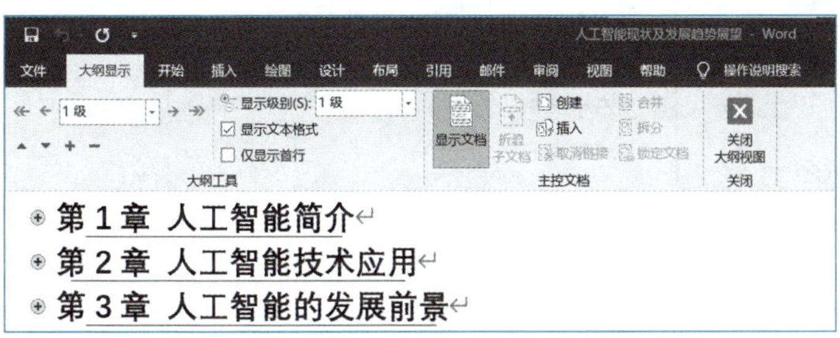

图8-3　“大纲显示”选项卡

3 个标题全部选中，单击“主控文档”选项组中的“创建”按钮，单击工具栏左上方的“保存”按钮，将会在文档的相同目录下出现 3 个子文档。

2）将子文档设置为“修订”模式

打开文件“第 1 章 人工智能简介 .docx”，在“审阅”选项卡下单击“修订”组中的“修订”按钮。

3）给子文档 1 创建链接

打开“腾讯文档”App，用微信扫描登录。单击左侧的“与我共享”，在右侧单击“新建”按钮→选择“导入本地文件”选项，把子文档 1“第 1 章 人工智能简介 .docx”导入，如图 8-4 所示。

选中刚才的文件，右击，在弹出的快捷菜单中选择“分享”命令→在“分享”对话框中设置“仅我分享的好友”为“可编辑”→单击分享至“QQ 好友”或“微信好友”等，如图 8-5 所示。

学习笔记

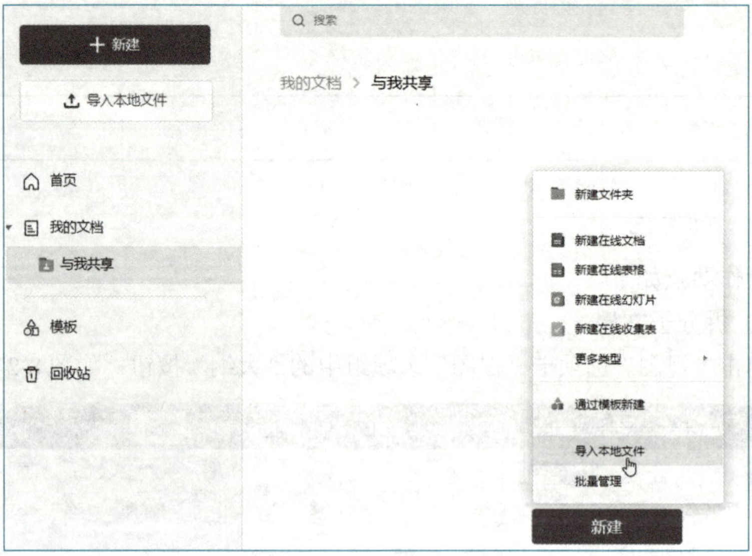

图8-4 导入本地文件

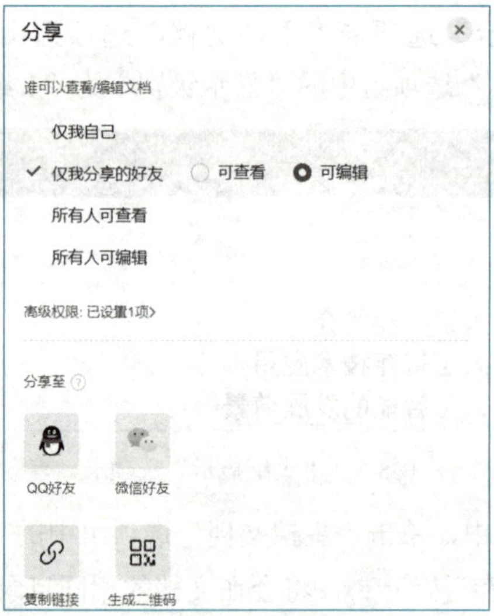

图8-5 分享设置

相关知识与基本操作

1. 主控文档与子文档

编辑一个长文档时，如果将所有的内容都放在一个文档中，那么工作起来会非常慢，因为文档太大会占用很大的资源，那么用户在翻阅文档时速度也就会很慢。如果将文档的各个部分分别作为独立的文档，则无法对整篇文章作统一处理，而且文档过多也容易引起混乱。

使用 Word 的主控文档，是制作长文档最合适的方法。主控文档包含几个独立的子文档，可以用主控文档控制整篇文章或整本书，而把书的各个

主文档快速拆分成多个子文档

学习笔记

章节作为主控文档的子文档。

这样，在主控文档中，所有的子文档当作一个整体，可以对其进行查看、重新编辑、设置格式、校对、打印和创建目录等操作。对于每个子文档，用户又可以对其进行独立的操作。此外，还可以在网络地址上建立主控文档，与别人同时在各自的子文档上进行工作。

1）创建主控文档与拆分子文档

主控文档是子文档的一个“容器”。每个子文档都是独立存在于磁盘中的文档，它们可以在主控文档中打开，受主控文档控制；也可以单独打开。创建主控文档的步骤如下：

（1）在“文件”选项卡中选择“新建”→“空白文档”命令，创建一个空文档。

（2）在“视图”选项卡“视图”选项组中选择“大纲”命令，并切换到大纲视图下，此时“大纲显示”选项卡自动激活。

（3）输入文档的大纲，并用内置的标题样式对各级标题进行格式化。

（4）选定要拆分为子文档的标题和文本。注意，选定内容的第一个标题必须是每个子文档开头要使用的标题级别。例如，所选内容中的第一个标题样式是“标题 3”，那么在选定的内容中所有具有“标题 3”样式的段落都将创建一个新的子文档。选定的方法是：将鼠标移到该标题前的十字符号 ⊕ 上，此时鼠标指针变成十字箭头，单击鼠标即可选定该标题包括的内容。

（5）单击“大纲显示”选项卡中的“创建子文档”按钮，原文档将变为主控文档，并根据选定的内容创建子文档。

（6）把文件保存下来即可。Word 在保存主文档的同时，会自动保存创建的子文档，并且以子文档的第一行文本作为文件名。

注意

如果文档中已经存在子文档，而且文档中的子文档处于折叠状态，那么“创建子文档”按钮会无效。要想使它有效，需要首先单击“展开子文档”按钮。

在 Word 中，不但可以新建一个主控文档，还可以将已有文档转换为主控文档。将已有文档转换为主控文档与创建空的主控文档基本类似，步骤如下：

（1）打开要转换为主控文档的已有文档。

（2）在“视图”选项卡“视图”选项组中选择“大纲”命令，切换到大纲视图下。

（3）通过使用内置标题样式或大纲级别建立主控文档的大纲，操作方法与创建主控文档时建立大纲的方法相同，可通过“开始”选项卡中“样式”选项组所带的下拉列表来定义文本是标题还是正文。

（4）选定要划分为子文档中的标题和文本，如果某些文本包含在一个标

学习笔记

题下，那么在单击这个标题前的分级显示符号（即选定这个标题）时，这些文本也会被同时选定，创建子文档后，这些文本也将包含在这个子文档中。

（5）单击“大纲显示”选项卡中的“创建子文档”按钮，即可创建子文档。

（6）不管主控文档的文件名如何，每个子文档指定的文件名不会受到影响，因为它只是根据第一行的文本自动命名的。如果文件名相同，会自动在后面加上“1，2，…”来区别。

2）已有主控文档中插入子文档

在主控文档中，可以插入一个已有文档作为主控文档的子文档。这样，就可以用主控文档将以前已经编辑好的文档组织起来，而且还可以随时创建新的子文档，或将已存在的文档当作子文档添加进来。例如，作者交来的书稿是以一章作为一个文件来交稿的，编辑可以为全书创建一个主控文档，然后将各章的文件作为子文档分别插进去，具体操作方法如下：

（1）在主控文档中，将插入点置于要插入子文档的位置，在“视图”选项卡“视图”选项组中选择“大纲”命令，切换到大纲视图。单击“主控文档”选项组中的“显示文档”按钮，在“主控文档”选项组中单击新出现的“插入”按钮。

（2）打开“插入子文档”对话框，选择要插入的文档，单击“打开”按钮，文档被作为一个子文档插入主控文档中。

如果要断开子文档与主控文档之间的链接，使其成为主控文档的内容，可在选中子文档的内容后，单击“主控文档”组中的“取消链接”按钮。取消链接操作只是断开了该子文档与主控文档的联系，该子文档的内容依然存在。要将选中的子文档内容从主控文档中删除，可按 Delete 键。

3）展开和折叠子文档

在打开主控文档时，将折叠所有子文档，也就是每个子文档都将以超链接的方式出现。单击链接点，就可以单独打开该子文档。

要在主控文档中展开所有的子文档，可以在“大纲显示”选项卡中单击“展开子文档”按钮，文档展开后，原来的按钮将变为“折叠子文档”按钮。再次单击“折叠子文档”按钮，子文档又将变成折叠状态。

2. 使用修订功能

如果要跟踪对 Word 2019 文档的所有修改，了解修改的过程，可启用修订功能来修订文档。

修订的使用

1）启用修订

打开文档，在“审阅”选项卡“修订”选项组中单击“修订”按钮，此时进入修订模式，用户对文档进行修改，删除和插入的内容均会被标记出来。

（1）打开审阅窗格。

如果要查看修订的内容，可在“修订”选项组中单击“审阅窗格”下拉按钮，在展开的下拉列表中选择审阅窗格样式，如“垂直审阅窗格”选项。

学习笔记

（2）查看修订的明细。

此时在文档的左侧显示了垂直审阅窗格，在该窗格中可以查看所有的批注内容和修订内容。

（3）接受修订。

如果确认文中的修订均正确，在“更改”选项组中单击“接受”下三角按钮，在展开的列表中选择“接受所有修订”选项。

（4）查看接受修订的效果。

此时接受了所有修订，修订的标记被清除。有时文档可能会被多个审阅者修订，若要进行文档修改就比较烦琐，此时可以使用“合并”文档功能将多个修订合并到一个文档中。只需在“比较”选项组下单击“比较”按钮，在展开的下拉列表中单击“合并”按钮，弹出“合并文档”对话框，设置原文档和修订的文档后，单击“确定”按钮即可。

（5）删除批注。

完成修订后，可删除文档中的批注。在“批注”选项组中单击“删除”下三角按钮，在展开的下拉列表中选择“删除文档中的所有批注”选项。

2）退出修订模式

此时文档中的所有批注被删除。在“修订”选项组中再次单击“修订”按钮，结束文档的修订状态。

在 Word 中，默认的批注和修订格式是可以更改的。在“审阅”选项卡下单击“修订”选项组中的对话框启动器，弹出“修订选项”对话框，单击其中的“高级选项”按钮，在弹出的对话框中可自定义插入和删除内容的标记样式和颜色、批注框样式等，如图 8-6 所示。

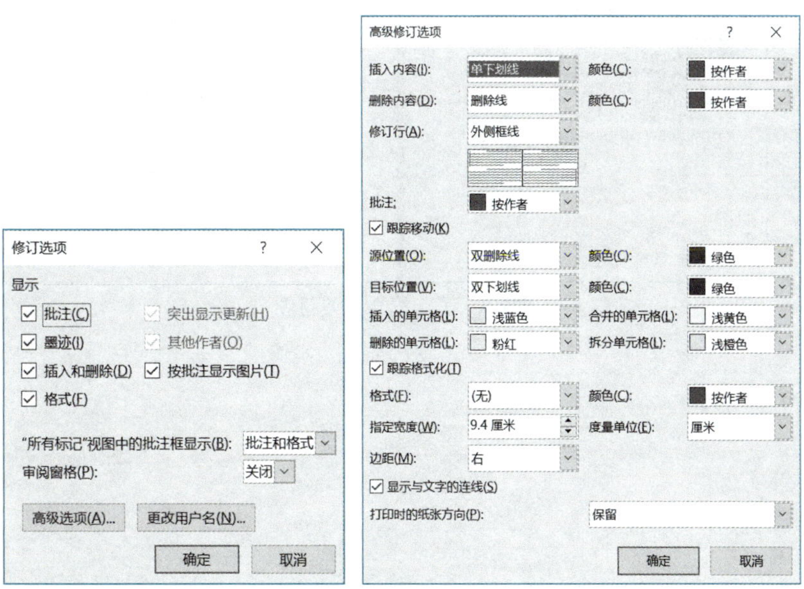

图8-6　修订选项

学习笔记

拓展训练

一起来咬文嚼字

打开“一起来咬文嚼字 .docx”文档，进行以下操作：

依序插入子文档 1 ～子文档 4，合并后效果如图 8-7 所示。

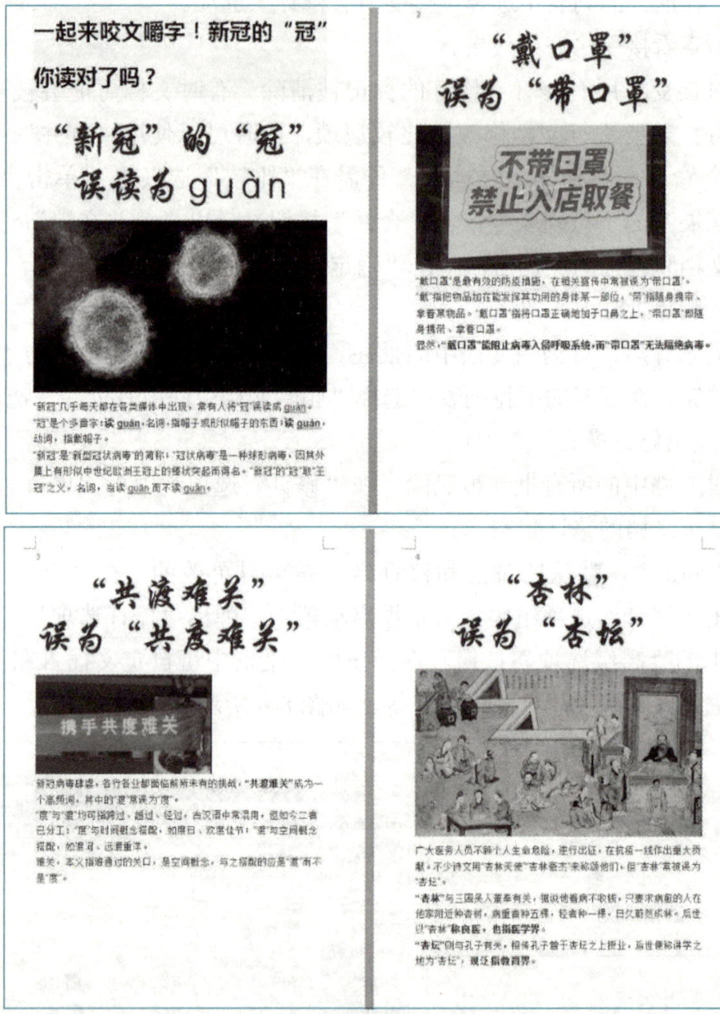

一起来咬文嚼字！新冠的“冠”你读对了吗？

“新冠”的“冠”误读为guàn

“新冠”几乎每天都在各类媒体中出现，常有人将“冠”误读成 guàn。
“冠”是个多音字：读 guān，名词，指帽子或形似帽子的东西；读 guàn，动词，指戴帽子。
“新冠”是“新型冠状病毒”的简称；“冠状病毒”是一种球形病毒，因其外膜上有形似中世纪欧洲王冠上的棒状突起而得名。“新冠”的“冠”取“王冠”之义，名词，当读 guān 而不读 guàn。

“戴口罩”误为“带口罩”

“戴口罩”是最有效的防疫措施，在相关宣传中常被误为“带口罩”。
“戴”指把物品加在能发挥其功用的身体某一部位，“带”指随身携带、拿着某物品。“戴口罩”指将口罩正确地加于口鼻之上，“带口罩”即随身携带、拿着口罩。
显然，“戴口罩”能阻止病毒入侵呼吸系统，而“带口罩”无法隔绝病毒。

“共渡难关”误为“共度难关”

新冠病毒肆虐，各行各业都面临前所未有的挑战，“共渡难关”成为一个高频词，其中的“渡”常误为“度”。
“度”与“渡”均可指跨过、越过、经过，古汉语中常混用，但如今二者已分工：“度”与时间概念搭配，如度日、欢度佳节；“渡”与空间概念搭配，如渡河、远渡重洋。
难关，本义指难通过的关口，是空间概念，与之搭配的应是“渡”而不是“度”。

“杏林”误为“杏坛”

广大医务人员不顾个人生命危险，逆行出征，在抗疫一线作出重大贡献。不少诗文用“杏林天使”“杏林豪杰”来称颂他们，但“杏林”常被误为“杏坛”。
“杏林”与三国吴人董奉有关，据说他看病不收钱，只要求病愈的人在他家附近种杏树，病重者种五棵，轻者种一棵，日久蔚然成林。后世以“杏林”称良医，也指医学界。
“杏坛”则与孔子有关，相传孔子曾于杏坛之上授业，后世便称讲学之地为“杏坛”，现泛指教育界。

图8-7　子文档合并效果图

多个子文档合并成一个文档

评价反馈

多人协同编辑评价反馈如表 8-1 所示。

表8-1　多人协同编辑评价反馈

<table>
<tr><td>项目
名称</td><td colspan="5"></td></tr>
<tr><td>项目
人员</td><td colspan="5"></td></tr>
<tr><td>评价
项目</td><td colspan="2">评价内容</td><td>分值</td><td>学生
自评</td><td>小组
评价</td></tr>
<tr><td rowspan="3">相关知识
（20%）</td><td colspan="2">掌握了使用协同编辑工具进行多人在线编辑</td><td>8</td><td></td><td></td></tr>
<tr><td colspan="2">掌握了将一个文档拆分成多个子文档的方法</td><td>6</td><td></td><td></td></tr>
<tr><td colspan="2">掌握了多个子文档合成一个文档的操作方法</td><td>6</td><td></td><td></td></tr>
<tr><td rowspan="5">工作过程
（80%）</td><td>计划方案</td><td>工作计划制订合理、科学</td><td>20</td><td></td><td></td></tr>
<tr><td>工作任务
完成</td><td>能及时准确完成工作任务</td><td>20</td><td></td><td></td></tr>
<tr><td>自主学习</td><td>发现问题能有计划地进行相关信息的探索，及时和老师或同学讨论交流</td><td>20</td><td></td><td></td></tr>
<tr><td>工作态度</td><td>态度端正，工作认真、主动</td><td>10</td><td></td><td></td></tr>
<tr><td>职业素质</td><td>具有良好的计算机使用习惯，爱护公共设施，环境整齐、干净</td><td>10</td><td></td><td></td></tr>
<tr><td>自我
总结</td><td colspan="5">学生签字：</td></tr>
<tr><td>教师
评价</td><td colspan="5">教师签字：</td></tr>
</table>

A档：90分以上为A+，85～89分为A，80～84分为A−；
B档：75～79分为B+，70～74分为B，65～69分为B−；
C档：60～64分为C+，55～59分为C，50～54为分C−。

学习笔记

模块 3

数据图表编辑与处理

内容导读

电子表格处理是信息化办公的重要组成部分，在数据分析和处理中发挥着重要的作用，Excel 数据处理软件广泛应用于财务、管理、统计、金融等领域。本模块主要包含工作表和工作簿操作、公式和函数的使用、图表分析展示数据、数据处理等内容。

数据图表编辑与处理

Excel的基本操作

- Excel2019的工作界面和基本术语
- 创建与打开工作簿
- 工作表的基本操作
- 单元格的选择操作
- 单元格中数据的输入
- 工作表中数据的编辑
- 工作表的格式化

公式和函数的使用

- 单元格的引用
- 运算符
- 公式与函数
- 公式或函数出错信息

图表分析展示数据

- 图表的创建与编辑
- 数据透视表及数据透视图的创建
- 数据透视表中切片器的使用

数据处理

- 数据清单的概念
- 记录排序
- 自动筛选
- 高级筛选
- 分类汇总

项目 9

Excel 的基本操作

知识目标

（1）熟悉 Excel 2019 的工作界面；

（2）掌握有关 Excel 2019 的基本术语；

（3）掌握工作表的基本操作；

（4）掌握单元格的选择操作；

（5）掌握单元格中各种类型数据的输入方法；

（6）掌握设置单元格格式的常用方法。

能力目标

（1）能根据需要正确输入各种类型的数据；

（2）能根据需要正确设置单元格格式。

素质目标

（1）通过学习 Excel 数据表的特点及单元格格式设置的方法，发挥想象制作出漂亮、美观、规范的数据表，培养创造性思维；

（2）激发对信息技术进一步学习的兴趣。

工作任务描述

2020 年是不平凡、充满挑战的一年，也是我国城市轨道交通行业取得快速发展的一年。

这一年，城市轨道交通行业同仁不畏艰难、砥砺奋进，助力我国城市轨道交通行业取得了令人瞩目的成就，新增运营里程再创新高，共有 26 座城市新增运营里程达到 1349.70 千米，新增运营车站 836 座，新增太原、天水、三亚三座城市轨道交通城市。

截至 2020 年 12 月 31 日，我国共有 44 座城市开通城市轨道交通运营里程 7715.31 千米，运营车站达到 5189 座。

本任务要求利用 Excel 2019 制作一份“2020 年中国城市轨道交通运营线路规模前 12 名”，如图 9-1 所示。

要完成本任务，首先要打开 Excel 2019 创建一空白工作簿文件，通过“另存为”命令保存为“2020 年中国城市轨道交通运营线路规模前 12 名 .xlsx”，再录入表格标题、字段名称、轨道交通运营线路规模前 12 名的具体信息，然后按要求对单元格进行格式设置，制作完成后保存文档。

学习笔记

2020年中国城市轨道交通运营线路规模前12名

排名	城市	线路总长（公里）	地铁	轻轨	单轨	市域快轨	现代有轨电车	磁浮交通	APM	车站数（座）
01	上海	775.14	699.82				39.68	29.00	6.64	488
02	北京	724.42	692.92				21.30	10.20		426
03	广州	594.27	507.34			60.80	22.23		3.90	314
04	成都	554.23	448.03			66.80	39.40			389
05	深圳	431.42	419.72				11.70			312
06	南京	395.16	177.12			201.18	16.86			201
07	武汉	386.31	338.88				47.43			293
08	重庆	343.70	245.34		98.36					196
09	杭州	304.72	246.09			58.63				177
10	青岛	254.12	245.65				8.77			125
11	西安	244.46	206.00							169
12	天津	234.66	174.04	52.76			7.86			177

图9-1　2020年中国城市轨道交通运营线路规模前12名

本次任务具体要求如下：

（1）打开 Excel 2019，新建一空白工作簿文件，另存为“2020 年中国城市轨道交通运营线路规模前 12 名 .xlsx”。

（2）在工作表 Sheet1 中输入轨道交通运营线路规模前 12 名的基本信息，基本信息数据参见图 9-2 所示。

2020年中国城市轨道交通运营线路前12名

排名	城市	线路总长（千米）	地铁	轻轨	单轨	市城快轨	现代有轨电车	磁浮交通	APM	车站数（座）
01	上海	775.14	699.82				39.68	29	6.64	488
02	北京	724.42	692.92				21.3	10.2		426
03	广州	594.27	507.34			60.8	22.23		3.9	314
04	成都	554.23	448.03			66.8	39.4			389
05	深圳	431.42	419.72				11.7			312
06	南京	395.16	177.12			201.2	16.86			201
07	武汉	386.31	338.88				47.43			293
08	重庆	343.7	245.34		98.36					196
09	杭州	304.72	246.09			58.63				177
10	青岛	254.12	245.65				8.77			125
11	西安	244.46	206							169
12	天津	234.66	174.04	52.76			7.86			177

图9-2　“2020年中国城市轨道交通运营线路规模前12名”基本信息

（3）设置标题格式为字体黑体、字号 16、颜色绿色，合并 A1 至 K1 单元格且水平对齐方式为居中；设置所有字段名的格式为字体隶书、字号 14。

（4）把所有线路总长数据设置小数位数为 2 位；设置 A 列的列宽为 8，B 列至 K 列的列宽为“自动调整列宽”；设置所有单元格对齐方式为水平居中；给除标题外的所有数据单元格加上单实线紫色边框线。

（5）把工作表标签 Sheet1 更名为“轨道交通运营线路规模”；插入新工作表 Sheet2、Sheet3，并把工作表 Sheet1 中的数据表分别复制到工作表 Sheet2、Sheet3 中。

（6）在工作表 Sheet2 中，将除标题外的数据清单设置套用表格格式为“橙色，表样式中等深浅 10”，并取消“筛选”按钮；把表格转换为普通区域。

（7）在工作表 Sheet3 中，把线路总长大于等于 400 的单元格的条件格式设置为加粗、颜色为红色；把“北京”所在单元格的批注设置为“我们的首都！”。

（8）保存文件。

实践操作

制作“2020 年中国城市轨道交通运营线路规模前 12 名”数据表格的工作流程见图 1-2。

1. 工作准备

（1）通过查询相关资料，收集 Excel 基本操作的相关知识，熟悉设置单元格格式的常用方法。

（2）上网查阅、收集有关 2020 年中国城市轨道交通运营线路规模的数据素材，并确定所收集资料数据的正确性。

（3）阅读工作任务描述，结合目前你所收集到的 Excel 基本操作的相关知识及数据素材，分析该任务中将遇到的重点、难点问题。

引导问题： 如何让 Excel 表格更美观、规范？

小提示

1. 更改默认表格线颜色

默认情况下，单元格的边框线是灰色的细线，用户可以给边框线重新设置颜色。

操作方法：选择菜单命令“文件”→“选项”，在打开的“Excel 选项”对话框中选择“高级”选项，在“此工作表的显示选项”组中单击，重新为单元格边框线指定一种颜色即可，如图 9-3 所示。

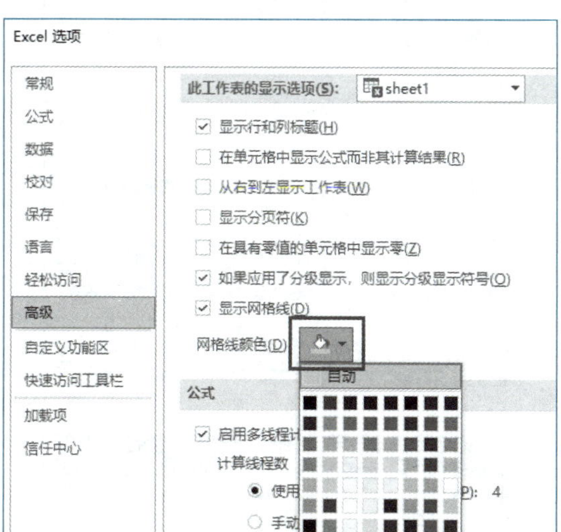

图9-3　“网格线颜色”选项后的设置按钮

学习笔记

虽说数据不追求“花哨”，但是施点“淡妆”，既能够表现出对看表人的一种尊重，也能够让看表人感受到制作者的用心。

学习笔记

2. 不显示零值

编辑好的表格中可能会有部分单元格的值为零，这会影响工作表的美观，若逐一删除单元格中的零值会很烦琐，我们可以通过设置，快速地使工作表中的所有零值不显示。

操作方法：选择菜单命令“文件”→“选项”，在打开的“Excel 选项”对话框中选择“高级”选项，在“此工作表的显示选项”组中，取消选中“在具有零值的单元格中显示零”复选框即可，如图 9-4 所示。

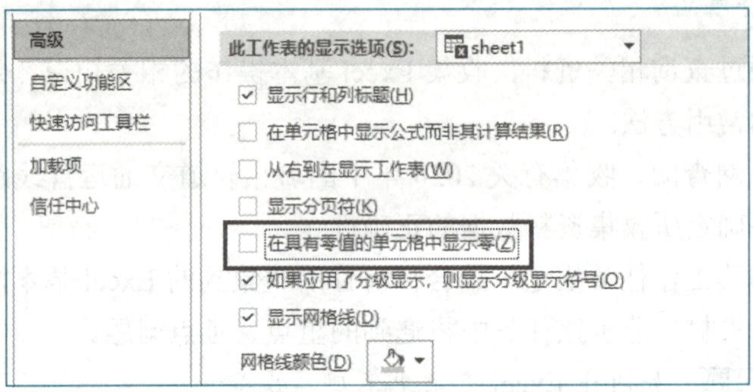

图9-4 取消选中“在具有零值的单元格中显示零”复选框

3. 套用表格格式

套用表格格式

如果逐一设置单元格格式，会很费时，并且设置好的效果不一定令人满意，我们可以利用自动套用表格格式功能。

操作方法：先选定表格区域，在“开始”选项卡“样式”选项组单击“套用表格格式”按钮，在打开的格式列表中，根据需要选择一种合适的表格格式即可，如图 9-5 所示。

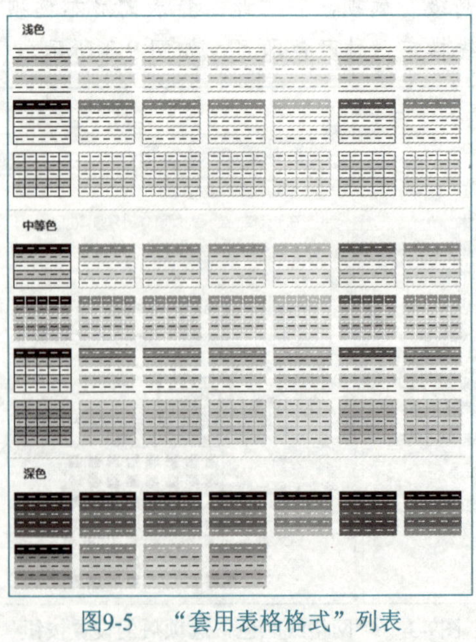

图9-5 “套用表格格式”列表

学习笔记

2. 工作计划

根据资料收集整理、数据输入、格式设置、文件导出等任务要求，制订一份简单的工作计划。

数据表设计方案：

____

____

____

____

3. 工作实施

操作要点如下。

1）输入前缀为 0 的数字编号

要将数字作为文本输入，应先输入一个英文的单引号“'”，再输入相应的数字。本任务表格中的排名“01”“02”“03”等都应作为文本输入。

小提示

若直接输入前缀为 0 的数字编号，则显示输入的是去掉前缀 0 的数字。

2）对连续的多个单元格进行合并且合并后的文字设置为水平居中

先选中需要合并居中的单元格区域，再在“开始”选项卡“对齐方式”选项组中选择“合并后居中”命令，如图 9-6 所示。

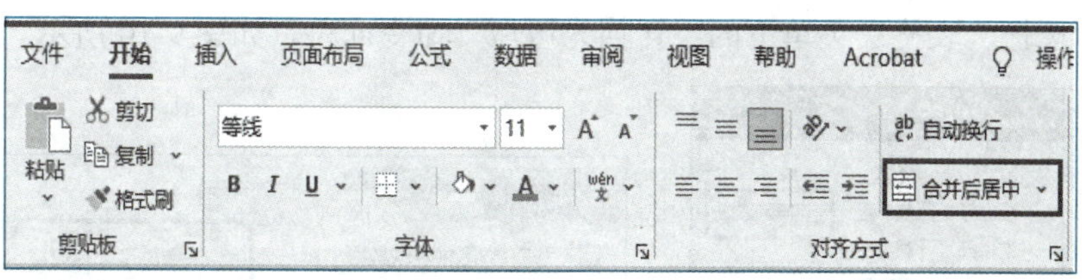

图9-6　“合并后居中”命令按钮

小提示

“合并后居中”命令一般针对表格标题进行，表格中的单元格尽量不使用合并功能，以免破坏数据表格结构。

3）设置小数位数

选中需要改变小数位数的数值单元格区域，根据需要在“开始”选项卡“数字”选项组中选择“增加小数位数”或“减少小数位数”命令，如图 9-7 所示。

学习笔记

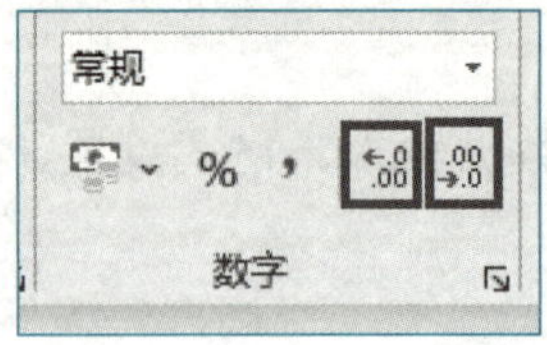

图9-7　“增加小数位数”和“减少小数位数”命令按钮

4）列宽或行高的自动调整

为了使表格中的数据内容恰当且完整显示，可在“开始”选项卡“单元格”选项组“格式”列表中选择“自动调整行高”或“自动调整列宽”命令，如图 9-8 所示。本任务中将对 B 列至 K 列使用“自动调整列宽”命令。

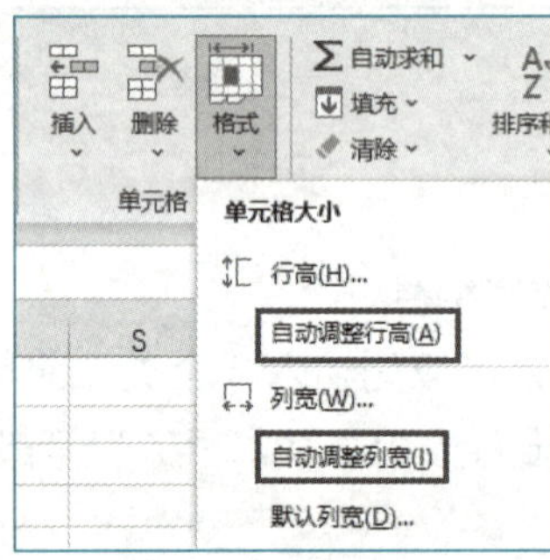

图9-8　“自动调整行高”和“自动调整列宽”命令

5）套用表格格式后“筛选”功能的取消与普通区域的转换

设置了“套用表格格式”后的数据清单将自动转换为表格，并自动添加“筛选”功能。若要取消“筛选”功能，只需要在“表格工具 - 设计”选项卡“表格样式选项”选项组中取消选中“筛选按钮”复选框即可，如图 9-9 所示。

若要将表格转换为普通区域，只需要右击表格区域，在打开的快捷菜单中选择“表格”菜单下的“转换为区域”命令即可，如图 9-10 所示。

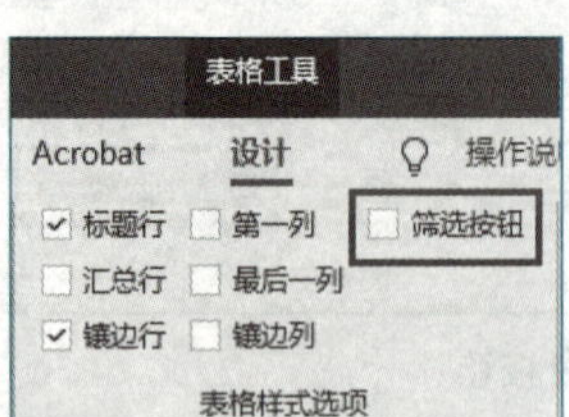

图9-9　取消选中“筛选按钮”复选框

图9-10　“转换为区域”命令

小提示

将表格转换为区域后，表格就不再作为插入的表格处理，而是转变成跟其他单元格区域一样的普通区域。

6）条件格式的设置

当工作表中的单元格被设置了条件格式后，只有当数据满足所设定的条件时才会显示成所设置的格式，这样便于查看表格中符合条件的数据。设置条件格式可利用“开始”选项卡“样式”选项组中的“条件格式”命令，如图 9-11 所示。本任务中将设置线路总长大于等于 400 的单元格的条件格式为加粗、颜色为红色。

学习笔记

图9-11　“条件格式”命令

相关知识与基本操作

1. Excel 2019的工作界面

启动 Excel 2019 后，其工作界面如图 9-12 所示。

条件格式设置

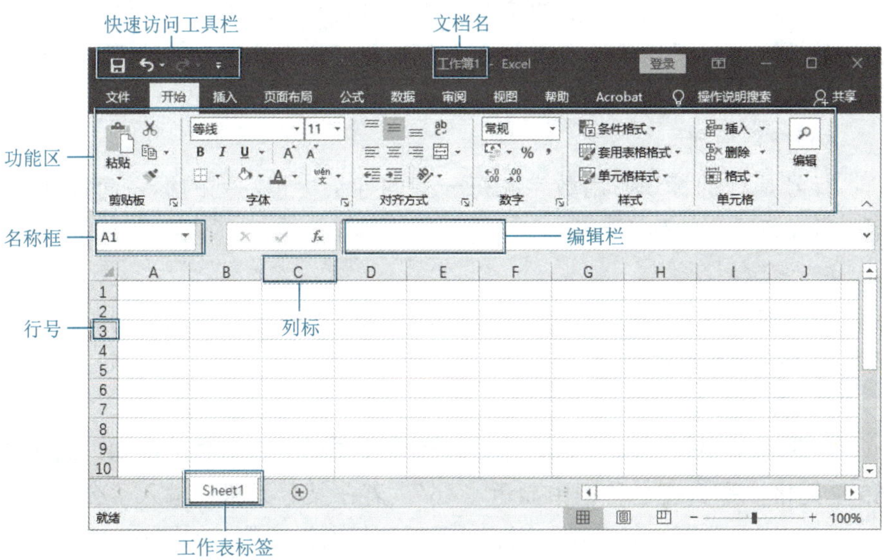

图9-12　Excel 2019的工作界面

2. Excel 2019的基本术语

1）工作簿

由 Excel 2019 所创建的文件称为工作簿文件，简称工作簿，默认的文件扩展名为 .xlsx，如“学生成绩 .xlsx”。

2）工作表

Excel 2019 的工作簿由一个或多个工作表所组成，默认情况下，每个工作簿包含 1 个工作表，工作表标签名为 Sheet1，用户可在“Excel 选项”中自行设置新建工作簿时包含的工作表数，范围为 1 ～ 255。如果需要插入新的工作表，可单击窗口底部左侧的“新工作表”按钮⊕。当前正在使用的工

学习笔记

据说国外有个男子想测试Excel表格到底有多少行，他按住向下的方向键不松手，经过9小时36分钟终于给测算出来了。你能灵活运用快捷键提升工作效率吗？

核弹头有了洲际导弹的“加持”才能实现远程制导，我们有了“百度”这样的搜索引擎才能快速搜索生活百科。在Excel里也有一门精确制导的技术——定位，有了它你就可以快速精准地找到符合条件的单元格。快去学习“定位”的各种神奇用法吧！

作表称为活动工作表。Excel 2019 的所有操作都是在工作表中进行的。

3）单元格

工作表中的各个网格称为单元格，它以行号、列标作为标识名，称为单元格地址，如 B5 表示 B 列第 5 行的单元格。Excel 2019 的数据通常保存在各单元格中，这些数据可以是文本、数值、公式等不同类型的内容。当前被选中的单元格称为当前单元格或活动单元格，以粗线框表示。Excel 2019 所进行的许多操作是针对活动单元格进行的。活动单元格的右下角有一个小黑点，称为填充柄。当用户将鼠标指针指向填充柄时，鼠标指针呈黑十字形状，拖动填充柄可以将单元格内容复制或填充到相邻单元格中。

4）单元格区域

当对工作表中的数据进行操作时，通常应先选中需要操作的单元格或单元格区域。单元格区域是由组成这个区域的左上角至右下角对角线两端的地址作为标识的，中间用“:”分隔。例如，单元格区域“B2:D5”表示从 B2 单元格到 D5 单元格组成的矩形区域中的 12 个单元格，如图 9-13 所示。区域的选取可以采用鼠标左键从左上角到右下角直接拖曳，待虚线边框移至所需的单元格时释放鼠标左键即可。

5）行号与列标

行号是行的标识，用数字在每一行的行头标识。列的标识简称列标，用字母在每一列的列头标识。

6）编辑栏

编辑栏中显示的是当前单元格中的原始数据或公式，利用它可修改单元格中的原始数据或公式。

7）名称框

名称框是用来显示当前单元格的名称或选择所需函数。例如，选中了 A5 单元格，那么在名称框中显示“A5”，若在某单元格中输入了公式编辑号“=”，则名称框中显示函数列表，用以选择所需函数，如图 9-14 所示。

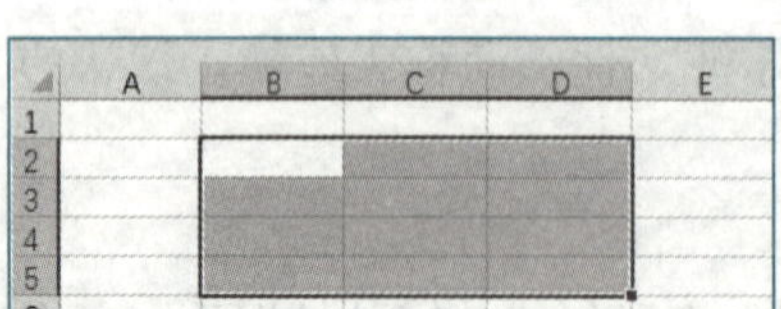

图9-13　单元格区域B2:D5

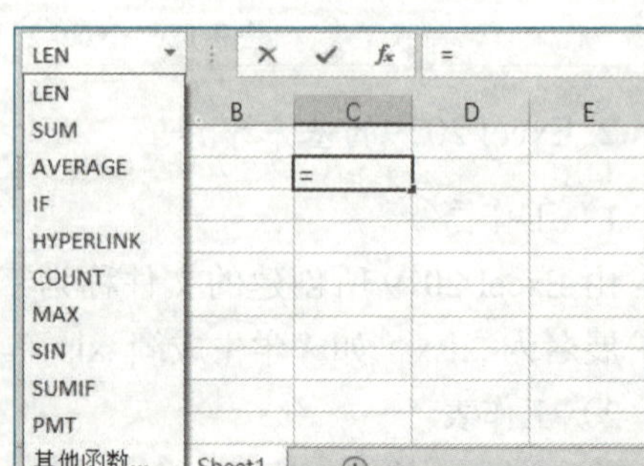

图9-14　通过名称框选择函数

8）工作表标签

工作表标签位于 Excel 2019 窗口底部左侧，用来标识工作簿中的各个工作表。其中，高亮显示的工作表为当前活动工作表，用户可以在不同的工作表之间进行切换。

学习笔记

3. 创建与打开工作簿

1）创建工作簿

启动 Excel 2019 后会自动建立一个名为“工作簿 1”的工作簿，其中包含有 1 张空白的工作表 Sheet1。在各单元格中输入与编辑数据，保存后就完成了工作簿的创建。

2）打开工作簿

方法 1：使用 Excel 2019 窗口“文件”选项卡中的“打开”命令，选择需要打开的工作簿文件，单击“打开”按钮即可打开相应的工作簿文件。

方法 2：在“文件资源管理器”窗口中，双击需要打开的工作簿文件即可启动 Excel 2019 并同时打开该文件。

4. 工作表的基本操作

工作表的基本操作包含插入、移动、复制、更名、删除等。

工作表的基本操作

5. 单元格的选择操作

在对 Excel 2019 工作表中的数据进行操作前，一般应先选中被操作的单元格或单元格区域。当单元格或单元格区域被选中后，对应的行号和列标处将呈现灰色底纹显示，且该单元格（或被选中区域的左上角单元格）的名称将出现在名称框内。

选择单元格或单元格区域的具体操作方法如表 9-1 所示。

表9-1　单元格的选择操作

选择项目	操作方法
单个单元格	单击要选定的单元格
	在名称框中输入单元格地址（如B10），再按Enter键
矩形区域	从区域左上角的单元格开始沿对角线方向拖动鼠标至区域右下角单元格
	单击区域左上角的单元格，再按住Shift键单击区域右下角单元格
多个不相邻单元格（或区域）	先选中第一个单元格（或区域），再按住Ctrl键并选择其他单元格（或区域）
一行或一列	单击行号或列标
相邻的行或列	拖动行号或列标

若要取消单元格选定区域，只需单击相应工作表中的任意单元格即可。

6. 单元格中数据的输入

在 Excel 2019 中，单元格中的数据主要分两种基本类型：常量和公式。常量又分为数值、文本、货币、日期、时间等类型，公式是以“=”开头的

工作表中数据的输入

学习笔记

工作表中数据的编辑

行高和列宽的调整

单元格格式看起来既基础又高深，同样的布料不同的裁剪，有些人只能做出几十元的成衣，有些人却能做出高档大牌的感觉。快去研究一下“四区段规则”和“占位符”，体会“自定义格式”的强大功能吧！

由常量、运算符、单元格引用、函数等组成的表达式。

7. 工作表中数据的编辑

编辑工作表时，常常需要在已有数据区域中复制、移动数据，插入或删除单元格，插入或删除整行或整列，清除单元格或区域等操作。

8. 工作表的格式化

工作表的格式化是指调整工作表中数据或单元格的显示效果，使其更加规范、整齐、美观或满足某些特殊需求。

1）调整行高和列宽

新建工作表时，所有单元格都具有相同的宽度和高度。在实际使用时，用户可以根据需要调整列宽和行高，调整列宽或行高主要有以下几种方法。

方法 1：鼠标拖动列标右侧或行号下方的分隔线。

方法 2：使用“列宽”或“行高”命令。先选中需要调整列宽的列或需要调整行高的行，单击“开始”选项卡“单元格”选项组中的“格式”按钮，再选择“列宽”或“行高”命令，在打开的对话框中设置列宽或行高，单击“确定”按钮，如图 9-15 所示。

方法 3：要使列宽与单元格内容宽度相适合或行高与内容高度相适合，可先选择要调整的列或行，单击“开始”选项卡“单元格”选项组中的“格式”按钮，再选择“自动调整列宽”或“自动调整行高”命令，如图 9-16 所示。

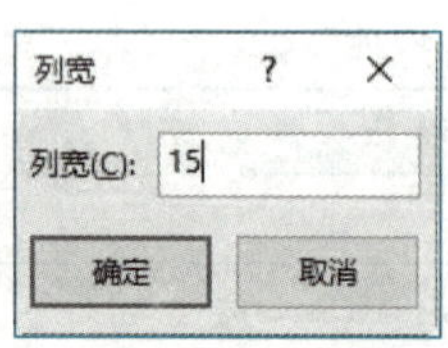

图9-15　“列宽”对话框

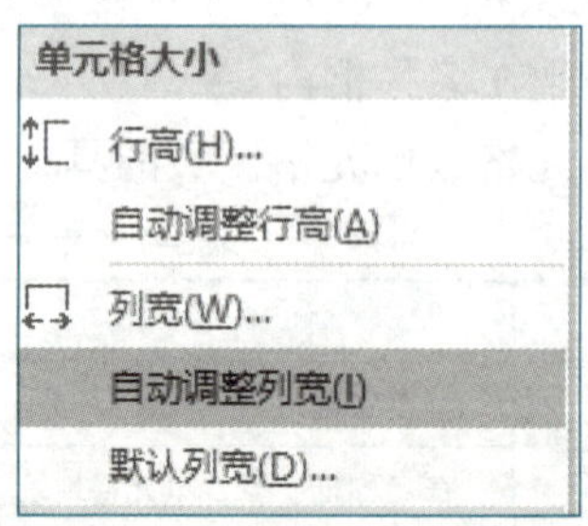

图9-16　“单元格大小”快捷菜单

2）设置单元格格式

单元格的格式可利用“开始”选项卡的“字体”“对齐方式”“数字”选项组中的命令进行设置，也可利用“设置单元格格式”对话框进行设置。单击“字体”“对齐方式”“数字”选项组中右下角的“设置单元格格式”对话框启动器，可打开“设置单元格格式”对话框（图 9-17），其中含有“数字”“对齐”“字体”“边框”“填充”“保护”等 6 个选项卡。

3）设置条件格式

当单元格被设置了条件格式后，只有当单元格中的数据满足所设定的条件时才会显示成所设置的格式，便于查看表格中符合条件的数据。

例如，要把如图 9-18 所示的员工基本信息表中所有工龄大于 25 的工龄设置成“浅红填充色深红色文本”。操作方法：选中成绩数据区域 G3:G14，单击“开始”选项卡“样式”选项组中的“条件格式”按钮，在打开的下拉菜单中选择“突出显示单元格规则”选项，在打开的子菜单中再选择“大于”选项，在打开的“大于”对话框中设置如图 9-19 所示的相应参数，单击“确定”按钮，最后效果如图 9-20 所示。

学习笔记

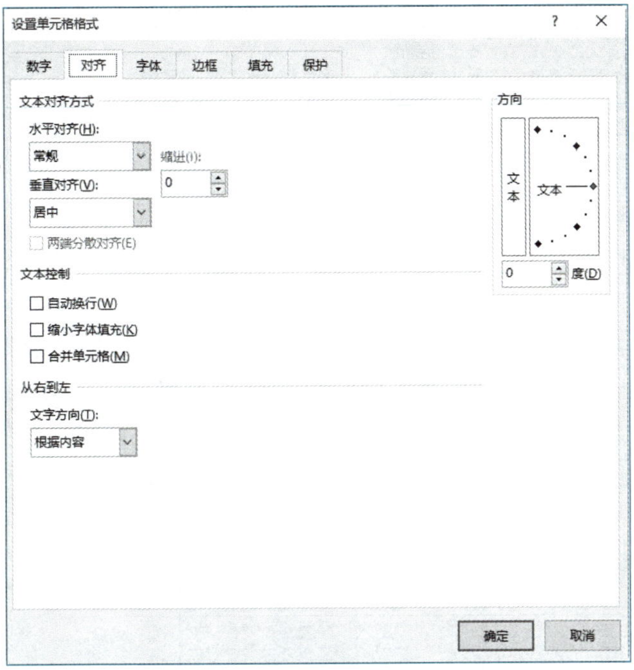

图9-17　“设置单元格格式”对话框

单元格格式设置

	A	B	C	D	E	F	G
1	员工基本信息表						
2	员工编号	姓名	部门	职务	学历	工作日期	工龄(年)
3	00324618	王应富	管理部	总经理	研究生	1991/8/15	29
4	00324619	曾冠琛	销售部	部门经理	研究生	1999/9/7	21
5	00324620	关俊民	客服中心	部门经理	本科	1999/12/6	21
6	00324621	曾丝华	客服中心	普通员工	本科	1990/1/16	30
7	00324622	王文平	技术部	部门经理	大专	1996/2/10	24
8	00324623	孙娜	客服中心	普通员工	大专	1996/3/10	24
9	00324624	丁怡瑾	业务部	部门经理	研究生	1998/4/8	22
10	00324625	蔡少娜	后勤部	部门经理	研究生	1998/5/8	22
11	00324626	罗建军	管理部	部门经理	本科	1999/6/7	21
12	00324627	肖羽雅	后勤部	文员	大专	1997/7/9	23
13	00324628	甘晓聪	管理部	文员	中专	1995/8/11	25
14	00324629	姜雪	后勤部	技工	大专	2002/9/4	18

Sheet1

图9-18　员工基本信息表

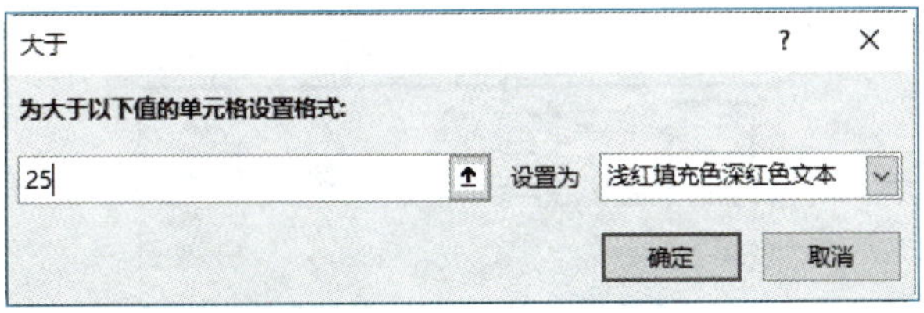

图9-19　“大于”对话框

学习笔记

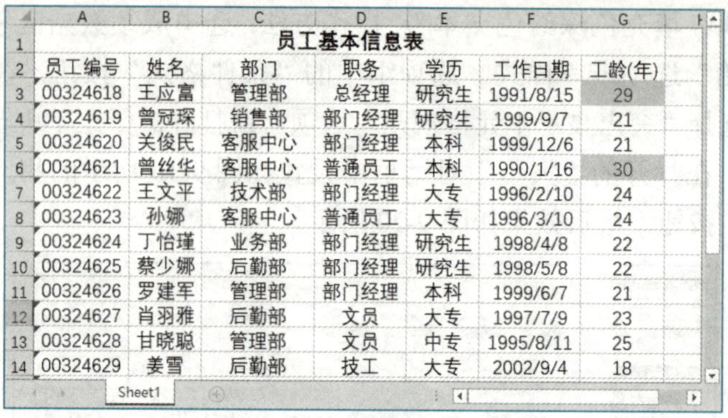

	A	B	C	D	E	F	G
1	员工基本信息表						
2	员工编号	姓名	部门	职务	学历	工作日期	工龄(年)
3	00324618	王应富	管理部	总经理	研究生	1991/8/15	29
4	00324619	曾冠琛	销售部	部门经理	研究生	1999/9/7	21
5	00324620	关俊民	客服中心	部门经理	本科	1999/12/6	21
6	00324621	曾丝华	客服中心	普通员工	本科	1990/1/16	30
7	00324622	王文平	技术部	部门经理	大专	1996/2/10	24
8	00324623	孙娜	客服中心	普通员工	大专	1996/3/10	24
9	00324624	丁怡瑾	业务部	部门经理	研究生	1998/4/8	22
10	00324625	蔡少娜	后勤部	部门经理	研究生	1998/5/8	22
11	00324626	罗建军	管理部	部门经理	本科	1999/6/7	21
12	00324627	肖羽雅	后勤部	文员	大专	1997/7/9	23
13	00324628	甘晓聪	管理部	文员	中专	1995/8/11	25
14	00324629	姜雪	后勤部	技工	大专	2002/9/4	18

图9-20　设置“条件格式”后效果

4）套用表格格式

Excel 2019 中提供了多种表格格式让用户进行套用，以便快速美化表格外观。

使用“套用表格格式”的方法：选择需要套用格式的单元格区域或数据清单中的任一单元格，单击“开始”选项卡“样式”选项组中的“套用表格格式”按钮（图 9-21），在选择列表中单击选择一种表格样式，再在打开的“创建表”对话框（图 9-22）中设置“表数据的来源”，单击“确定”按钮即可。

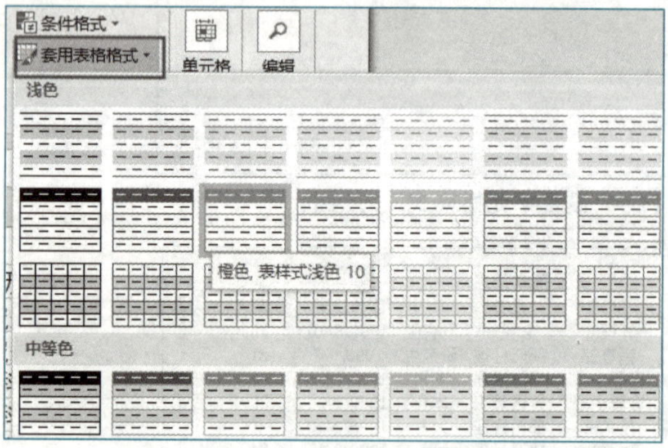

图9-21　“套用表格格式”命令按钮

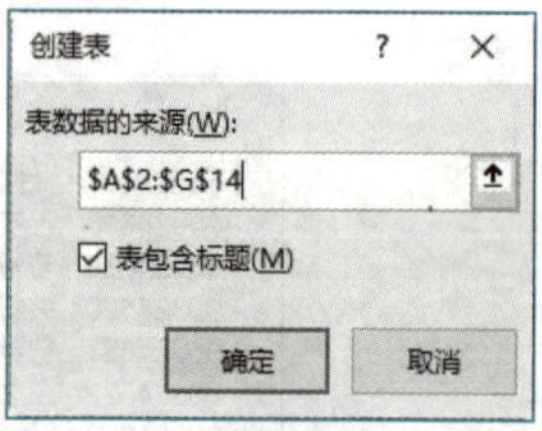

图9-22　“创建表”对话框

5）添加批注

通过使用批注给单元格添加注释，使工作表中的数据更易于理解。

给单元格添加批注的方法：选中要添加批注的单元格，单击“审阅”选项卡“批注”选项组中的“新建批注”按钮（图 9-23），在打开的批注编辑框中输入并编辑批注内容即可。

添加批注

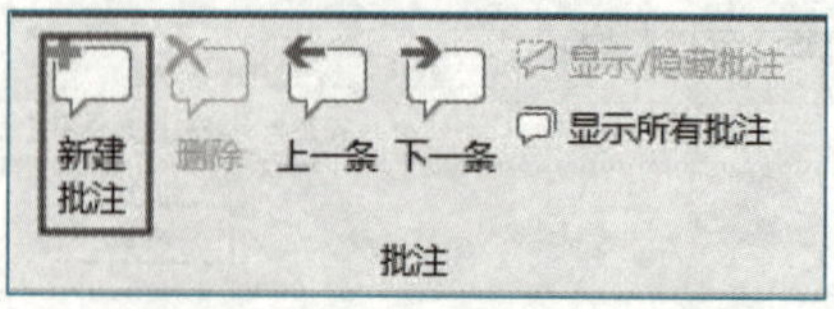

图9-23　“新建批注”命令按钮

学习笔记

当单元格附有批注时，该单元格的边角上将出现红色标记，将指针停留在该单元格上时，即显示批注内容，如图 9-24 所示。

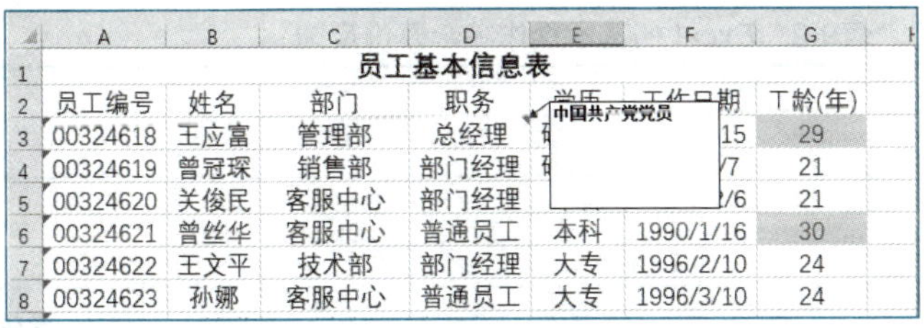

图9-24　批注显示效果

拓展训练

制作员工出勤量统计表

年终考核时，公司需对每位员工的一年出勤情况进行汇总统计。公司领导要求办公室小王根据每位员工一年的出勤情况制作一份漂亮、规范的 Excel 数据表格，操作要求如下：

（1）启动 Excel 2019，在工作表 Sheet1 中输入如图 9-25 所示的数据。

	A	B	C	D	E	F
1	编号	姓名	第1季度	第2季度	第3季度	第4季度
2	0001	刘伟	72	78	68	70
3	0002	李丽华	70	75	69	75
4	0003	刘伟	65	74	75	72
5	0004	范双	78	74	72	68
6	0005	刘桥	65	65	70	68
7	0006	鲁季	66	68	72	70
8	0007	梁美玲	68	70	68	60
9	0008	钟胜	64	75	69	65
10	0009	张军	65	72	68	64

图9-25　员工出勤量统计表

（2）在数据清单前插入标题行“2020 年公司员工出勤量统计表”，设置字体为隶书，字号为 24，颜色为“橙色，个性色 6，深色 50%”，合并 A1 ～ G1 单元格且文字水平居中。

（3）给数据清单的字段名所在行设置浅绿色的底纹。

（4）给整个数据清单（标题行除外）加上深蓝色、双实线的边框，内部单元格加蓝色、单实线的边框。

（5）利用条件格式给小于 65 的单元格数据设置格式为红色，大于 75 的单元格数据设置格式为蓝色、加粗。

（6）在工作表 Sheet1 后增加新工作表 Sheet2，把工作表 Sheet1 中的数据清单复制到工作表 Sheet2 中，把工作表 Sheet2 中的数据清单设置套用表格格式为“红色，表样式中等深浅 3”。

（7）保存为“2020 年公司员工出勤量统计表 .xlsx”。

评价反馈

Excel 的基本操作综合评价反馈如表 9-2 所示。

表9-2 Excel 的基本操作综合评价反馈

<table>
<tr><td>项目名称</td><td colspan="5"></td></tr>
<tr><td>项目人员</td><td colspan="5"></td></tr>
<tr><td>评价项目</td><td colspan="2">评价内容</td><td>分值</td><td>学生自评</td><td>小组评价</td></tr>
<tr><td rowspan="3">相关知识（20%）</td><td colspan="2">熟悉了条件格式的作用并且掌握了具体的设置方法</td><td>8</td><td></td><td></td></tr>
<tr><td colspan="2">掌握了套用表格格式的设置方法</td><td>6</td><td></td><td></td></tr>
<tr><td colspan="2">掌握了美化数据表格的设计技巧</td><td>6</td><td></td><td></td></tr>
<tr><td rowspan="5">工作过程（80%）</td><td>计划方案</td><td>工作计划制订合理、科学</td><td>20</td><td></td><td></td></tr>
<tr><td>工作任务完成</td><td>能及时准确完成工作任务</td><td>20</td><td></td><td></td></tr>
<tr><td>自主学习</td><td>发现问题能有计划地进行相关信息的探索，及时和老师或同学讨论交流</td><td>20</td><td></td><td></td></tr>
<tr><td>工作态度</td><td>态度端正，工作认真、主动</td><td>10</td><td></td><td></td></tr>
<tr><td>职业素质</td><td>具有良好的计算机使用习惯，爱护公共设施，环境整齐、干净</td><td>10</td><td></td><td></td></tr>
<tr><td>自我总结</td><td colspan="5">学生签字：</td></tr>
<tr><td>教师评价</td><td colspan="5">教师签字：</td></tr>
</table>

A档：90分以上为A+，85～89分为A，80～84分为A-；

B档：75～79分为B+，70～74分为B，65～69分为B-；

C档：60～64分为C+，55～59分为C，50～54为分C-。

项目 10

公式和函数的使用

知识目标 （1）熟悉单元格引用的类型及含义；

（2）熟悉公式中各种运算符的应用；

（3）熟练公式及常用函数的使用；

（4）了解使用公式后常见的出错信息及处理方法。

能力目标 （1）能根据需要正确选用合适的函数；

（2）能根据使用公式后的出错信息进行正确处理。

素质目标 （1）通过学习 Excel 函数的语法及功能，能灵活应用函数解决实际的数据处理问题，培养创造性思维；

（2）激发对信息技术进一步学习的兴趣。

工作任务描述

农业用地面积亦称农业土地资源或农业土地，是指一个国家、一个地区或生产单位直接和间接用于农业生产以及农业生产可以利用的土地面积，包括耕地、园地、林地、牧草地、可养殖水面、宜垦荒地以及其他农业用地（如农田水利建设、房屋、田间道路等）。

我国国土面积虽然排在世界第三，但是我国园地、林地、牧草地等其他农业用地却排在世界第一。一个国家的物产是否丰富，不能只看粮食，还要看蔬菜、水果、水产、牲畜等其他资源的丰富程度。

本工作任务要求利用 Excel 2019 的公式及函数，完善如图 10-1 所示的“2018 年世界主要国家国土面积、农业用地”数据表。

要完成本任务，需要熟悉 Excel 2019 各函数的功能及语法，明确相应的数据该使用什么函数进行计算。

本次任务具体要求如下：

（1）打开素材文件夹中的工作簿文件“世界各国国土面积农业用地面积 .xlsx”。

（2）使用公式计算出“农业用地比例”列数据，并设置按百分比“%”显示结果，小数位数取 2 位。

学习笔记

	A	B	C	D	E	F	G
1	2018年世界主要国家国土面积、农业用地（万平方千米）						
2	国家	所在洲	国土面积	农业用地面积	农业用地比例	农业用地比例等级	国土面积排名
3	中国	亚洲	956	528			
4	印度	亚洲	329	180			
5	伊朗	亚洲	175	46			
6	日本	亚洲	38	4			
7	朝鲜	亚洲	12	3			
8	韩国	亚洲	10	2			
9	俄罗斯	欧洲	1710	218			
10	法国	欧洲	55	29			
11	德国	欧洲	36	17			
12	意大利	欧洲	30	13			
13	英国	欧洲	24	17			
14	加拿大	美洲	998	63			
15	美国	美洲	983	406			
16	巴西	美洲	852	284			
17	阿根廷	美洲	278	149			
18	澳大利亚	大洋洲	774	371			
19	小 计						
20	平 均						
21							
22	国土面积大于800万平方千米的国家个数						
23	国土面积大于700万平方千米小于1000万平方千米的国家个数						
24	农业用地面积大于200万平方千米的国家国土面积总和						

Sheet1

图10-1 “2018年世界主要国家国土面积、农业用地”数据表

这世界上有很多如果，如果你问我哪个函数很重要，我会告诉你是IF函数。

（3）使用条件函数 IF 计算出“农业用地比例等级”列数据。具体条件是：“农业用地比例”数据大于等于 50% 的评价为“优”，大于等于 40% 且小于 50% 的评价为“良”，大于等于 30% 且小于 40% 的评价为“一般”，小于 30% 的评价为“较差”。

（4）利用排位函数 RANK 按国土面积从大到小顺序计算出“国土面积排名”列数据（说明：不能对数据进行排序操作）。

（5）使用求和函数 SUM 计算出国土面积、农业用地面积的小计值；使用求平均值函数 AVERAGE 计算出国土面积、农业用地面积的平均值。

（6）使用单条件计数函数 COUNTIF 统计出国土面积大于 800 万平方千米的国家个数。

（7）使用多条件计数函数 COUNTIFS 统计出国土面积大于 700 万平方千米小于 1000 万平方千米的国家个数。

（8）使用条件求和函数 SUMIF 计算出农业用地面积大于 200 万平方千米的国家国土面积总和。

（9）保存文件。

实践操作

制作“2018 年世界主要国家国土面积、农业用地”数据表格的工作流程见图 1-2。

1. 工作准备

（1）通过查询相关资料，收集 Excel 函数的相关知识，熟悉各函数的功能及使用方法。

（2）上网查阅、收集有关世界各国国土面积、农业用地面积的数据素材，并确定所收集资料数据的正确性。

（3）阅读工作任务描述，结合目前你所收集到的 Excel 函数的相关知识及数据素材，分析该任务中将遇到的重点、难点问题。

引导问题：通过快速选择所需函数，可以节省输入函数的时间，你知道在 Excel 中如何快速选择需要的函数吗？

当在单元格的公式中输入所需函数的首个大写字母时，如输入“=S”，将自动打开首字母是“S”的函数列表，单击选择所需函数后，在该函数的右侧会自动显示该函数的功能提示，如图 10-2 所示。

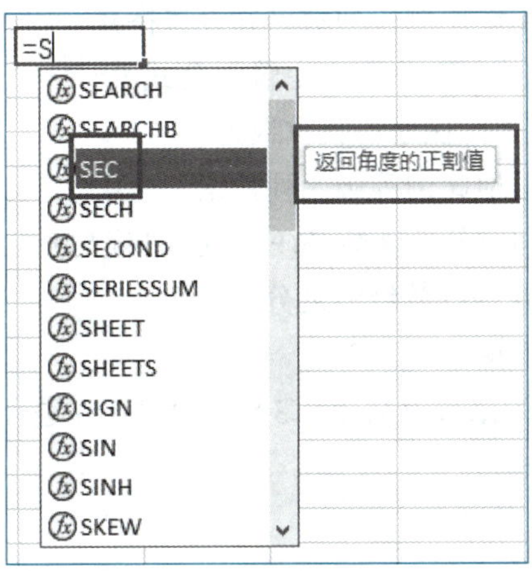

图10-2　首字母是“S”的函数列表中所选函数及功能提示

若函数列表中的函数很多，一时不容易找到所需的函数，则可再输入所需函数的第 2 个大写字母，如“U”，此时将打开前两个字母是“SU”的函数列表，如图 10-3 所示。

在函数列表中双击选择所需函数，如选择“SUM”，该函数将会导入单元格的公式中，且该函数下方将会自动显示该函数的语法，便于用户正确设置函数参数，如图 10-4 所示。输入正确的函数参数后，按 Enter 键确认即可。

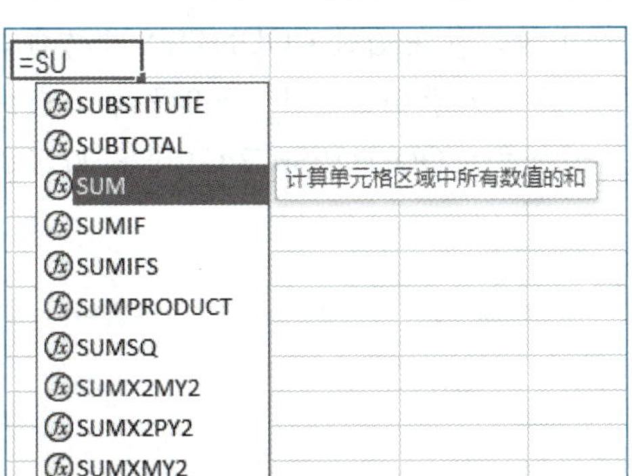

图10-3　前2个字母是“SU”的函数列表

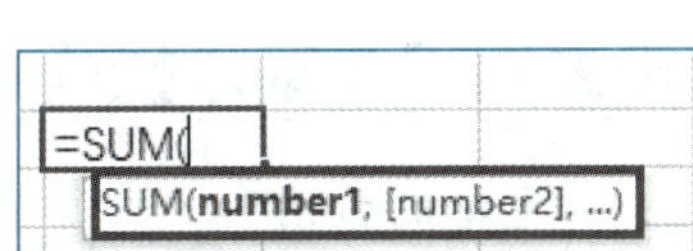

图10-4　函数的语法

学习笔记

常用函数的种类一般不会超过你手机里 App 的个数，学好函数就像游戏中的“大招”一样，是一件很有性价比的事情。

学习笔记

2. 工作计划

根据资料收集整理、计算的数据要求、文件导出等任务要求，制订一份简单的工作计划。

完善表格数据设计方案：

____

____

3. 工作实施

操作要点如下。

1）计算“农业用地比例”列数据并设置格式

在工作表 Sheet1 的 E3 单元格中输入公式“=D3/C3”，设置单元格格式为“百分比”数据类型，保留小数位数为 2。

2）计算“农业用地比例等级”列数据

在 F3 单元格，利用条件函数 IF(E3>=0.5," 优 ",IF(E3>=0.4," 良 ",IF(E3>=0.3," 一般 "," 较差 "))) 进行等级的划分。

3）计算国土面积排名

在 G3 单元格插入函数 RANK(C3,$C$3:$C$18) 进行降序排位。

小提示

若要求排出升序名次，则应输入第 3 个参数。第 3 个参数可以是一个非 0 值的任意数值。

4）计算其他数据

分别利用 SUM、AVERAGE、COUNTIF、SUMIF 等函数完成其他单元格数据的计算。

小提示

若统计满足多个条件的单元格个数，使用函数 COUNTIFS 更方便。

例如，在上述实例中统计国土面积大于 700 小于 1000 平方千米的国家个数：可在 G23 单元格中输入公式“=COUNTIFS(C3:C18,">700",C3:C18,"<1000")”。

相关知识与基本操作

1. 单元格的引用

在处理单元格中的数据时，经常要用到公式，而几乎所有的公式中会用到单元格的引用。根据单元格中的公式被复制到其他单元格后单元格的引用是否会改变，单元格的引用可分为相对引用、绝对引用、混合引用 3 种。

1）相对引用

相对引用也叫相对地址，它是直接用单元格的列标、行号表示的引用，如 A1、B5、C20 等。当把一个含有相对地址的公式复制到另一个新的位置时，公式中的相对地址会随之变化。在使用过程中，除了特别需要，一般是使用相对地址来引用单元格的内容。

2）绝对引用

绝对引用也叫绝对地址，它是分别在单元格的列标、行号前加上符号“$”表示的引用，如 $B$5、$C$20 等。当把一个单元格中含有绝对引用的公式复制到另一单元格后，公式中的绝对地址始终保持不变。

3）混合引用

既有绝对引用又有相对引用的引用称为混合引用，如 $B12、C$6 等。

2. 运算符

几乎所有的公式中会用到运算符，运算符用于对操作数进行运算。Excel 2019 中的运算符主要包括算术运算符、文本运算符、比较运算符。

1）算术运算符

算术运算符有：负号（-）、百分数（%）、乘幂（^）、乘（*）和除（/）、加（+）和减（-）。

运算优先级：上述算术运算符的运算优先级为由高到低。

2）文本运算符

Excel 2019 的文本运算符只有一个，即“&”。“&”的作用是将两个文本连接起来成为一个连续的文本。

例如，公式“=" 电子表格软件 "&" Excel 2019"”计算后的值为“电子表格软件 Excel 2019”。

又如，假设 B1 单元格中的文本为“不忘初心”，B2 单元格中的文本为“牢记使命”，则公式“=B1&B2”计算后的值为“不忘初心牢记使命”。

3）比较运算符

比较运算符有：等于（=）、小于（<）、大于（>）、小于等于（<=）、大于等于（>=）、不等于（<>）。

比较运算符用于比较两个值的大小或用于判定一个条件是否成立。比较的结果是一个逻辑值:“True”或“False”。“True”表示比较的条件成立,“False”表示比较的条件不成立。例如，公式“=80>78”的计算结果为逻辑值“True”。

3. 公式

Excel 2019 中的公式由数字、运算符、单元格引用、函数等组成。使用

学习笔记

单元格引用

在每个领域都有一些榜样的存在，如田径场的博尔特、篮球界的乔丹等。在 Excel 函数领域也有这样的角色，它们功能强大，知名度高，如查找匹配函数 VLOOKUP。只要努力去学习，它们强大的功能就可以为我们所用，相信你一定可以体会到它的美好。

学习笔记

公式可以对工作表中的数据进行加、减、乘、除等各种运算。在单元格中输入公式必须以等号“=”开头，如“=35+12*3”“=SUM(A1:C10)”等。当单元格中的公式输完并确认后，单元格中显示的是公式计算的结果，而在编辑栏中显示的是具体的计算公式。当引用单元格中的值发生变化后，公式计算结果将会自动更新。

公式输入完成后可按Enter键或单击编辑栏前的“输入”按钮✔进行确认。若要对公式进行修改，可在编辑栏中进行。公式中的所有非常量字符都应是英文字符。

例如，若要利用公式计算如图10-5所示工资表中的“实发数”列数据，可在F3单元格中输入公式“=B3+C3+D3+E3”，再拖动F3单元格的填充柄至F8即可。

公式的使用

	A	B	C	D	E	F
1	单位工资表					
2	职工姓名	固定工资	浮动工资	各种津贴	扣发数	实发数
3	张彦	205	50	380	50	
4	李笑	224	100	450	60	
5	许晓	265	200	320	45	
6	吴风	452	300	236	40	
7	赵海	205	203	420	70	
8	蔡莲	320	320	410	80	

图10-5　单位工资表

4. 函数

函数是Excel 2019预设的公式，使用它可以方便地完成复杂的运算。

函数操作的对象称为参数，参数可以是数字、文本、单元格引用、数组等，给定的参数必须能够产生有效的值。函数的计算规则称为语法。

Excel 2019内部函数包括财务函数、日期与时间函数、数学与三角函数、统计函数、数据库函数、文本函数、逻辑函数等。

函数可以在公式中直接输入，也可使用“插入函数”向导进行插入。

函数的使用

5. 公式或函数出错信息

如果输入的公式中有错误不能正确计算出结果时，在单元格中将显示一个以#开头的错误值。表10-1给出了错误值、产生错误的原因和简单示例。

常用函数介绍

表10-1　公式或函数常见出错信息

错误值	原因	示例
#DIV/0!	除法时除数为0	在B2单元格中输入公式“=5/0”
#VALUE!	各参数或运算对象类型不一致	在D3单元格中输入文字“五位一体”，在B3单元格中输入公式“=D3+5”
#NAME?	在公式中使用了不能识别的文本	在B4单元格中输入公式“=ab+8”。
#REF!	引用了无效的单元格	在D6单元格中输入公式“=A1+9”，将D6单元格中的公式复制到B5单元格中

用统计函数作数据分析

续表

错误值	原因	示例
#NUM!	在数学函数中使用了无效数字	在B6单元格中输入公式“=SQRT(-10)”
#N/A	公式或函数不可用	在B7单元格中输入公式“=RANK(A2,A2:A10)”。若A2单元格中没有输入数据，则导致函数RANK不可用
####	单元格所含的数字、日期或时间值的数据宽度比单元格宽	在B2单元格输入“2021-4-18”，减少B列宽度，可以发现该单元格显示成“####”

学习笔记

出错信息

拓展训练

完善职工年龄统计表

公司领导为了了解全公司员工的年龄构成情况，要求公司办公室制作一张公司职工年龄统计表。公司办公室完成了职工年龄的初始数据输入后，请求信息化中心小王帮忙完善职工年龄统计表数据，操作要求如下：

（1）在素材文件夹中找到并打开“职工年龄统计表.xlsx”，工作表“年龄统计表”中已有的数据清单如图 10-6 所示。

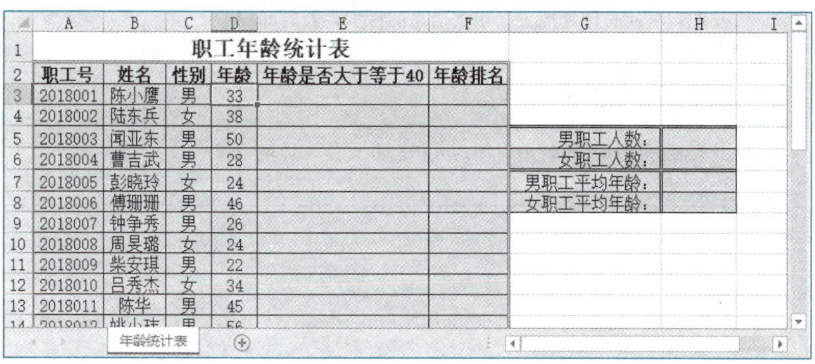

职工年龄统计表

职工号	姓名	性别	年龄	年龄是否大于等于40	年龄排名
2018001	陈小鹰	男	33		
2018002	陆东兵	女	38		
2018003	闻亚东	男	50		
2018004	曹吉武	男	28		
2018005	彭晓玲	女	24		
2018006	傅珊珊	男	46		
2018007	钟争秀	男	26		
2018008	周旻璐	女	24		
2018009	柴安琪	男	22		
2018010	吕秀杰	女	34		
2018011	陈华	男	45		

男职工人数：	
女职工人数：	
男职工平均年龄：	
女职工平均年龄：	

图10-6　工作表“年龄统计表”中原数据清单

（2）利用函数计算出表中各项统计值，完成后的效果如图 10-7 所示。

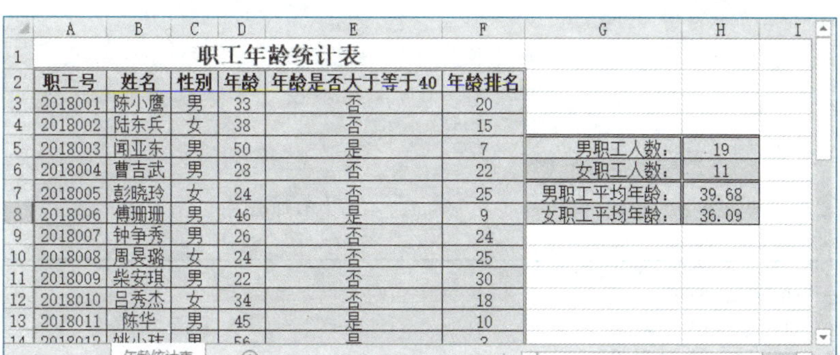

职工年龄统计表

职工号	姓名	性别	年龄	年龄是否大于等于40	年龄排名
2018001	陈小鹰	男	33	否	20
2018002	陆东兵	女	38	否	15
2018003	闻亚东	男	50	是	7
2018004	曹吉武	男	28	否	22
2018005	彭晓玲	女	24	否	25
2018006	傅珊珊	男	46	是	9
2018007	钟争秀	男	26	否	24
2018008	周旻璐	女	24	否	25
2018009	柴安琪	男	22	否	30
2018010	吕秀杰	女	34	否	18
2018011	陈华	男	45	是	10

男职工人数：	19
女职工人数：	11
男职工平均年龄：	39.68
女职工平均年龄：	36.09

图10-7　完成后的工作表“年龄统计表”中数据清单

评价反馈

公式和函数的使用综合评价反馈如表 10-2 所示。

表10-2 公式和函数的使用综合评价反馈

<table>
<tr><td>项目名称</td><td colspan="5"></td></tr>
<tr><td>项目人员</td><td colspan="5"></td></tr>
<tr><td>评价项目</td><td colspan="2">评价内容</td><td>分值</td><td>学生自评</td><td>小组评价</td></tr>
<tr><td rowspan="3">相关知识（20%）</td><td colspan="2">掌握了利用IF函数进行分等级、利用RANK函数进行排名的方法</td><td>8</td><td></td><td></td></tr>
<tr><td colspan="2">掌握了利用COUNTIF函数、COUNTIFS函数进行条件统计的方法</td><td>6</td><td></td><td></td></tr>
<tr><td colspan="2">掌握了利用SUMIF函数进行条件求和的方法</td><td>6</td><td></td><td></td></tr>
<tr><td rowspan="5">工作过程（80%）</td><td>计划方案</td><td>工作计划制订合理、科学</td><td>20</td><td></td><td></td></tr>
<tr><td>工作任务完成</td><td>能及时准确完成工作任务</td><td>20</td><td></td><td></td></tr>
<tr><td>自主学习</td><td>发现问题能有计划地进行相关信息的探索，及时和老师或同学讨论交流</td><td>20</td><td></td><td></td></tr>
<tr><td>工作态度</td><td>态度端正，工作认真、主动</td><td>10</td><td></td><td></td></tr>
<tr><td>职业素质</td><td>具有良好的计算机使用习惯，爱护公共设施，环境整齐、干净</td><td>10</td><td></td><td></td></tr>
<tr><td>自我总结</td><td colspan="5">学生签字：</td></tr>
<tr><td>教师评价</td><td colspan="5">教师签字：</td></tr>
</table>

A档：90分以上为A+，85～89分为A，80～84分为A−；
B档：75～79分为B+，70～74分为B，65～69分为B−；
C档：60～64分为C+，55～59分为C，50～54为分C−。

项目 11

图表分析展示数据

知识目标
（1）掌握图表的创建与编辑方法；
（2）掌握数据透视表与数据透视图的创建与编辑方法；
（3）掌握数据透视表中切片器的使用方法。

能力目标
（1）能根据需要生成漂亮、直观、合适的图表；
（2）能根据需要生成数据透视表与数据透视图；
（3）能根据需要为数据透视表插入相应的切片器。

素质目标
（1）通过学习 Excel 的图表功能，能在实际生活中灵活应用图表及数据透视表，培养创造性思维；
（2）激发对信息技术进一步学习的兴趣。

工作任务描述

GDP（gross domestic product，国内生产总值）是指按国家市场价格计算的一个国家（或地区）所有常住单位在一定时期内生产活动的最终成果，被公认为是衡量一个国家经济状况的最佳指标，它反映了一个国家的经济实力和市场规模。

2020 年受新冠肺炎疫情的影响，全球经历了 20 世纪 30 年代大萧条以来最为严重的经济衰退，各国纷纷采取各种措施应对疫情对经济可能带来的冲击和影响。全球疫情还在发展中，一些国家通过有效措施及时遏制疫情发展，已经开始重启经济，抓紧复工复产，但仍有不少国家的疫情还没有得到有效控制，国民经济遭受重创。2020 年全球经济总量约为 84.538 万亿美元，较 2019 年减少 2.061 万亿美元。

根据 2021 年 3 月 1 日国家统计局发布的数据，2020 年中国国内生产总值为 1015986 亿元，比上年增长 2.3%，按年度平均汇率折算约为 14.73 万亿美元，相当于美国的 70%，全球占比为 17.42%。中国也是 2020 年全球唯一实现经济正增长的主要经济体，国内生产总值也首次突破百万亿。

本任务要求利用 Excel 2019 的图表功能，对世界部分国家 2020 年、2019 年的 GDP 数据进行图表展示及统计分析。

要完成本任务，需要熟练掌握 Excel 2019 图表、数据透视表、数据透视图的功能及其创建与编辑的操作方法，明确什么效果该采用哪种图表。

本任务具体要求如下：

（1）打开素材文件夹中的工作簿文件“世界部分国家 GDP.xlsx”。

（2）根据工作表 Sheet1 中数据清单的国家、GDP（万亿美元）两列数据创建三维气泡图。

（3）设置该三维气泡图的图表布局为“布局 8”，图表样式为“样式 4”。

（4）在该三维气泡图下方添加标题“世界部分国家 GDP”，文字格式为“黑体、加粗、16 磅”，并设置图例位置显示在右侧。

（5）对该三维气泡图设置数据标签，使得标签包括 X 值、Y 值，标签位置靠下。

（6）取消三维气泡图的网络线，设置垂直轴的最小值为“-2”、最大值为“28”。

（7）根据工作表 Sheet2 中的数据清单创建数据透视图及数据透视表，存放在现有工作表“数据透视表”中，要求显示各洲 GDP 数据的汇总情况。

（8）设置所生成的数据透视图的图表布局为“布局 5”、图表样式为“样式 16”，图表标题改为“各洲 GDP 数据汇总”，坐标轴标题改为“万亿美元”。

（9）给所生成的数据透视表与数据透视图添加 2 张切片器，以便可以选择显示不同洲、不同国家的 GDP 数据图表。

（10）保存文件。

学习笔记

一图胜千言，图表是最直白的语言，更加便于人们的理解和记忆。

数据透视表是 Excel 数据分析的“终极武器”，它比函数更简便，只要你使用过它，你就一定会为它的效率惊叹！

图表的种类

实践操作

对世界部分国家 2020 年、2019 年的 GDP 数据进行图表展示及统计分析的工作流程见图 1-2。

1. 工作准备

（1）通过查询相关资料，收集 Excel 图表的相关知识，熟悉图表、数据透视表与数据透视图的功能及使用方法。

（2）上网查阅、收集有关世界各国 2020 年、2019 年的 GDP 数据素材，并确定所收集资料数据的正确性。

（3）阅读工作任务描述，结合目前你所收集到的 Excel 图表的相关知识及数据素材，分析该任务中将遇到的重点、难点问题。

引导问题：在 Excel 中如何为数据清单选择合适的图表？

小提示

图表需要根据具体数据组成情况进行选择，如果是展示数据的大小一般可选用柱状图或折线图，如果是展示占整体的比例一般可选用饼图或者圆环图形。

学习笔记

2. 工作计划

根据资料收集整理、生成的图表要求、文件导出等任务要求，制订一份简单的工作计划。

图表分析展示数据设计方案：

---

3. 工作实施

操作要点如下。

1）创建图表

选中数据清单中需生成图表的数据，单击“插入”选项卡“图表”选项组中的“插入散点图（X, Y）或气泡图”按钮，如图 11-1 所示，选择“三维气泡图”即可生成相应图表。

图11-1 “插入散点图（X, Y）或气泡图”按钮

2）更改图表布局及图表样式

（1）选中三维气泡图，单击“图表工具－图表设计”选项卡“图表布局”选项组的“快速布局”按钮，选择“布局 8”。

（2）单击“图表工具－图表设计”选项卡“图表样式”选项组的“样式 4”，如图 11-2 所示。

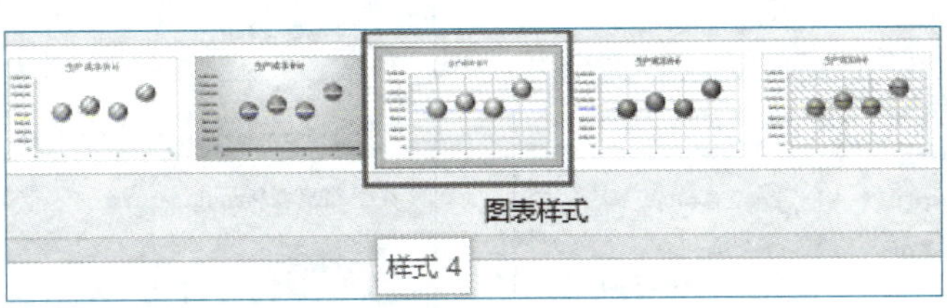

图11-2 “样式4”命令按钮

3）添加图表坐标轴标题及设置图例位置

为图表添加标题：先选中图表，在“图表工具－图表设计”选项卡“图表布局”选项组中单击“添加图表元素”按钮，在下拉列表中选择“坐标轴标题”，再选择“主要横坐标轴”或“主要纵坐标轴”，如图 11-3 所示，

虽然 Excel 内置了很多的图表类型，但是使用频率较高的恰恰是折线图、饼图这几种简单的类型。最易懂的图表才是数据可视化的目标，这才是我们制作图表的初心。

学习笔记

再输入标题文字即可。

为图表添加及设置图例位置：选中图表，在“图表工具－图表设计”选项卡“图表布局”选项组中单击“添加图表元素”按钮，在下拉列表中选择“图例”→“右侧”命令如图 11-4 所示。

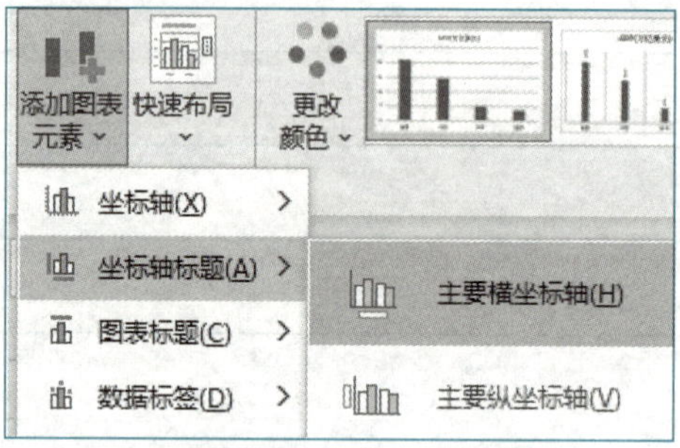

图11-3　“添加图表元素”命令按钮及下拉列表

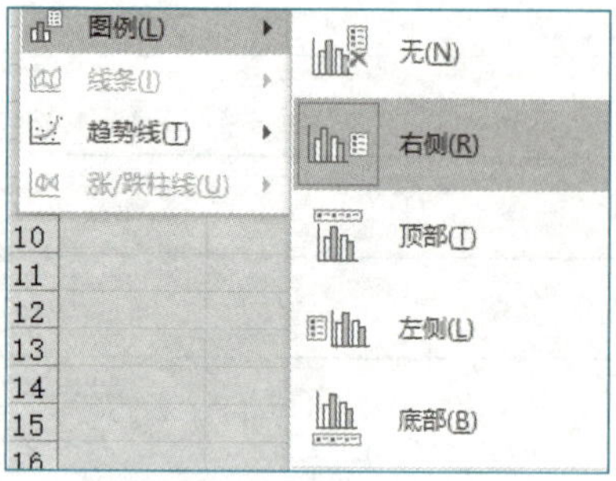

图11-4　“图例”下拉列表

4）设置数据标签

先选中图表，在“图表工具－图表设计”选项卡“图表布局”选项组中单击“添加图表元素”按钮，在下拉列表中选择“数据标签”，再选择相应数据标签类型即可，如图 11-5 所示。

若在“数据标签”下拉列表中选择“其他数据标签选项”，则将打开“设置数据标签模式”窗格，在该窗格中可对数据标签格式进行更细致的设置，如图 11-6 所示。

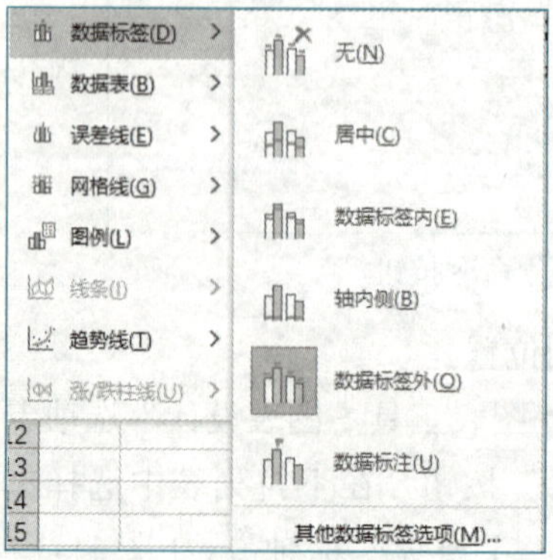

图11-5　“数据标签”下拉列表

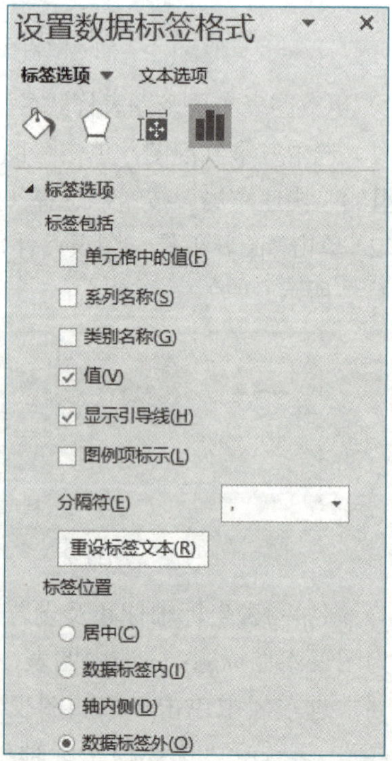

图11-6　“设置数据标签格式”窗格

5）取消图表的网络线

先选中图表，单击“图表工具－图表设计”选项卡“图表布局”选项组中的“添加图表元素”按钮，选择“网格线”，再选择需要取消的网络线即可，如图 11-7 所示。

6）设置垂直轴刻度

双击图表的“垂直（值）轴”，在弹出的“设置坐标轴格式”窗格中选择“坐标轴选项”选项卡，设置相应的刻度值即可，如图 11-8 所示。

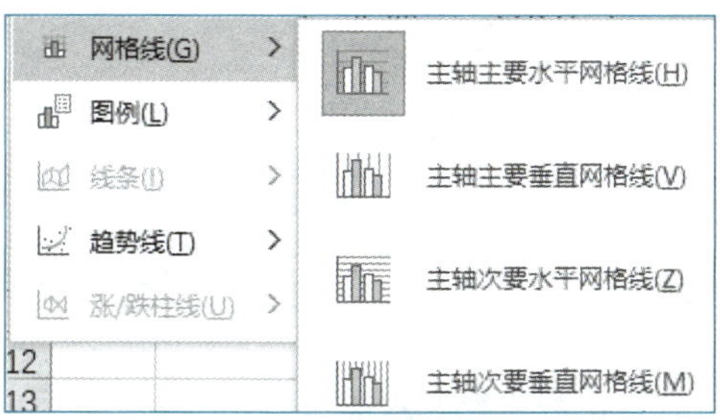

图11-7　“网格线”下拉列表

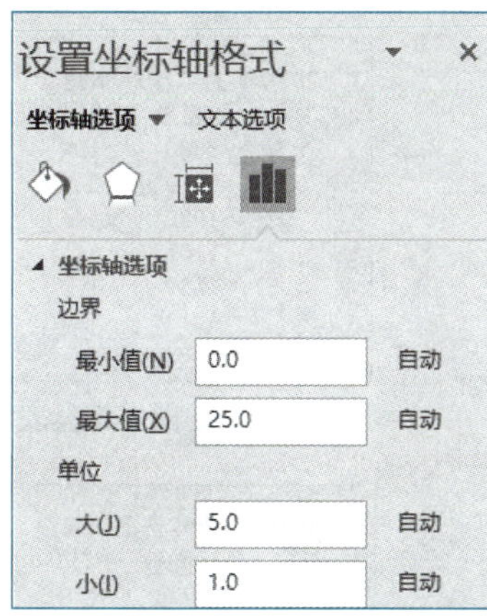

图11-8　“设置坐标轴格式”窗格

7）创建数据透视表及数据透视图

单击数据清单中的任一数据单元格，在“插入”选项卡“图表”选项组中单击“数据透视图”按钮，在“创建数据透视图”对话框中设置“表/区域”参数及数据透视表及数据透视图存放位置，单击“确定”按钮。在“数据透视图字段”窗格中，将所需字段分别拖到“轴（类别）”框中、“图例（系列）”框、“值”框中即可。

8）为数据透视表插入切片器

单击数据透视表中的任一单元格，单击“数据透视表工具－数据透视表分析”选项卡“筛选”选项组中的“插入切片器”按钮，在“插入切片器”对话框中选中切片器字段，单击“确定”按钮即可。

相关知识与基本操作

1. 图表的创建与编辑

在 Excel 2019 中可以方便地实现数据的图表化。通过图表能生动、形象地表示出枯燥、单调的数据组成情况，直观、清晰地显示出不同数据间的差异。

1）创建图表

创建图表是将单元格区域中的数据以图表的形式加以显示，从而可以

学习笔记

掌握数据透视表的操作固然值得欣喜，数据分析绝不仅是拖拖字段，会解读数据才是真本事，透过数据看本质，这才是数据透视真正的含义。

学习笔记

图表的创建与编辑

更直观地分析、观察数据。

例如，根据图 11-9 所示的产品销量的月份、销售比例这两列数据生成三维饼图。操作方法：同时选中“月份”列（A2:A8）、“销售比例”列（C2:C8）两列数据，单击“插入”选项卡“图表”选项组中的“插入饼图或圆环图”按钮，选择“三维饼图”（图 11-10），即在当前工作表中生成如图 11-11 所示的图表。

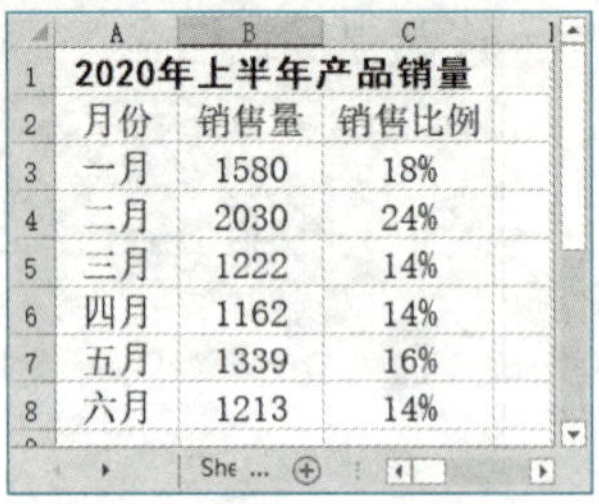

图11-9　图书销量表

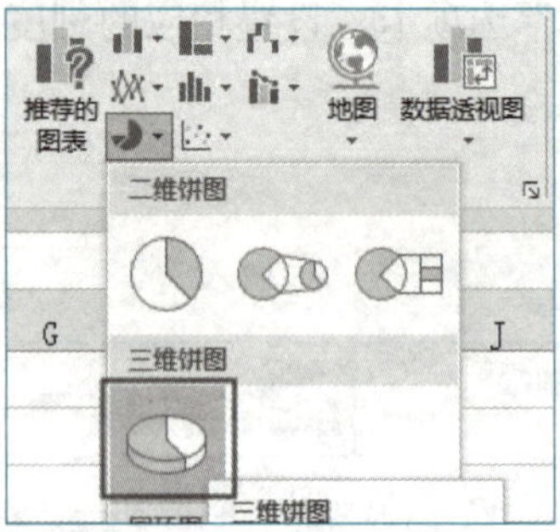

图11-10　“三维饼图”命令按钮

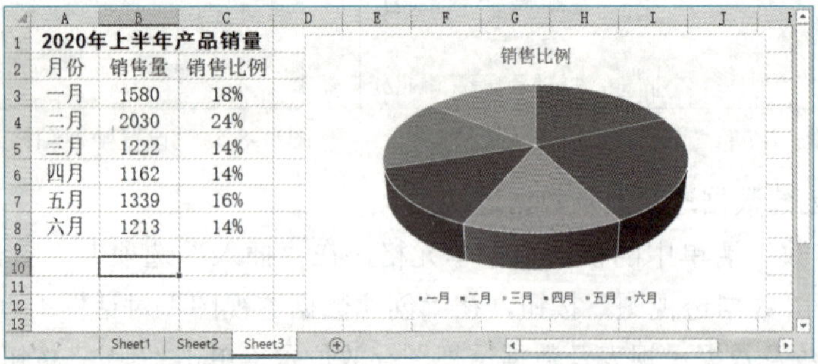

图11-11　三维饼图

2）编辑图表

创建图表之后，为了使图表具有更美观、更实用的效果，往往需要对图表进行编辑修改，如调整图表大小、为图表添加数据标签及改变图表布局、图表样式、文字格式、坐标轴刻度等，也可更改图表类型。

例如，要对所生成的图 11-11 所示的图表进行修改。要求：图表布局使用“布局 2”，图表样式使用“样式 8”，并使最大比例的颜色块单独显示。操作方法：单击图表，在“图表工具－图表设计”选项卡“图表布局”选项组中单击“快速布局”命令按钮，选择“布局 2”（图 11-12），在“图表工具－图表设计”选项卡“图表样式”选项组中选择“样式 8”，单击两次三维饼图中最大的颜色块并拖离饼图，最后效果如图 11-13 所示。

当数据图表生成之后，若修改了原数据清单中的数据，则图表中的相应对象会自动修改；反之，若修改了图表中的对象，数据清单中的相应数据也会自动更新。

要清除或删除图表，只要选中图表后，按 Delete 键即可，也可以用鼠标右击图表，在弹出的快捷菜单中选择“清除”或“剪切”命令。

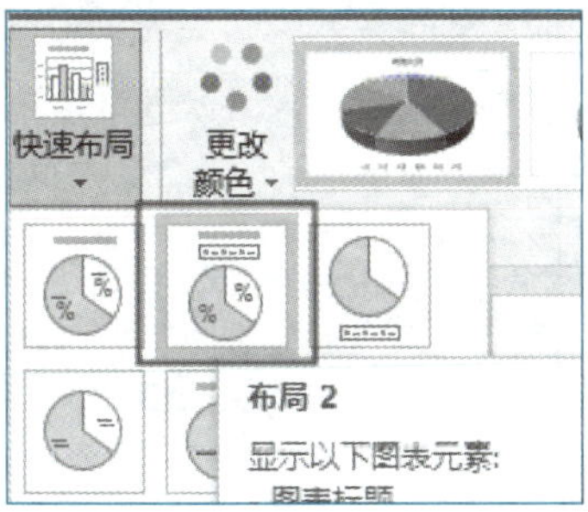

图11-12　“布局2”命令按钮

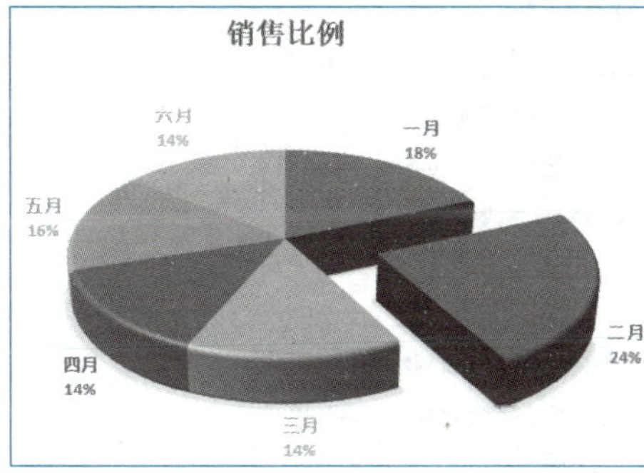

图11-13　修改后的三维饼图

2. 数据透视表及数据透视图的创建

数据透视表是对数据清单中的数据进行汇总、统计的数据分析工具，是一种交互式的分析表格。数据透视图是以图表的形式直观地显示出数据透视表中的数据，方便对数据进行分析。

例如，根据如图 11-14 所示的停车情况数据清单创建数据透视表及数据透视图，以便显示每种车型、每种单价的收费汇总情况。操作方法：单击数据清单中的任一数据单元格，单击“插入”选项卡“图表”选项组的“数据透视图”按钮（图 11-15），在“创建数据透视图”对话框中设置“表 / 区域”参数及数据透视表及数据透视图存放位置（图 11-16），单击“确定”按钮。在“数据透视图字段”窗格中，将“车型”字段拖到“轴（类别）”框中，将“单价”字段拖到“图例（系列）”框中，将“应付金额”字段拖到“值”框中，如图 11-17 所示。所生成的数据透视表及数据透视图如图 11-18 所示。

停车情况记录表

车牌号	车型	单价	入库时间	出库时间	停放时间	应付金额
浙A12345	小汽车	5	8:12:25	11:15:35	3:03:10	15
浙A32581	大客车	10	8:34:12	9:32:45	0:58:33	10
浙A21584	中客车	8	9:00:36	15:06:14	6:05:38	48
浙A66871	小汽车	5	9:30:49	15:13:48	5:42:59	30
浙A51271	中客车	8	9:49:23	10:16:25	0:27:02	8
浙A54844	大客车	10	10:32:58	12:45:23	2:12:25	20
浙A56894	小汽车	5	10:56:23	11:15:11	0:18:48	5
浙A33221	中客车	8	11:03:00	13:25:45	2:22:45	24

Sheet5　Sheet6　Sheet2

图11-14　停车收费表数据清单

图11-15　“数据透视图”按钮

学习笔记

数据透视表及数据透视图的创建

学习笔记

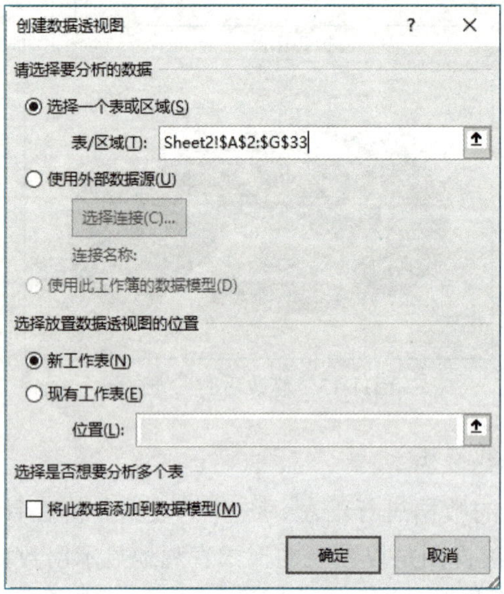

图11-16　“创建数据透视图”对话框

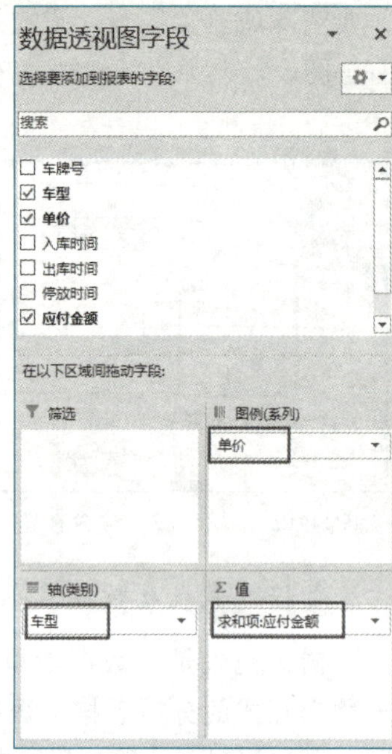

图11-17　“数据透视图字段”窗格

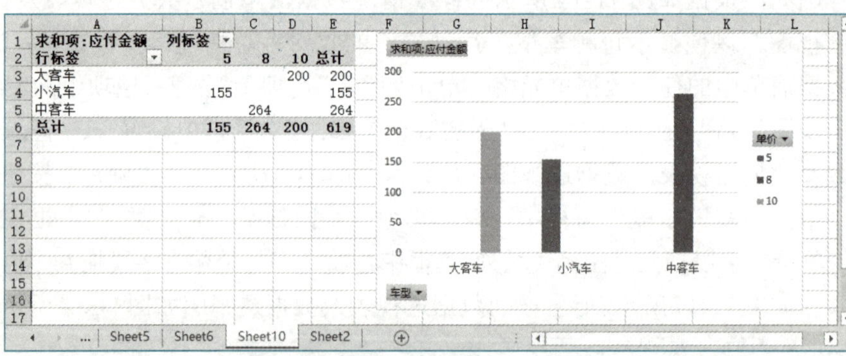

图11-18　数据透视表及数据透视图

3. 数据透视表中切片器的使用

切片器是 Excel 2019 数据透视表功能的延伸和补充，它是数据透视表的一种筛选组件，能够快速地筛选出数据透视表中的所需数据。

例如，要对所生成的如图 11-18 所示的数据透视表及数据透视图添加一个“车型”切片器，以便能分别选择显示每种车型的数据透视表及数据透视图。操作方法：单击数据透视表中的任一单元格，单击“数据透视表工具 - 数据透视表分析”选项卡“筛选”选项组的“插入切片器”按钮（图 11-19），在“插入切片器”对话框中选中字段“车型”，单击“确定”按钮，在“车型”切片器中单击选中“小汽车”，结果如图 11-20 所示。

图11-19　“插入切片器”按钮

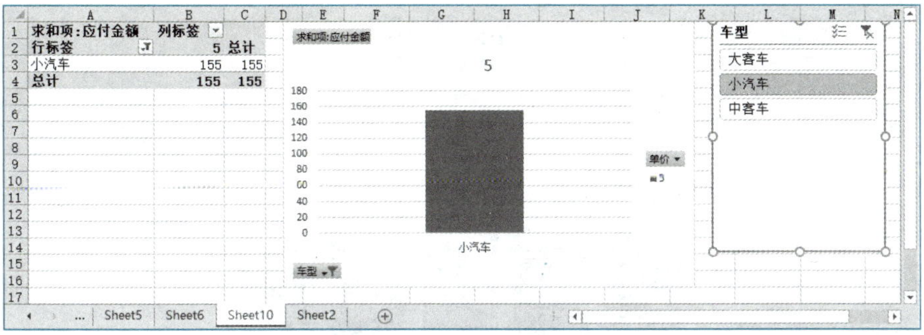

图11-20　使用切片器后结果

拓展训练

书籍销售周报表图表分析

购书中心销售经理根据上周图书的销售情况已经制作好“书籍销售周报表”，为了直观、清晰地显示出各销售数据的构成情况，请你根据销售数据创建相应的图表及数据透视表和数据透视图，操作要求如下：

（1）在素材文件夹中找到并打开“书籍销售周报表.xlsx”，在工作表“销售清单”中已有的数据清单如图 11-21 所示。

	A	B	C	D	E	F	G	H
1	书籍销售周报表							
2	图书名称	类 别	星期一	星期二	星期三	星期四	星期五	小 计
3	模拟电子技术基础	电子电工	93	86	8	174	88	449
4	电子电路基础II	电子电工	148	79	28	136	97	488
5	电路原理（乙）	电子电工	45	114	58	89	82	388
6	电工电子学实验	电子电工	83	158	70	145	126	582
7	电子电路基础实验II	电子电工	144	107	171	187	85	694
8	电工电子学及实验	电子电工	91	53	180	6	21	351
9	模拟电子技术基础实验	电子电工	90	182	182	102	148	704
10	过程工程原理及实验	工程机械	201	83	11	12	99	406
11	工程图学	工程机械	116	21	24	185	96	442
12	过程工程原理（甲）I	工程机械	55	75	48	128	46	352
13	机械设计基础（甲）	工程机械	119	44	79	23	120	385
14	机械制图及CAD基础	工程机械	187	182	121	109	67	666
15	工程材料实验	工程机械	97	27	128	134	134	520
16	机械设计（乙）	工程机械	12	20	135	93	24	284

销售清单　汇总　Sheet3

图11-21　工作表“销售清单”中数据清单

（2）将工作表“销售清单”中数据清单的第 2 行和“合计”行复制到工作表“汇总”中，并删除“类别”列及“小计”列。

（3）根据工作表“汇总”中的数据清单生成二维簇状柱形图。

（4）设置图表的图例项为“星期一、星期二、星期三、星期四、星期五”，图例位置位于底部。

（5）图表标题改为“图书合计”，设置垂直轴的最小值为 5000。

（6）设置图表数据标签，数据标签格式为值和类别名称、分隔符用空格。

（7）设置图表的图表样式为“样式 14”。

（8）将图表置于 A4:G18 的区域，效果如图 11-22 所示。

学习笔记

学习笔记

一个好演员不只会演一种角色，一个全面的员工不只会一种技能。同样，数据透视表分析数据绝不只是字段的搭配组合，聪明好学的你是否对透视表的“分页报表”“多表合并”“组合功能”也有兴趣呢？

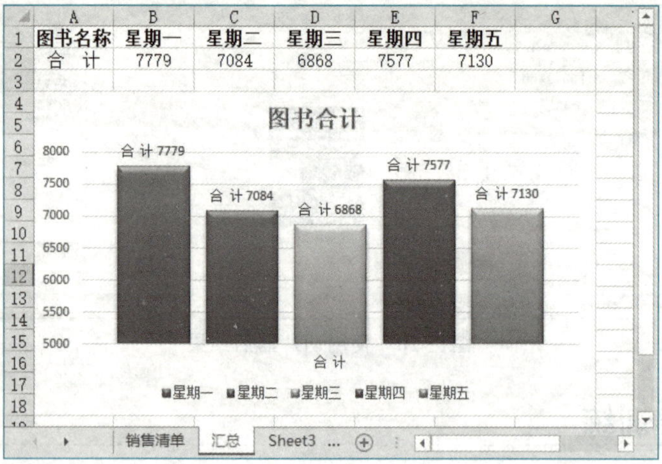

图11-22 二维簇状柱形图最后效果

（9）根据工作表“销售清单”中的数据清单（标题行及合计行除外）创建数据透视图及数据透视表，存放在现有工作表Sheet3中，要求显示每种书籍类型的销售数据汇总情况。

（10）把数据透视图的类型改为“三维饼图”，图表布局设为“布局1”。

（11）给数据透视表与数据透视图添加切片器，以便可以选择显示不同书籍类型的销售数据汇总数据图表，效果如图11-23所示。

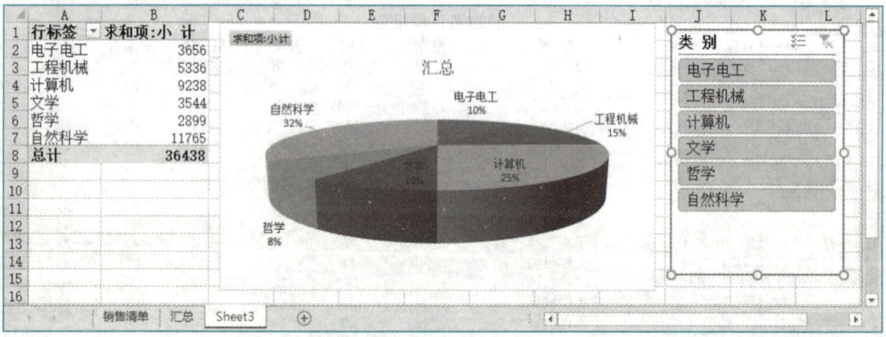

图11-23 数据透视表、数据透视图、切片器最后效果

评价反馈

图表分析展示数据综合评价反馈如表 11-1 所示。

表11-1　图表分析展示数据综合评价反馈

<table>
<tr><td>项目名称</td><td colspan="5"></td></tr>
<tr><td>项目人员</td><td colspan="5"></td></tr>
<tr><td>评价项目</td><td colspan="2">评价内容</td><td>分值</td><td>学生自评</td><td>小组评价</td></tr>
<tr><td rowspan="3">相关知识（20%）</td><td colspan="2">掌握了创建数据透视表及数据透视图的方法</td><td>8</td><td></td><td></td></tr>
<tr><td colspan="2">掌握了创建图表及编辑图表的方法</td><td>6</td><td></td><td></td></tr>
<tr><td colspan="2">掌握了数据透视表中切片器的具体应用</td><td>6</td><td></td><td></td></tr>
<tr><td rowspan="5">工作过程（80%）</td><td>计划方案</td><td>工作计划制订合理、科学</td><td>20</td><td></td><td></td></tr>
<tr><td>工作任务完成</td><td>能及时准确完成工作任务</td><td>20</td><td></td><td></td></tr>
<tr><td>自主学习</td><td>发现问题能有计划地进行相关信息的探索，及时和老师或同学讨论交流</td><td>20</td><td></td><td></td></tr>
<tr><td>工作态度</td><td>态度端正，工作认真、主动</td><td>10</td><td></td><td></td></tr>
<tr><td>职业素质</td><td>具有良好的计算机使用习惯，爱护公共设施，环境整齐、干净</td><td>10</td><td></td><td></td></tr>
<tr><td>自我总结</td><td colspan="5">学生签字：</td></tr>
<tr><td>教师评价</td><td colspan="5">教师签字：</td></tr>
</table>

A档：90分以上为A+，85～89分为A，80～84分为A−；
B档：75～79分为B+，70～74分为B，65～69分为B−；
C档：60～64分为C+，55～59分为C，50～54为分C−。

学习笔记

项目 12

数据处理

知识目标 （1）熟悉数据清单的概念；

（2）掌握记录的排序操作；

（3）掌握记录的筛选操作；

（4）掌握记录的分类汇总操作。

能力目标 （1）能根据需要正确选用合适的命令；

（2）能熟练使用各种操作命令对数据进行筛选、统计、分析。

素质目标 （1）通过学习 Excel 各种操作命令的功能，在生活中能灵活应用相应命令解决实际的数据处理问题，培养创造性思维；

（2）激发对信息技术进一步学习的兴趣。

工作任务描述

2021 年 4 月，国际货币基金组织（International Monetary Fund，IMF）公布了 2020 年度世界各国人均 GDP。受新冠肺炎疫情影响，2020 年世界经济遭受了自 2008 年金融危机以来最严重的打击，绝大多数国家出现了不同程度的衰退。

2020 年世界人均 GDP 排名第一的国家是卢森堡，达 116921 美元，排最后一名的国家是布隆迪，仅 254 美元。世界各国人均 GDP 从 10 万美元到 200 美元，各国发展程度天差地别，层次分明，创建人类命运共同体的进程任重而道远。

2020 年我国人均 GDP 是 1.0484 万美元，人均 GDP 排名全球第 63 位。

本任务要求对如图 12-1 所示的“2020 年世界各国人均 GDP（美元）”数据清单进行相应的数据统计与分析操作。

要完成本任务，需要熟练掌握 Excel 2019 的排序、筛选、高级筛选、分类汇总的功能及操作方法，明确采用哪种命令能进行何种操作。

本任务具体要求如下：

（1）打开素材文件夹中的工作簿文件“世界各国人均 GDP.xlsx”。

（2）把工作表 Sheet1 中的数据清单分别复制到工作表 Sheet2 ～ Sheet9 中。

学习笔记

排名	国家	所在洲	人均GDP
1	卢森堡	欧洲	116921
2	瑞士	欧洲	86849
3	爱尔兰	欧洲	83850
4	挪威	欧洲	67176
5	美国	美洲	63416
6	丹麦	欧洲	60494
7	冰岛	欧洲	59634
8	新加坡	亚洲	58902
9	澳大利亚	大洋洲	52825
10	荷兰	欧洲	52248
11	卡塔尔	亚洲	52144
12	瑞典	欧洲	51796

图12-1 “2020年世界各国人均GDP（美元）”数据清单

（3）对工作表 Sheet2 中的数据清单按所在洲数据进行升序排序。

（4）对工作表 Sheet3 中的数据清单按所在洲数据进行升序、人均 GDP 的降序排列。

（5）对工作表 Sheet4 中的数据清单按“亚洲、欧洲、美洲、非洲、大洋洲”的顺序排序。

（6）对工作表 Sheet5 中的数据清单利用自动筛选命令，筛选出亚洲且排名在世界前 30 的国家。

（7）对工作表 Sheet6 中的数据清单利用自动筛选命令，筛选出亚洲和美洲中世界排名在前 20 的国家。

（8）对工作表 Sheet7 中的数据清单高级筛选，筛选出人均 GDP 在 10000 到 12000 之间或者世界排名在前 5 的国家。

（9）对工作表 Sheet8 中的数据清单利用分类汇总命令，统计出各洲及所有洲的人均 GDP 平均值，结果显示为第 2 级。

（10）对工作表 Sheet9 中的数据清单利用分类汇总命令，统计出各洲及全世界的国家数量（显示在“所在洲”列），结果显示为第 2 级。

（11）保存文件。

实践操作

对“2020 年世界各国人均 GDP（美元）”数据清单进行相应的数据统计与分析的工作流程见图 1-2 。

1. 工作准备

（1）通过查询相关资料，收集 Excel 数据处理的相关知识，熟悉各操作命令的功能及使用方法。

（2）上网查阅、收集有关 2020 年世界各国人均 GDP 的数据素材，并确定所收集资料数据的正确性。

（3）阅读工作任务描述，结合目前你所收集到的Excel数据处理的相关知识及数据素材，分析该任务中将遇到的重点、难点问题。

学习笔记

引导问题： 自动筛选和高级筛选的区别是什么？

小提示

在Excel 2019中，“数据”选项卡“排序和筛选”选项组中的“筛选”命令通常称为自动筛选，“高级”命令就是高级筛选。

1. 自动筛选的特点

（1）自动筛选操作相对较为简单，一般用于简单的条件筛选，筛选结果是将不满足条件的记录暂时隐藏起来，只显示符合条件的记录，其应用范围相对较窄。

（2）自动筛选不保留原有的数据清单，而是在原数据清单位置显示出符合条件的记录。

（3）自动筛选只能在固定的列中进行筛选。

2. 高级筛选的特点

（1）高级筛选可以进行较为复杂条件的筛选，可以在原数据清单位置显示符合条件的记录，也可以将符合条件的记录显示在工作表的其他位置。

（2）高级筛选的关键是根据筛选条件正确设置条件区域。条件区域由条件标记和条件值构成，条件标记与数据清单的列标记（字段）相同，可以直接从数据清单中复制过来，条件值则需要根据筛选条件进行设置。对于复杂条件的高级筛选，正确设置条件区域是一个难点。

（3）高级筛选可以自由选择筛选区域。

2. 工作计划

根据资料收集整理、数据处理要求、文件导出等任务要求，制订一份简单的工作计划。

数据处理设计方案：

3. 工作实施

操作要点如下。

1）复制数据清单

选中工作表Sheet1中的数据清单，单击“开始”选项卡“剪贴板”选

学习笔记

记录排序演示

项组中的“复制”按钮，选中工作表 Sheet2 中的 A1 单元格，单击“开始”选项卡“剪贴板”选项组中的“粘贴”按钮。用同样的方法把工作表 Sheet1 中的数据清单分别复制到工作表 Sheet3 ～ Sheet9 中。

2）完成数据按各种类型的排序

若按某一字段的值进行排序，只需要单击选中该字段下的任意一数据单元格，再单击“数据”选项卡“排序和筛选”选项组中的“升序”按钮或“降序”按钮即可。

若按多个字段的值进行排序，则先单击选中数据清单中的任意一数据单元格，再单击“数据”选项卡“排序和筛选”选项组中的“排序”按钮，在打开的“排序”对话框中，通过单击“添加条件”按钮根据需要添加多个排序条件行，在每个排序条件行中设置好排序字段、排序次序，然后单击“确定”按钮即可。

借助排序，可以把一张凌乱的表格梳理得井井有条，更易于阅读。

若只是数据清单中的部分记录参加排序，则应先选择参加排序的数据记录区域，再单击“数据”选项卡“排序和筛选”选项组中的“排序”按钮，设置好排序条件后，单击“确定”按钮。

若排序方式是按某序列排序。例如，对工作表 Sheet4 中的数据清单按“亚洲、欧洲、美洲、非洲、大洋洲”顺序排序。

操作方法：

（1）选中工作表 Sheet4 数据清单中的任一数据单元格，单击“数据”选项卡“排序和筛选”选项组中的“排序”按钮，打开“排序”对话框，主要关键字选择“所在洲”，排序次序选择“自定义序列”，在“自定义序列”对话框的“输入序列：”框中输入排序序列“亚洲，欧洲，美洲，非洲，大洋洲”，如图 12-2 所示。

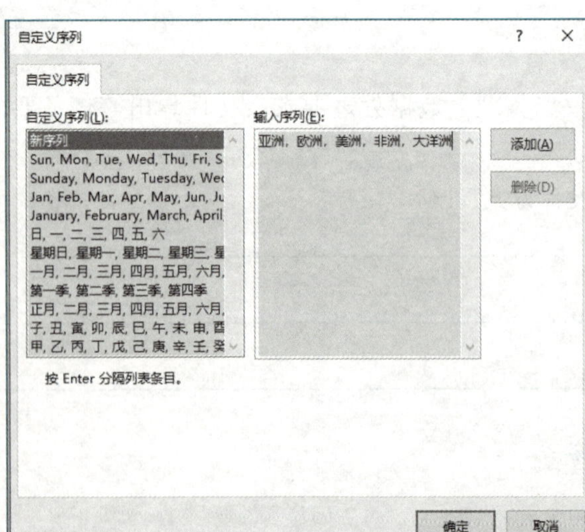

图12-2　“自定义序列”对话框

学习笔记

（2）单击“添加”按钮，选中排序序列“亚洲，欧洲，美洲，非洲，大洋洲”，单击“确定”按钮返回“排序”对话框，再次单击“确定”按钮，完成自定义序列的排序。

3）利用自动筛选

分别在工作表 Sheet5、Sheet6 中筛选出亚洲中世界排名前 30 的国家与亚洲和美洲中世界排名在前 20 的国家。

4）利用高级筛选

在工作表 Sheet7 中筛选出人均 GDP 在 10000 到 12000 之间或者世界排名前 5 的国家。

在工作表 Sheet7 的一空白区域（如 C208:E210）设置好条件区域（图 12-3），单击数据清单中的任一单元格，再单击“数据”选项卡“排序和筛选”选项组中的“高级”按钮，在高级筛选对话框中设置好列表区域和条件区域（图 12-4），单击“确定”按钮完成高级筛选。

在繁杂的数据中用肉眼寻找某类信息只会加深你的眼镜度数，“筛选”功能可以过滤多余的干扰，将需要的数据直接呈现在你的眼前。

	C	D	E
207			
208	人均GDP	人均GDP	排名
209	>10000	<12000	
210			<=5

图12-3　“人均GDP在10000到12000之间或者世界排名前5”的条件区域

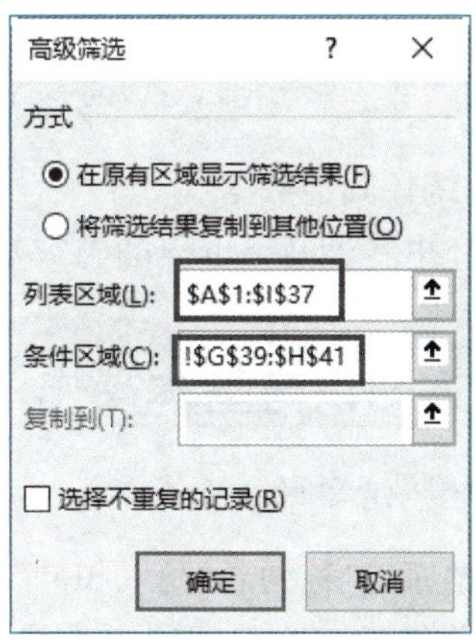

图12-4　“高级筛选”对话框中设置的参数

小提示

说明：同一行中输入条件，表示条件之间的关系为“且”关系，不同行中输入条件，表示条件之间的关系为“或”关系。

5）利用分类汇总命令，统计出各洲的人均 GDP 平均值

（1）对工作表 Sheet8 的数据清单按“所在洲”列数据进行排序（如降序排序）。

（2）单击数据清单的任一单元格，单击“数据”选项卡“分级显示”选项组中的“分类汇总”按钮，在“分类汇总”对话框中设置好分类字段、汇总方式、选定汇总项（图 12-5），单击“确定”按钮。单击左上角级别“2”按钮完成结

学习笔记

果的分级显示。

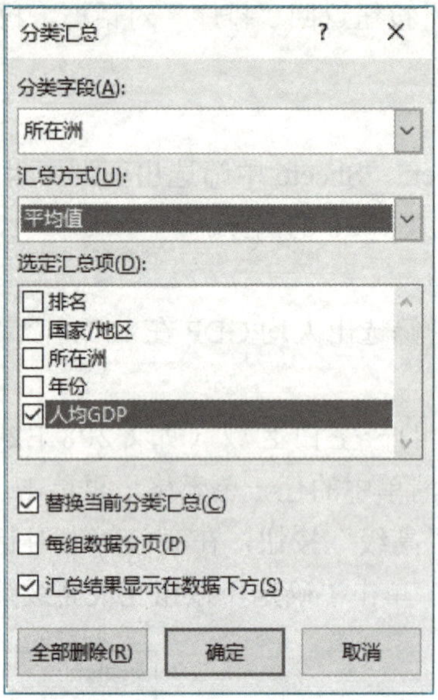

图12-5 “分类汇总”对话框中设置的参数

分类汇总和分级显示

6）统计其他数据

统计出各洲及全世界的国家数量（显示在“所在洲”列）。

相关知识与基本操作

1. 数据清单的概念

数据库（也称为表）是以相同结构方式存储的数据集合。在Excel 2019中，数据清单作为一个数据库来看待。数据清单应是一连续的数据区域，数据清单的第一行称为标题行，由字段名组成。除标题行外，数据清单中的每一行数据称为一条记录，每条记录中包含信息内容的各项称为字段。

数据排序的方法

2. 记录排序

记录排序是指对数据清单的数据记录按某一标准重新排列。若字段值是文本，则按ASCII或内码进行排序；若是汉字则默认按第一个汉字拼音的首字母进行排序，也可以设置按汉字笔画进行排序。

3. 自动筛选

通过筛选，可显示数据清单中符合特定条件的记录，而把不符合条件的记录暂时隐藏起来，从而快速而又方便地查找到所需记录。对于筛选后的记录，可直接进行复制、查找、编辑、设置格式、制作图表和打印等操作。

例如，需要对家电销售统计数据清单中的记录进行筛选，要求筛选出销售总额大于等于50000且数量大于25的记录。操作方法：单击数据清单中的任一单元格，单击“数据”选项卡“排序和筛选”选项组中的“筛选”按钮（图12-6），此时在数据清单中的每个字段后都将出现筛选条件设置按钮，如图12-7所示。单击“销售总额”字段的筛选条件设置按钮，选择“数字筛选”选项，在“数字筛选”子菜单中选择“大于或等于”（图12-8），在“自定义自动筛选方式”对话框的大于或等于后的文本框中输入“50000”（图12-9），单击“确定”按钮。类似的方法再设置筛选条件“数量大于25”，筛选后的结果如图12-10所示。

学习笔记

自动筛选和高级筛选

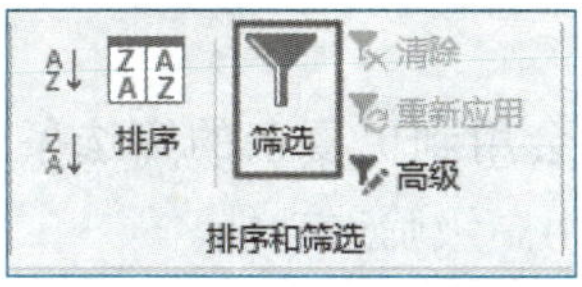

图12-6　“筛选”按钮

	A	B	C	D	E	F	G
1	日期	地区	产品	型号	数量	单价	销售总额
2	2020/9/12	广州	音响	JP-001	33	8000	264000
3	2020/9/12	广州	音响	JP-002	23	8200	188600
4	2020/9/12	广州	洗衣机	AQH-01	18	1600	28800
5	2020/9/12	上海	洗衣机	AQH-02	20	1800	36000
6	2020/9/12	北京	微波炉	NN-K01	43	4050	174150
7	2020/9/12	北京	微波炉	NN-K02	25	4150	103750
8	2020/9/12	北京	微波炉	NN-K03	20	4200	84000
9	2020/9/12	上海	微波炉	NN-K04	23	4100	94300
10	2020/9/12	北京	电冰箱	RS-201	30	1690	50700
11	2020/9/12	北京	电冰箱	RS-202	19	1290	24510

图12-7　带筛选条件设置按钮的数据清单

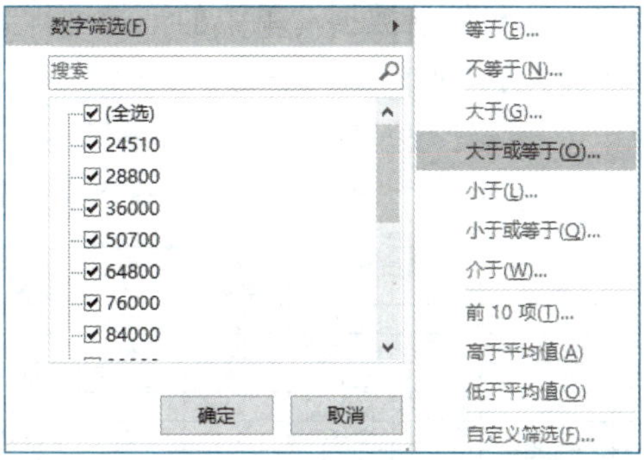

图12-8　“数字筛选”子菜单

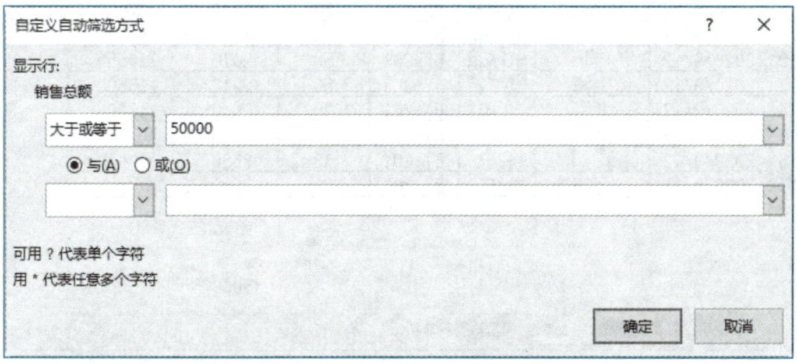

图12-9　“自定义自动筛选方式”对话框

学习笔记

	A	B	C	D	E	F	G
1	日期	地区	产品	型号	数量	单价	销售总额
2	2020/9/12	广州	音响	JP-001	33	8000	264000
6	2020/9/12	北京	微波炉	NN-K01	43	4050	174150
7	2020/9/12	北京	微波炉	NN-K02	25	4150	103750
10	2020/9/12	北京	电冰箱	RS-201	30	1690	50700
12	2020/9/12	广州	电冰箱	BY-301	55	2010	110550
13	2020/9/12	上海	电冰箱	BY-302	50	2310	115500
18							
19							

家电销售统计表 特定顺序排序 ...

图12-10 自动筛选后的结果

4. 高级筛选

在实际应用中，常常会用到更复杂的筛选条件，利用自动筛选可能已无法完成，这时就需要使用高级筛选功能。

要使用高级筛选，首先应在工作表中空白区域根据筛选条件设置好条件区域。条件区域的首行中包含的字段名必须与相应数据清单中的字段名一致，但条件区域内不一定包含数据清单中的所有字段名。条件区域的字段名下面至少有一行用来定义相应字段的筛选条件。

各个字段间的条件关系分为“与”和“或”两种。

设置“与”复合条件：设置条件区域时，如果在各字段名下方的同一行中输入条件，那么系统会认为所有条件都成立时，才算符合筛选条件。

设置“或”复合条件：设置条件区域时，如果分别在各字段名下方的不同行中输入条件，则系统会认为只要符合其中任何一个条件就算符合筛选条件。

例如，需要对家电销售统计数据清单中的记录进行高级筛选，筛选条件：数量大于 30 或单价大于 5000。操作方法：在一空白区域设置好条件区域（图 12-11），单击家电销售统计数据清单中的任一单元格，再单击“数据”选项卡“排序和筛选”选项组中的“高级”按钮，在“高级筛选”对话框中设

	A	B	C	D	E	F	G
1	日期	地区	产品	型号	数量	单价	销售总额
2	2020/9/12	广州	音响	JP-001	33	8000	264000
3	2020/9/12	广州	音响	JP-002	23	8200	188600
4	2020/9/12	广州	洗衣机	AQH-01	18	1600	28800
5	2020/9/12	上海	洗衣机	AQH-02	20	1800	36000
6	2020/9/12	北京	微波炉	NN-K01	43	4050	174150
7	2020/9/12	北京	微波炉	NN-K02	25	4150	103750
8	2020/9/12	北京	微波炉	NN-K03	20	4200	84000
9	2020/9/12	上海	微波炉	NN-K04	23	4100	94300
10	2020/9/12	北京	电冰箱	RS-201	30	1690	50700
11	2020/9/12	北京	电冰箱	RS-202	19	1290	24510
12	2020/9/12	广州	电冰箱	BY-301	55	2010	110550
13	2020/9/12	上海	电冰箱	BY-302	50	2310	115500
14	2020/9/12	北京	彩电	BJ-201	20	5900	118000
15	2020/9/12	北京	彩电	BJ-202	15	6200	93000
16	2020/9/12	广州	彩电	BJ-101	18	3600	64800
17	2020/9/12	上海	彩电	BJ-102	20	3800	76000
18							
19					数量	单价	
20					>30		
21						5000	

家电销售统计表 特定顺序排序 ...

图12-11 条件区域

置好列表区域和条件区域（图 12-12），单击“确定”按钮。高级筛选后的结果如图 12-13 所示。若筛选条件改成“数量大于 30 且单价大于 5000”，则只需要把条件区域改成如图 12-14 所示的即可；若筛选条件改成“数量大于 30 且小于 40，或单价大于 5000”，则只需要把条件区域改成如图 12-15 所示的即可。

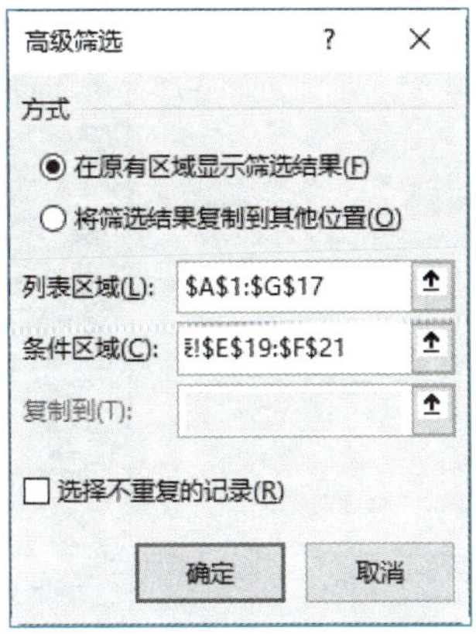

图12-12 “高级筛选”对话框

	A	B	C	D	E	F	G
1	日期	地区	产品	型号	数量	单价	销售总额
2	2020/9/12	广州	音响	JP-001	33	8000	264000
6	2020/9/12	北京	微波炉	NN-K01	43	4050	174150
12	2020/9/12	广州	电冰箱	BY-301	55	2010	110550
13	2020/9/12	上海	电冰箱	BY-302	50	2310	115500
18							
19					数量	单价	
20					>30		
21						5000	
22							

家电销售统计表　特定顺序排序 …

图12-13 高级筛选结果

数量	单价
>30	5000

图12-14 条件“数量大于30且单价大于5000”的条件区域

数量	数量	单价
>30	<40	
		5000

图12-15 条件“数量大于30且小于40，或单价大于5000”的条件区域

5. 分类汇总

在数据清单中，对记录按某一字段的内容进行分类，即把该字段值相同的记录归为一类，然后对每一类作出统计（如求和、求平均值、计数等）的操作叫分类汇总。

用户在使用分类汇总前，必须先对数据清单中按要分类汇总的字段进行排序，从而使相同字段值的记录排列在相邻的行中，以便于正确显示分类汇总结果。

例如，对家电销售统计数据清单进行分类汇总，要求统计出销售总额之和及各产品的销售总额之和。操作方法：对数据清单按产品列数据进行排

学习笔记

学习笔记

序（如降序排序），单击数据清单的任一单元格，单击“数据”选项卡“分级显示”选项组中的“分类汇总”按钮（图 12-16），在“分类汇总”对话框中设置好分类字段、汇总方式、选定汇总项（图 12-17），单击“确定”按钮，分类汇总后的效果如图 12-18 所示。

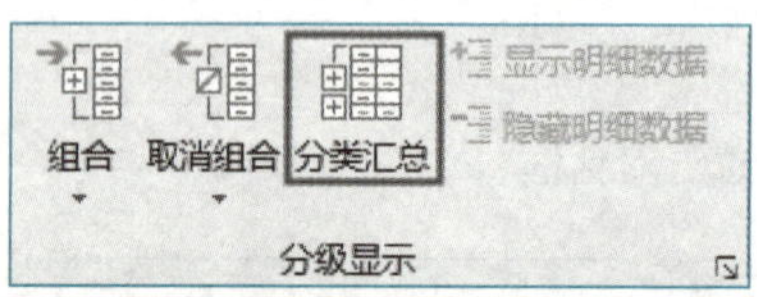

图12-16 “分类汇总”按钮

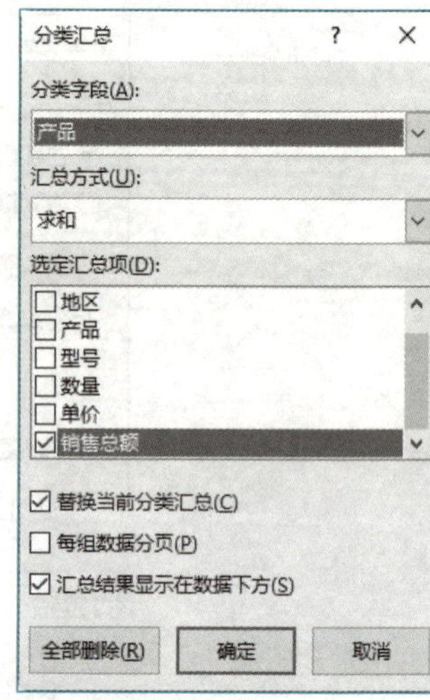

图12-17 “分类汇总”对话框

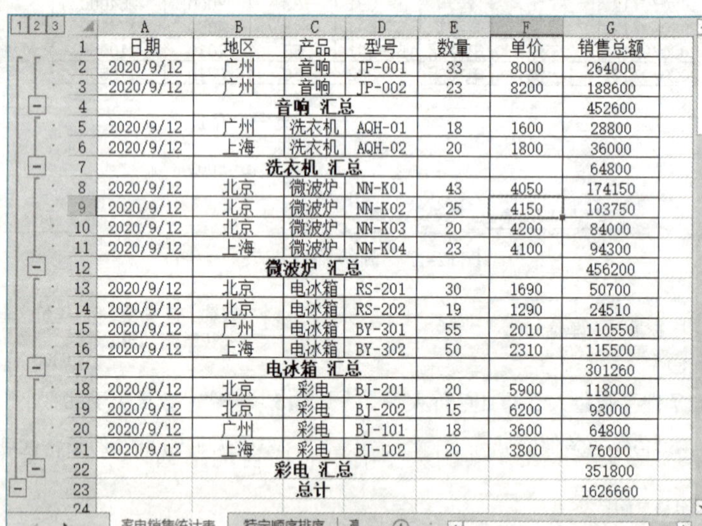

	A	B	C	D	E	F	G
1	日期	地区	产品	型号	数量	单价	销售总额
2	2020/9/12	广州	音响	JP-001	33	8000	264000
3	2020/9/12	广州	音响	JP-002	23	8200	188600
4			音响 汇总				452600
5	2020/9/12	广州	洗衣机	AQH-01	18	1600	28800
6	2020/9/12	上海	洗衣机	AQH-02	20	1800	36000
7			洗衣机 汇总				64800
8	2020/9/12	北京	微波炉	NN-K01	43	4050	174150
9	2020/9/12	北京	微波炉	NN-K02	25	4150	103750
10	2020/9/12	北京	微波炉	NN-K03	20	4200	84000
11	2020/9/12	上海	微波炉	NN-K04	23	4100	94300
12			微波炉 汇总				456200
13	2020/9/12	北京	电冰箱	RS-201	30	1690	50700
14	2020/9/12	北京	电冰箱	RS-202	19	1290	24510
15	2020/9/12	广州	电冰箱	BY-301	55	2010	110550
16	2020/9/12	上海	电冰箱	BY-302	50	2310	115500
17			电冰箱 汇总				301260
18	2020/9/12	北京	彩电	BJ-201	20	5900	118000
19	2020/9/12	北京	彩电	BJ-202	15	6200	93000
20	2020/9/12	广州	彩电	BJ-101	18	3600	64800
21	2020/9/12	上海	彩电	BJ-102	20	3800	76000
22			彩电 汇总				351800
23			总计				1626660
24							

图12-18 分类汇总结果

分类汇总后，汇总结果将以分级显示方式显示汇总数据和明细数据，并在工作表的左上角显示 3 个用于显示不同级别分类汇总结果的按钮，分别单击它们将显示不同级别的分类汇总结果。例如，单击级别“2”按钮后显示的效果如图 12-19 所示。

要撤销分类汇总的操作，只要重新打开“分类汇总”对话框，单击“全部删除”按钮即可。

学习笔记

	A	B	C	D	E	F	G
1	日期	地区	产品	型号	数量	单价	销售总额
4		音响 汇总					452600
7		洗衣机 汇总					64800
12		微波炉 汇总					456200
17		电冰箱 汇总					301260
22		彩电 汇总					351800
23		总计					1626660

家电销售统计表　特定顺序排序

图12-19　单击“2”按钮后的分类汇总效果

拓展训练

对公务员考试成绩进行数据处理

某市公务员考试成绩已经揭晓，市委领导要求办公室秘书小朱对考试成绩按要求进行数据处理，操作要求如下：

（1）在素材文件夹中找到并打开“公务员考试成绩表 .xlsx”，工作表 Sheet1 中已有的数据清单如图 12-20 所示。

2020年公务员考试成绩表

报考单位	报考职位	准考证号	姓名	性别	出生年月	学历	学位	笔试成绩	笔试成绩比例分	面试成绩	面试成绩比例分	总成绩	排名
市高院	法官(刑事)	050008502132	董江波	女	1993/03/09	博士研究生	博士	154.00	46.20	68.75	27.50	73.70	11
区法院	法官(刑事)	050008505460	傅珊珊	男	1993/09/15	本科	学士	136.00	40.80	90.00	36.00	76.80	5
一中院	法官(刑事)	050008501144	谷金力	女	1991/12/04	博士研究生	博士	134.00	40.20	89.75	35.90	76.10	6
市高院	法官(刑事)	050008503756	何再前	女	1969/05/04	本科	学士	142.00	42.60	76.00	30.40	73.00	12
市高院	法官(民事、行政)	050008502813	何宗文	男	1994/08/12	大专	无	148.50	44.55	75.75	30.30	74.85	7
三中院	法官(民事、行政)	050008503258	胡孙权	男	1980/09/28	本科	学士	147.00	44.10	89.75	35.90	80.00	2
市高院	法官(民事、行政)	050008500383	黄威	男	1999/09/04	硕士研究生	硕士	134.50	40.35	76.75	30.70	71.05	13
区法院	法官(民事、行政)	050008502550	黄芯	男	1999/09/16	本科	学士	144.00	43.20	89.50	35.80	79.00	3
市高院	法官(民事、行政)	050008504650	贾丽娜	男	1993/11/04	硕士研究生	硕士	143.00	42.90	78.00	31.20	74.10	9

Sheet1

图12-20　工作表Sheet1中已有的数据清单

（2）在工作表 Sheet1 后插入 7 张工作表 Sheet2 ～ Sheet8，把工作表 Sheet1 中的数据清单分别复制到各新工作表中。

（3）对工作表 Sheet2 中的数据清单按排名的升序排序。

（4）对工作表 Sheet3 中的数据清单按自定义序列“博士，硕士，学士，无”进行排序。

（5）对工作表 Sheet4 中的数据清单利用自动筛选功能，筛选出博士且排名在前 10 的记录。

（6）对工作表 Sheet5 中的数据清单利用自动筛选功能，筛选出姓肖的男考生记录。

（7）对工作表 Sheet6 中的数据清单利用高级筛选功能，筛选出博士或总成绩大于等于 80 的记录。

（8）对工作表 Sheet7 中的数据清单利用分类汇总命令，统计出男生人数、女生人数及总人数，人数显示在“出生年月”列。

（9）对工作表 Sheet8 中的数据清单利用分类汇总命令，分类统计出每种学位的考生的平均总成绩及所有考生的平均总成绩。

评价反馈

数据处理综合评价反馈如表 12-1 所示。

表12-1　数据处理综合评价反馈

<table>
<tr><td>项目名称</td><td colspan="5"></td></tr>
<tr><td>项目人员</td><td colspan="5"></td></tr>
<tr><td>评价项目</td><td colspan="2">评价内容</td><td>分值</td><td>学生自评</td><td>小组评价</td></tr>
<tr><td rowspan="3">相关知识（20%）</td><td colspan="2">掌握了自动筛选和高级筛选的区别及具体使用方法</td><td>8</td><td></td><td></td></tr>
<tr><td colspan="2">掌握了不同类型的排序方法</td><td>6</td><td></td><td></td></tr>
<tr><td colspan="2">掌握了分类汇总的正确使用方法</td><td>6</td><td></td><td></td></tr>
<tr><td rowspan="5">工作过程（80%）</td><td>计划方案</td><td>工作计划制订合理、科学</td><td>20</td><td></td><td></td></tr>
<tr><td>工作任务完成</td><td>能及时准确完成工作任务</td><td>20</td><td></td><td></td></tr>
<tr><td>自主学习</td><td>发现问题能有计划地进行相关信息的探索，及时和老师或同学讨论交流</td><td>20</td><td></td><td></td></tr>
<tr><td>工作态度</td><td>态度端正，工作认真、主动</td><td>10</td><td></td><td></td></tr>
<tr><td>职业素质</td><td>具有良好的计算机使用习惯，爱护公共设施，环境整齐、干净</td><td>10</td><td></td><td></td></tr>
<tr><td>自我总结</td><td colspan="5">学生签字：</td></tr>
<tr><td>教师评价</td><td colspan="5">教师签字：</td></tr>
</table>

A档：90分以上为A+，85～89分为A，80～84分为A-；
B档：75～79分为B+，70～74分为B，65～69分为B-；
C档：60～64分为C+，55～59分为C，50～54为分C-。

模块4 演示文稿设计与制作

内容导读

演示文稿制作是信息化办公的重要组成部分。借助演示文稿制作工具，可快速制作出图文并茂、富有感染力的演示文稿，并且可通过图片、视频和动画等多媒体形式展现复杂的内容，从而使表达的内容更容易理解。本模块主要包含演示文稿制作、演示文稿动画设计、演示文稿母版制作和使用、演示文稿放映和导出等内容。

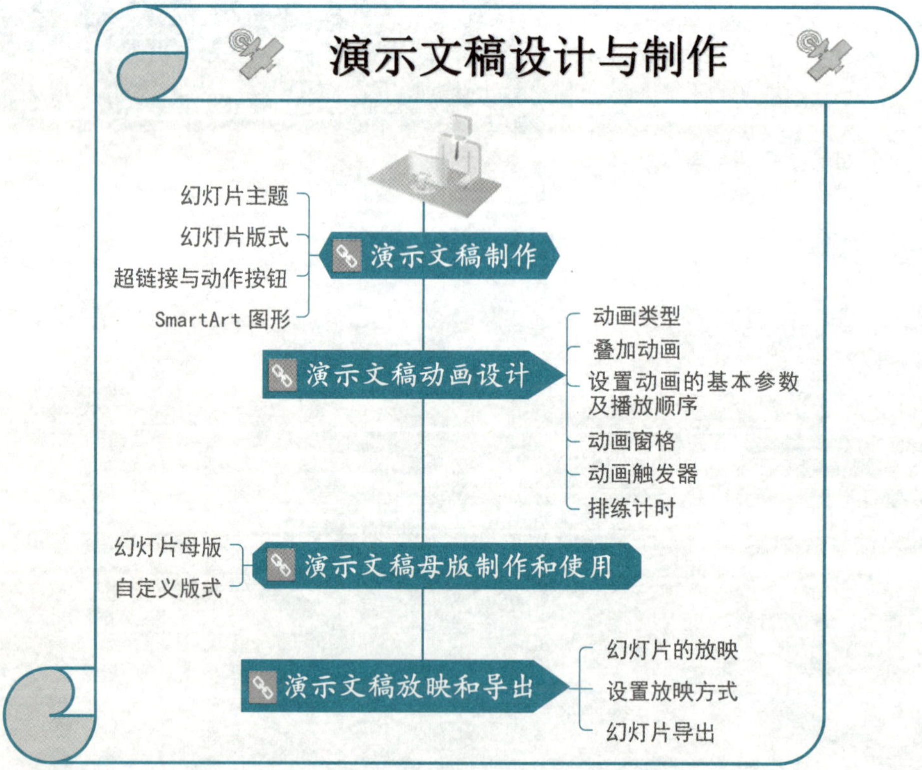

13

项目

演示文稿制作

知识目标 （1）掌握演示文稿的编辑；

（2）学会使用 SmartArt 图形、超链接和动作按钮；

（3）熟悉幻灯片的修饰及对象的添加操作。

能力目标 （1）能根据需要正确使用超链接；

（2）能编辑演示文稿。

素质目标 （1）通过了解 PowerPoint 的基本操作，发挥想象创作作品，培养创造性思维；

（2）激发对信息技术进一步学习的兴趣。

工作任务描述

互联网技术的发展早已改变了人们传统的生活方式。如今，通过网络，人们可以从浩如烟海的信息中查询到自己需要的部分，可以和远隔重洋的亲朋好友互通消息，可以和未曾谋面的陌生人交流情感，可以坐在家中接受全球各地医学专家的会诊，可以在网上购物、网络教育、网上营销、在线办公，凡此种种，都是人们过去所不能想象的。互联网技术发展的背后离不开一代又一代科学家的不懈努力，为此，某校信息社团特举办一次讲座，介绍对互联网技术发展有巨大贡献的几位科学家，请你帮忙设计一份演示文稿。

要完成本任务，需要学会 PowerPoint 2019 的基本操作，熟悉修饰幻灯片的各种方法，对象的添加，超链接和动作按钮的使用。

本任务具体要求如下：

（1）新建演示文稿，命名为“IT 风云人物 .pptx”。

（2）设置演示文稿主题为“丝状”，选择蓝色的变体类型。

（3）制作第 1 张幻灯片，输入标题“IT 风云人物”，字体为“华文琥珀，60 号，居中”；添加副标题“信息社团”，18 号、居中。插入“图片 1.jpg”并裁剪，调整各元素的位置。

（4）使用大纲文件“IT 风云人物文本素材 .rtf”插入第 2 ～ 10 张幻灯片。

（5）更改第 2 张幻灯片的版式为“竖排标题与文本”，设置文本的段落为“1.5 倍行距”，设置文本占位符的高度为 10 厘米。

学习笔记

（6）在第 2 张幻灯片后插入一张版式为“仅标题”的幻灯片，使用 SmartArt 图形的“基本列表”制作目录，完成第 3 张幻灯片的制作；更改颜色为渐变范围——个性色 3，SmartArt 样式为优雅。

（7）分别在第 4 ～ 11 张幻灯片左下角插入动作按钮：后退或前一项，设置到第 3 张幻灯片的超链接。

（8）制作第 4 ～ 11 张幻灯片：插入图片，设置图片样式，调整第 7 张幻灯片的文本标题级别。

（9）设置目录页中文字与后面各幻灯片的超链接。

（10）在最后插入一张空白版式的幻灯片，插入“背景 .jpg”图片，调整大小；插入艺术字“感谢聆听”，设置艺术字格式。

（11）保存并放映演示文稿。

实践操作

编辑演示文稿

“IT 风云人物”宣传片演示文稿制作的工作流程见图 1-2。

1. 工作准备

（1）通过查询相关资料，收集制作演示文稿的相关知识，了解幻灯片修饰的几种方法。

（2）浏览 IT 风云人物素材，策划各页幻灯片对象内容及其逻辑关系。

（3）阅读工作任务描述，结合收集到的知识，分析该任务中将遇到的难点问题。

引导问题：在 PPT 制作中该如何科学使用图片？

小提示

PPT 制作中图片运用的常见错误形式。

在 PPT 中使用最多的就是图片，俗话说“字不如表，表不如图”，最好的 PPT 就是用图片说话，这比较符合目前观众喜欢看图的习惯。但是很多人不会使用图片：使用的图片不清晰，或者使用的图片中有一些杂乱信息，或者使用的图片和幻灯片主题不符。

2. 工作计划

针对幻灯片修饰、对象的添加、超链接和动作按钮等任务要求，制订一份简单的工作计划。

演示文稿编辑方案：

学习笔记

“合抱之木，生于毫末；九层之台，起于累土。”追求PPT视觉呈现上的设计感，一定离不开PPT常见元素的使用。

3. 工作实施

操作要点如下。

1）设置幻灯片的主题

在“设计”选项卡“主题”组中选择要应用的幻灯片主题，在“变体”组中选择变体样式。

小提示

为了进一步使主题符合我们的需要，还可以对主题的颜色、字体，以及效果选项进一步设置，从而更加个性化。

2）为幻灯片应用版式

可在“开始”选项卡“幻灯片”选项组中的“版式”下拉列表中选择合适的版式。

小提示

根据内容需要，可以为不同的幻灯片设置不同的版式。

3）使用动作按钮

使用动作按钮可以使幻灯片在演示时，通过鼠标单击迅速转到第一张、上一张、下一张、最后一张幻灯片等操作。本任务将在第4～11张幻灯片的左下角插入动作按钮：后退或前一项，设置到第3张幻灯片的超链接。

4）常用对象的添加

在建立幻灯片时，常常要插入图片、艺术字等对象。单击“插入”选项卡“图像”选项组中的“图片”按钮可以插入图片；在“插入”选项卡“文本”选项组中的“艺术字”下拉列表中选择合适的艺术字类型就可以插入艺术字。

5）使用大纲文件插入幻灯片

可在“插入”选项卡“幻灯片”选项组“新建幻灯片”下拉列表中选择“幻灯片（从大纲…）”。本任务将使用大纲文件“IT风云人物文本素材.rtf”插入第2～10张幻灯片。

学习笔记

小提示

使用大纲功能，可以大大减少复制、粘贴的时间，将 Word 快速转化为 PPT。但这里要注意的是，如果想转换成有分页的 PPT，一定要在 Word 文件中设置好标题级，不然就很难实现。

相关知识与基本操作

1. 幻灯片主题

添加常用对象

使用 PPT 创建演示文稿时，可以通过使用主题功能，来快速美化和统一每一张幻灯片的风格。方法是：在“设计”选项卡“主题”选项组中右击某种主题方案，在弹出的快捷菜单中选择“应用于所有幻灯片”或“应用于选定幻灯片”命令。

PPT 中自带的主题样式，如果不符合当前的幻灯片，用户可以自行搭配颜色以满足需要。方法是：单击“设计”选项卡“变体”选项组中的“其他”按钮，在弹出的下拉列表中选择“颜色”中的“自定义颜色”命令，在打开的“新建主题颜色”对话框（图 13-1）中，选择适当的颜色进行整体的搭配，输入自定义主题的名称，单击“保存”按钮，新建的主题颜色将会直接应用于当前幻灯片。

幻灯片的修饰

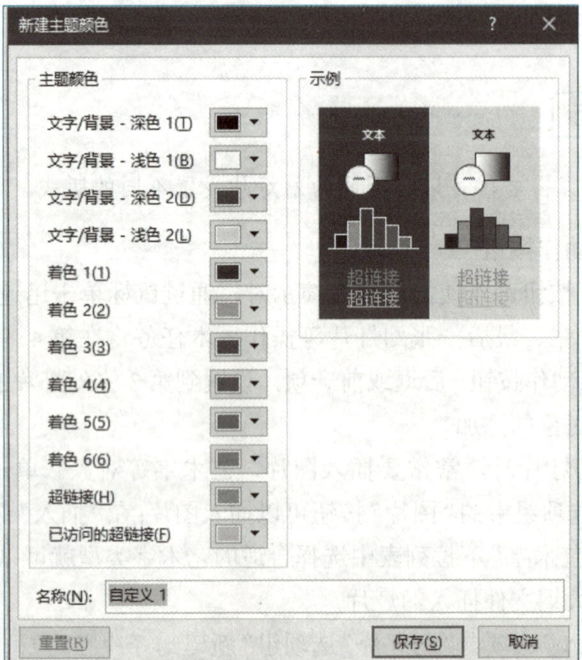

图13-1　“新建主题颜色”对话框

学习笔记

2. 幻灯片版式

幻灯片版式包含要在幻灯片上显示的内容的格式设置、位置和占位符，用于定义幻灯片中带显示内容的位置信息。为幻灯片应用版式的方法是：选中幻灯片后在“开始”选项卡“幻灯片”选项组中单击“版式”按钮，在弹出的下拉列表中选择所要使用的Office主题，即幻灯片版式即可。

3. 超链接与动作按钮

在演示文稿中经常要用到超链接功能，在放映幻灯片时可以通过单击幻灯片中的文字、图形或动作按钮等对象来实现幻灯片之间或幻灯片到其他文件的跳转。

对文字或图片建立超链接的操作步骤为：选中要添加超链接的文字或图片，在“插入”选项卡“链接”选项组中单击“添加超链接”按钮，打开“插入超链接”对话框，在该对话框左侧有四种链接类型供选择，如图13-2所示：使用“现有文件或网页（X）”可以跳转到现有的文件或网页；使用“本文档中的位置（A）”可以跳转到本演示文稿中的其他幻灯片；使用“新建文档（N）”可以新创建一个文档；使用“电子邮件地址（M）”可以给某电子邮箱写一封电子邮件。用户可按照需求选择并设置好具体链接位置即可。

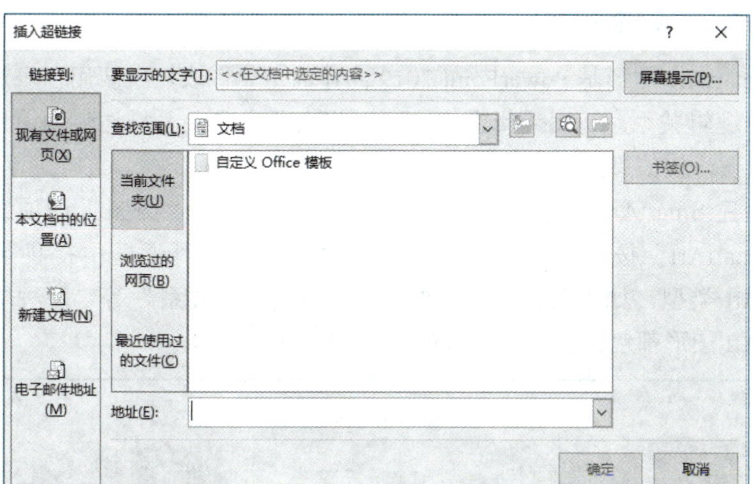

图13-2　“插入超链接”对话框

另外，也可以使用动作按钮来实现超链接。这时，需要在幻灯片中先绘制动作按钮，方法是：在“插入”选项卡“插图”选项组中单击“形状”按钮，在其下拉列表的“动作按钮”形状中有多种动作按钮可供选择，如图13-3所示。

选择需要的动作按钮，在幻灯片中合适的位置按下并拖动鼠标左键画出该动作按钮，释放左键后，会弹出一个“操作设置”对话框，如图13-4所示，在该对话框中设置好链接位置即可。

超链接与动作按钮

学习笔记

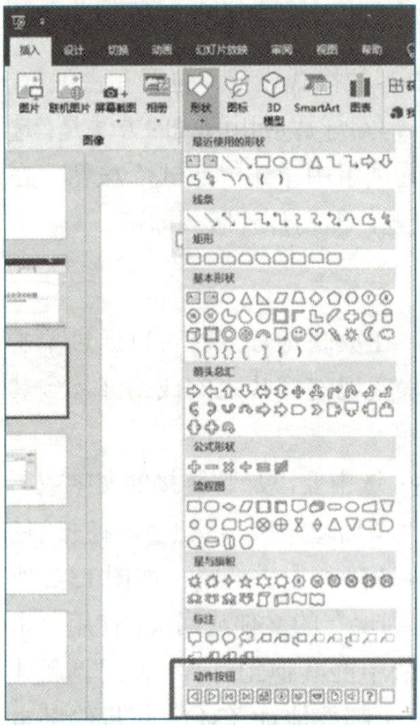

图13-3　插入动作按钮

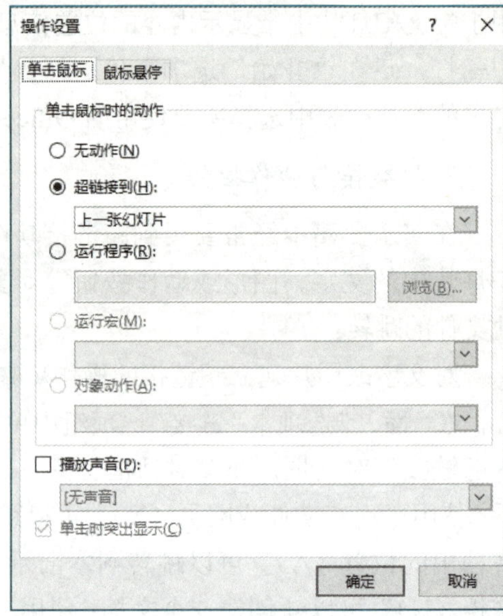

图13-4　“操作设置”对话框

4. SmartArt图形

SmartArt 图形是 PowerPoint 2019 内建的逻辑图表，主要用于表达文本之间的逻辑关系。运用逻辑图表，可以将大段文字关系描述转为简单的逻辑关系图，使信息更简洁易懂。

创建 SmartArt 图形的方法：在“插入”选项卡“插图”选项组中单击“SmartArt”按钮，在“选择 SmartArt 图形”对话框中提供了多种 SmartArt 类型，如“流程”“层次结构”“循环”“关系”等。每种类型的 SmartArt 图形都包含多个不同的布局，如图 13-5 所示。

SmartArt 图形

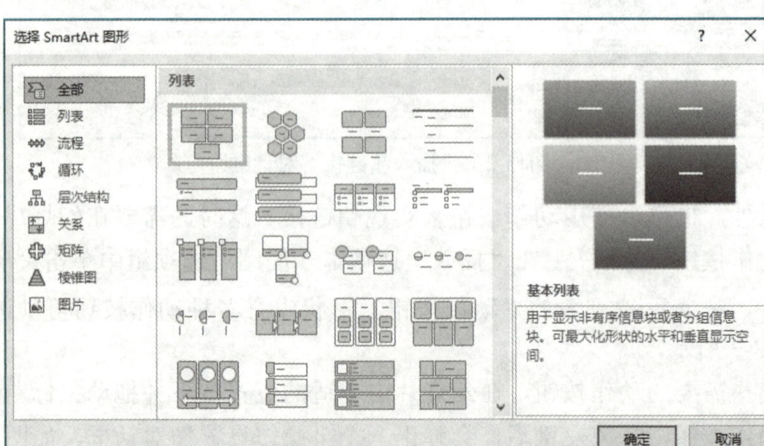

图13-5　“选择SmartArt图形”对话框

选择一个布局后，就会在幻灯片中显示所选的SmartArt图形，在SmartArt图形左边有文本窗格供输入要在SmartArt图形中显示的文字，如果没有看到文本窗格，可以在SmartArt工具栏“格式”选项卡“创建图形”组中单击“文本窗格”按钮。在文本窗格中添加、编辑内容时，在SmartArt图形中会自动更新。

插入SmartArt图形后，可以利用“SmartArt工具-SmartArt设计”选项卡快速轻松切换布局。还可以利用“SmartArt工具-SmartArt设计”选项卡更改形状的颜色和文本效果等。在某些SmartArt图形中，可以选择“添加形状”来增加形状的数量以满足用户的需求，当然也可以删除形状以调整布局结构。当添加或删除形状以及编辑文字时，形状的排列和这些形状内的文字量会自动更新，从而保持SmartArt图形布局的原始设计和边框。

用户还可以将文本框（占位符）中的文本转换为SmartArt图形，具体做法是：单击包含要转换的幻灯片文本的占位符，在“开始”选项卡“段落”组中单击“转换为SmartArt图形”按钮，然后选择所需的SmartArt图形布局即可。

学习笔记

留心身边的美，是对PPT设计的有力助攻。更关键的是，当你带着借鉴和思考的心态面对生活，你的眼界会在不知不觉中得到提升。

拓展训练

制作“让诚信伴我们同行”PPT

诚信不仅是一种品行，更是一种责任；不仅是一种道义，更是一种准则；不仅是一种声誉，更是一种资源。对个人而言，诚信是高尚的人格力量；对企业而言，诚信是宝贵的无形资产；对社会而言，诚信是正常生产、生活的秩序；对国家而言，诚信是良好的国际形象。

小马是“新起点”学校的一名班主任，她准备召开一次以“诚信教育”为主题的班会活动，请你为她设计一份PPT。文字资料可以参见素材“诚信教育主题班会教案.docx”，操作要求如下：

（1）标题页包含演示主题、主持人和日期(××××年××月××日)。

（2）演示文稿须指定一个主题，幻灯片不少于15页，且版式不少于3种。

（3）演示文稿中除文字外要有10张以上的图片，并有超链接进行幻灯片之间的跳转。

（4）演示文稿中包含艺术字，目录页要使用SmartArt图形。

（5）演示文稿播放的全程需要有背景音乐。

（6）将制作完成的演示文稿以“诚信教育”为名进行保存。

评价反馈

演示文稿制作综合评价反馈如表13-1所示。

表13-1 演示文稿制作综合评价反馈

项目名称					
项目人员					
评价项目	评价内容		分值	学生自评	小组评价
相关知识（20%）	掌握了演示文稿的编辑		8		
	掌握了SmartArt图形、超链接和动作按钮的使用		6		
	掌握了幻灯片的修饰及对象的添加操作		6		
工作过程（80%）	计划方案	工作计划制订合理、科学	20		
	工作任务完成	能及时准确完成工作任务	20		
	自主学习	发现问题能有计划地进行相关信息的探索，及时和老师或同学讨论交流	20		
	工作态度	态度端正，工作认真、主动	10		
	职业素质	具有良好的计算机使用习惯，爱护公共设施，环境整齐、干净	10		
自我总结	学生签字：				
教师评价	教师签字：				

A档：90分以上为A+，85～89分为A，80～84分为A-；
B档：75～79分为B+，70～74分为B，65～69分为B-；
C档：60～64分为C+，55～59分为C，50～54分为C-。

项目 14

演示文稿动画设计

知识目标 (1) 掌握各种项目动画类型的特点和相关概念;

(2) 熟悉切换动画与项目动画的功能和差异。

能力目标 (1) 能根据需要正确使用和设置项目动画;

(2) 能恰当使用和设置幻灯片切换效果。

素质目标 (1) 通过了解 PowerPoint 动画的特点及对动画设计流程的总结,发挥想象创作作品,培养创造性思维;

(2) 激发对信息技术进一步学习的兴趣。

工作任务描述

中国特色社会主义进入新时代,是长期奋斗的结果。在过去的几十年里,中国人民克服了一个又一个困难,创造出一个又一个奇迹。辉煌的成就映照着人民的生活,中国人民有了更多的安全感、幸福感、自豪感,对祖国的未来发展充满信心,校团委特此制作了一份“厉害了,我的国”演示文稿宣传片。为提升幻灯片的播放效果,请你帮忙设计一份该演示文稿的动画方案。

要完成本任务,需要学会 PowerPoint 2019 中各类型动画的基本使用方法,熟悉动画参数的设置,并知晓各动画间的衔接关系如何处理。

本任务具体要求如下:

(1) 设置所有幻灯片的切换效果为“框”,音效为“风铃”。

(2) 单独设置标题幻灯片的切换动画为“帘式”,音效为“鼓声”。

(3) 修改第 3 ~ 6 页幻灯片切换的“效果选项”分别为“自顶部”“自底部”“自左侧”“自顶部”。

(4) 制作“目录”页幻灯片逐条目录从右侧飞入的动画效果。

(5) 为第 7 页“最中国的贡献”幻灯片的右侧文字内容添加“挥鞭式”进入效果,并叠加“画笔颜色”强调效果和“收缩并旋转”退出效果,设置它们的开始时间为“上一动画之后”。

学习笔记

（6）给“结束语”幻灯片中的下方文本框和“红旗”图片设置进入动画的效果为“出现”，调整其播放顺序为先图片后文本，并利用触发器设置如下效果：当单击“结束语”文本框时才会触发这两个动画。

（7）在“目录”页中添加动作按钮，“超链接到”各自对应内容的页面，并在各自对应内容页面添加“返回目录”按钮使其能跳转至“目录”页。

多类型动画的基本使用方法

（8）幻灯片放映类型设置为“观众自行浏览”，放映选项为“循环放映”方式。

（9）使用排练计时进行幻灯片的放映预演。

（10）将编辑好的文件导出为视频格式。

实践操作

“厉害了，我的国”宣传片演示文稿动画设计的工作流程见图1-2。

1. 工作准备

（1）通过查询相关资料，收集演示文稿动画设计的相关知识，了解PowerPoint中各类型动画的基本使用方法。

（2）浏览“厉害了，我的国”演示文稿宣传片文件素材，熟悉各页幻灯片对象内容及其逻辑关系。

（3）阅读工作任务描述，结合目前你所收集到的动画设计知识，分析该任务中将遇到的难点问题。

引导问题： 你觉得动画在PPT中将起到什么作用？

智者知止，在动画中更是如此。

小提示

PPT中动画常见的错误形式。

1）滥用动画

PPT只是向观众传递信息的一个辅助演示工具，动画要配合内容或者演讲人的需要合理加以使用。滥用动画表现为：动画过多、动画过杂，为了动画而动画，一味追求动画的效果。在有些不适合动画的场合，动画过多，反而会分散观众的注意力，造成了喧宾夺主的效果。

2）动画拖拉

缓慢的动作，如对一些长文本使用空翻、挥鞭等效果，会快速消耗观众的耐心，因此在使用动画的时候不要使动作拖拉，要控制好动画的持续时间。

3）缺少逻辑性、连贯性

PPT动画讲究逻辑关联，如目录页和过渡页的连贯性，单个标题或者论点的逻辑关系。如果对PPT所传递的内容与内容之间的逻辑关系没有充分加以理解和认知，制作出来的动画就会缺少逻辑，杂乱无章。

学习笔记

小提示

PPT动画如何快速入门。

（1）欣赏。欣赏好的PPT作品中的动画，也可以欣赏一些GIF动图，来寻找灵感。

（2）分析。将看到的、喜欢的动画，或者是想尝试做出来的GIF分解，思考它是如何做出来的，有哪些动画效果，分析出来后，你就会知道需要用到PPT的哪些功能来实现。

（3）模仿。模仿即练习，尝试用PPT做出来，并且尽可能还原GIF动图的效果。

2. 工作计划

针对幻灯片切换动画、幻灯片放映、文件导出等任务要求，制订一份简单的工作计划。

动画设计方案：

3. 工作实施

操作要点如下。

1）设置幻灯片的切换动画

在“切换”选项卡“切换到此幻灯片”组中选择要应用的幻灯片切换效果，在“声音”下拉列表框中选择要应用的音效，单击“应用到全部”按钮即可为所有幻灯片设置切换动画。

小提示

为了使动画效果更加丰富，同时保持动画风格的统一，可以为不同的幻灯片设置不同的效果选项。

学习笔记

2）实现“目录”页幻灯片逐条目录从右侧飞入的动画效果

目录类型的幻灯片主要用于开篇对幻灯片的整体内容进行介绍，常常以项目列表的方式列出。为强调该内容，可以应用动画使各项目内容逐条显示出来。

3）给第7页幻灯片“最中国的贡献”设计叠加动画

在以文字为主的幻灯片中，为了使页面效果不那么单调，可以为文字加上一些动画效果，如进入动画、强调动画和退出动画等。本任务将对第7张幻灯片中的文字内容添加多种效果。

引导问题：如何完成幻灯片交互功能？

在放映演示文稿的过程中，为了方便对幻灯片进行操作，可以在幻灯片中适当地添加一些交互功能。

小提示

要使幻灯片中的元素具有交互功能，需要为元素添加相应的动作。

将光标定位到第2张“目录”幻灯片，选中“01”条目右侧的文本框，单击“插入”选项卡“链接”组中的“动作”按钮，如图14-1所示。

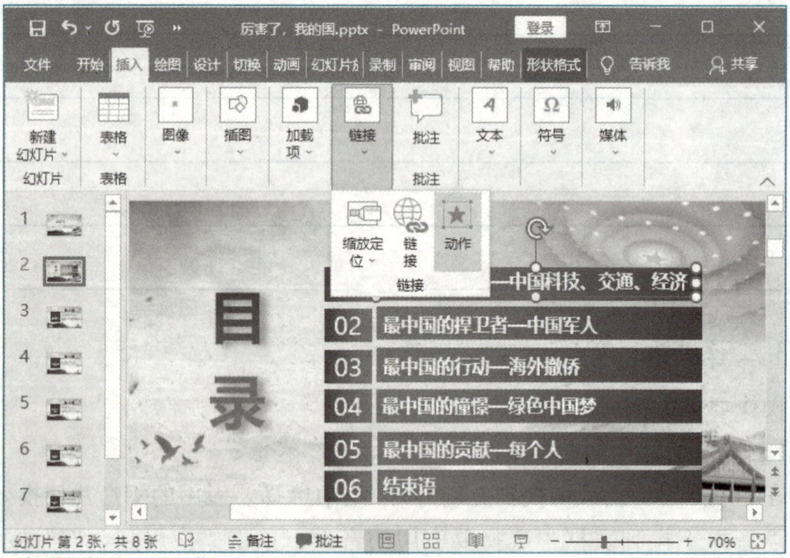

图14-1 插入动作

在弹出的“操作设置”对话框中，选中“超链接到”单选按钮，在下拉列表框中选择“幻灯片”选项，如图14-2所示。在打开的“超链接到幻灯片”对话框中选择“3. 幻灯片3”，单击“确定”按钮返回“操作设置”对话框。选中“单击时突出显示”复选框，单击“确定”按钮完成一条超链接动作的设置。

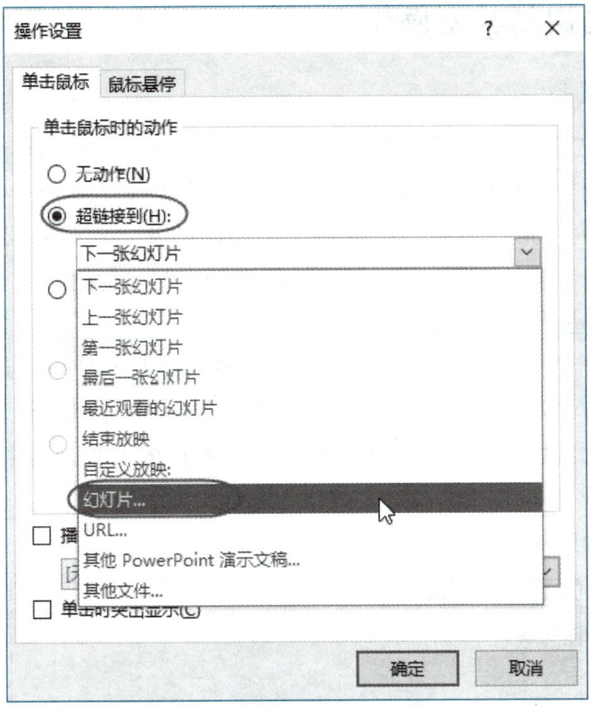

图14-2　超链接动作设置

学习笔记

幻灯片交互功能示例

4）设置幻灯片放映

在不同的情况下放映幻灯片，可设置不同的幻灯片放映类型。例如，演讲者演讲时自行操作放映，通常适合全屏方式放映；如果由观众自行浏览，则通常使用窗口方式放映，以便观众应用相应的浏览功能。本任务将设置幻灯片的放映方式为“观众自行浏览”，并使幻灯片循环放映。

小提示

使用“排练计时”进行幻灯片的放映预演。

在“切换”选项卡的“计时”组中，可以设置幻灯片持续播放的时间，但为了使幻灯片播放的时间更加准确，更接近真实演讲状态下的时间，一般使用“排练计时”功能，在预演的过程中记录下幻灯片中的动画切换时间。具体操作方法如下：单击“幻灯片放映”选项卡“设置”选项组中的“排练计时”按钮，此时，在幻灯片放映过程中将根据实际情况进行放映预演，“排练计时”功能将自动记录下各幻灯片的显示时间及动画的播放时间等信息。

学习笔记

相关知识与基本操作

1. 动画类型

在演示文稿中适当地添加动画，可以使演示文稿的播放效果更加形象，通过动画也可以使一些复杂内容逐步显示以便观众理解。在 PowerPoint 2019 中可以为图形、文字、图表等对象添加的基本动画效果有 4 种类型，分别是：进入动画、强调动画、退出动画和动作路径动画。

1）进入动画

进入动画是指为对象设置动画后，放映对象从其他位置进入幻灯片的动画效果。方法是：选择要添加动画效果的对象→单击“动画”选项卡“高级动画”选项组中的“添加动画”按钮→在弹出的下拉列表中选择“进入”组中的效果或者单击“更多进入效果”按钮，如图 14-3 所示，在弹出的对话框中选择合适的效果即可。

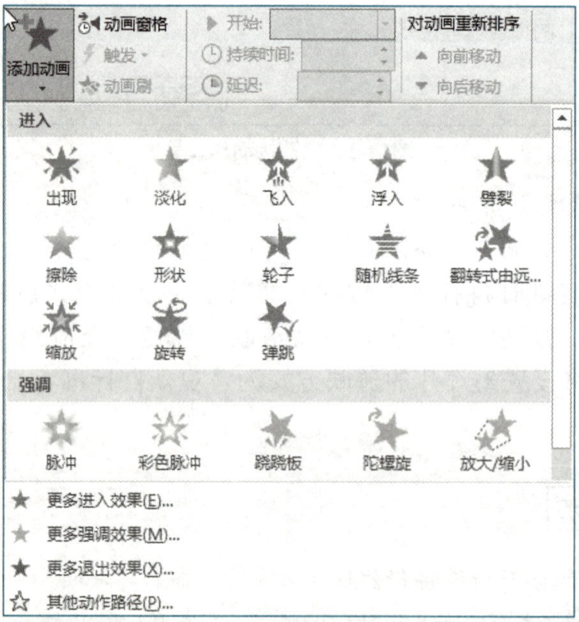

图14-3　添加进入动画

添加完进入动画效果后，对象前面将显示一个动画编号标记，但在幻灯片放映时不会显示也不会被打印出来。

2）强调动画

强调动画是指在放映过程中引起观众注意的一种动画，它一开始就存在于幻灯片中，进行动画时颜色、形状等会发生变化。方法是：选择要添加动画效果的对象→单击“动画”选项卡“高级动画”选项组中的“添加动画”按钮→在弹出的下拉列表中选择“强调”组中的效果或者单击“更多强调效果”按钮，在弹出的对话框中选择强调效果即可。

3）退出动画

退出动画是指为对象设置动画后，放映动画时对象已在幻灯片中，然后以指定方式从幻灯片消失的动画。方法是：选择要添加动画效果的对象→单击“动画”选项卡“高级动画”选项组中的“添加动画”按钮→在弹出的下拉列表中选择“退出”组中的效果或者单击“更多退出效果”按钮，在弹出的对话框中选择退出效果即可。

4）动作路径动画

动作路径动画是指为对象设置动画后，放映时对象将沿着指定的路径进入幻灯片的相应位置的动画。方法是：选择要添加动画效果的对象，单击“动画”选项卡“高级动画”组中的“添加动画”按钮，在弹出的下拉列表中选择“动作路径”组中的效果或者单击“其他动作路径”按钮，在弹出的对话框中选择合适的动作路径即可。

下面通过一实例说明动作路径动画效果的设置方法。

（1）在幻灯片上绘制一笑脸图形，单击选中该对象。

（2）在“动作路径”组中单击选择“心形”效果，设置后的效果如图 14-4 所示。

（3）该幻灯片播放后将看到笑脸图形沿着心形边框线运动的动作路径动画效果。

2. 叠加动画

可以为幻灯片中的同一对象添加多个动画，使动画效果更漂亮，这就是叠加动画。

下面通过一实例说明叠加动画效果的设置方法。

（1）在幻灯片上插入艺术字“快乐周末”，并设置“玩具风车”的进入动画效果。

（2）选中该艺术字，单击“高级动画”选项组中的“添加动画”按钮，设置“填充颜色”的强调动画效果。

（3）再次选中该艺术字，单击“添加动画”按钮，设置“弹跳”的退出动画效果，此时在艺术字的左上角显示动画编号标记“1”“2”“3”，设置后的效果如图 14-5 所示。

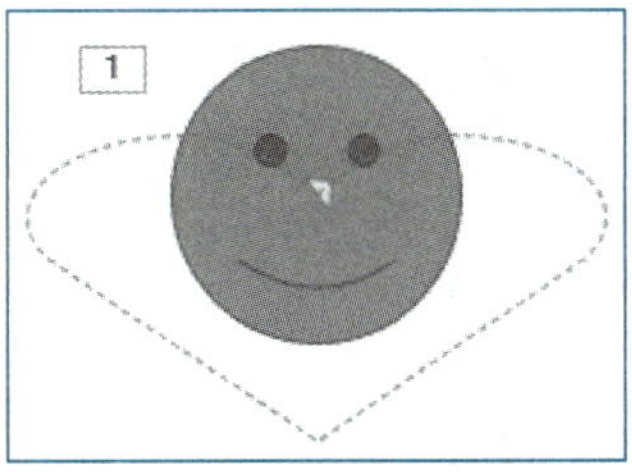

图14-4　设置“心形”动作路径后的效果

图14-5　设置叠加动画后的效果

学习笔记

动画是指南针，它应彰显逻辑；动画是魔术师，它应制造悬念；动画是放大镜，它应突出重点。

学习笔记

延时动画，让所有等待，都能不负期待。

3. 设置动画的基本参数及播放顺序

一张幻灯片中往往会有多个对象设置了动画效果或者同一对象设置了多个动画效果，当添加了动画效果后，就需要设置动画的播放参数，以便确定动画的播放方式或效果。通过“动画”选项卡“计时”选项组可设置动画的开始时间、持续时间、延迟时间、播放顺序，如图 14-6 所示。

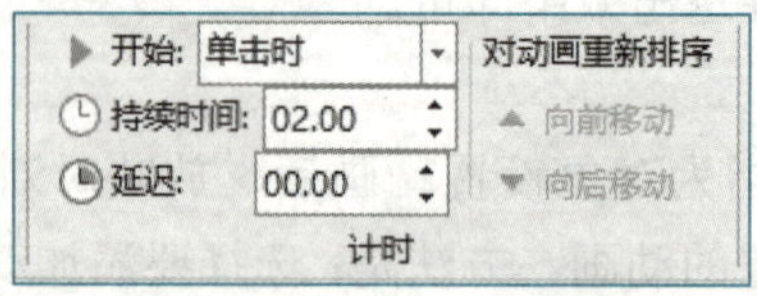

图14-6　“计时”选项组

1）动画开始时间设置

动画开始时间默认为“单击时”，即幻灯片播放时需要单击鼠标才开始播放动画。单击“开始”后的下拉列表按钮，则会出现“与上一动画同时”和“上一动画之后”选项。如果选择“与上一动画同时”，那么此动画就会和同一张幻灯片中的前一个动画同时播放；若选择“上一动画之后”则表示在上一动画播放结束后再播放该动画。

2）动画速度设置

通过调整“持续时间”可以控制动画播放的速度。

3）延迟时间设置

通过调整“延迟时间”，可以让动画在“延迟时间”设置的时间到达后才开始播放，这样可以控制动画之间的衔接，便于看清楚每个动画的内容。

4）调整动画播放顺序

如果需要调整一张幻灯片内多个动画的播放顺序，则可以单击对象或动画编号标记选中动画，通过“对动画进行重新排序”下面的“向前移动”或“向后移动”命令按钮来改变动画播放的先后顺序。

4. 动画窗格

在“动画”选项卡“高级动画”组中单击“动画窗格”按钮将打开“动画窗格”窗格。在动画窗格中按照动画的播放顺序列出了当前幻灯片中的所有动画效果，单击“播放”按钮将播放幻灯片中的所有动画效果，如图 14-7 所示。

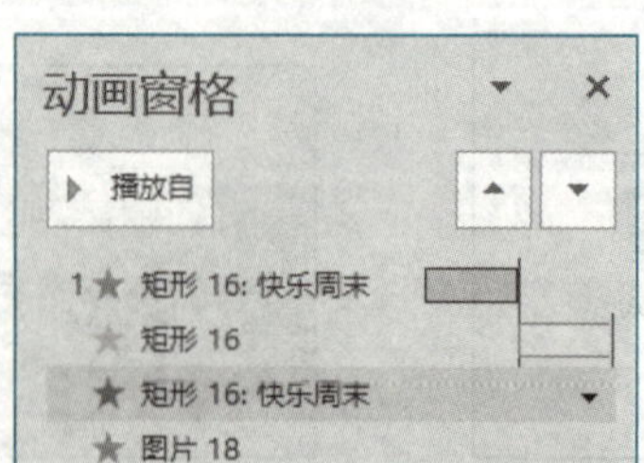

图14-7　动画窗格

学习笔记

在动画窗格中按住鼠标左键上下拖动动画选项可以改变其在列表中的位置，进而改变动画在幻灯片中播放的顺序。

使用鼠标按住左键拖动时间条左右两侧的边框可以改变时间条的长度，长度的改变意味着动画播放时长的改变。将鼠标指针放置到时间条上，将会提示动画开始和结束的时间，拖动时间条改变其位置能够改变动画开始的延迟时间，如图 14-8 所示。

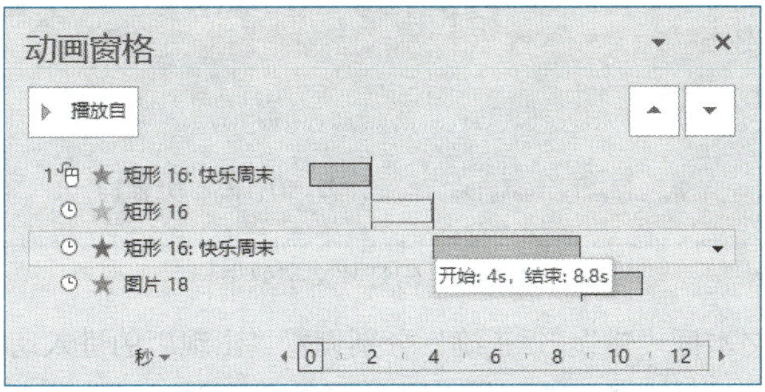

图14-8　拖动鼠标设置动画播放时长和延迟时间

单击动画选项右侧的按钮将打开下拉菜单，单击选择“效果选项”将打开动画效果对话框，可对动画效果进行更详细的设置，如图 14-9 所示。

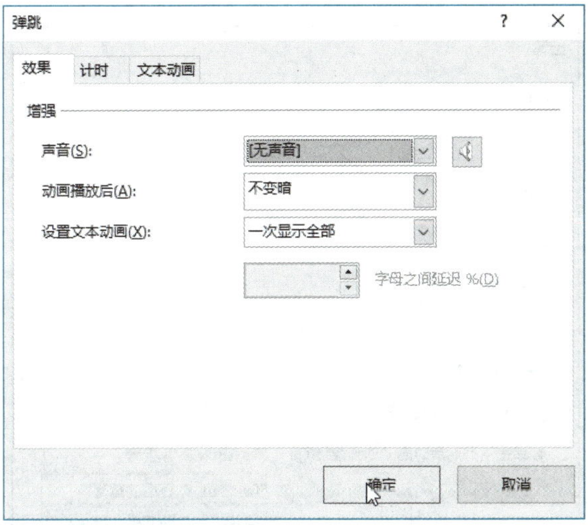

图14-9　动画效果选项对话框

用户还可以根据需要删除幻灯片中不需要的动画效果，方法是：打开“动画窗格”→在动画效果列表中选择要删除的动画选项→单击右侧的下拉按钮→在弹出的下拉列表中选择“删除”命令即可。或单击要删除动画效果对象左上角的数字按钮，直接按 Delete 键即可快速删除该动画效果。

5. 动画触发器

当给幻灯片中的对象设置了动画效果后，还可以通过触发器来控制动

学习笔记

画效果的启动或停止，实现动画的人机交互。不但可以将幻灯片中的按钮、文本框、图片等作为触发器，还可以将音频或视频的书签作为触发器。

下面通过实例说明触发器的使用方法。

（1）在幻灯片上分别插入文本“我国的首都”“A. 上海”“B. 北京”，再插入2个文本框，文字分别为“错误”“正确”，效果如图14-10所示。

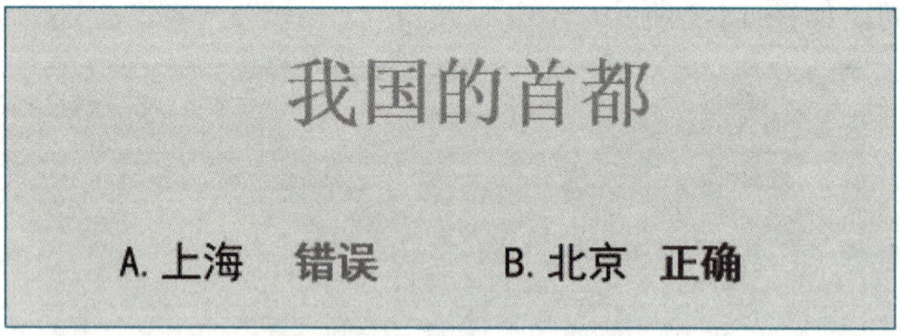

图14-10　幻灯片文字效果

（2）给文本框“错误”“正确”分别设置“出现”的进入动画效果。

（3）打开动画窗格，在动画窗格中单击动画选项“错误”右侧的按钮打开下拉菜单，单击选择“效果选项”打开动画效果对话框，在“计时”选项卡中单击“触发器”按钮，选中“单击下列对象时启动效果”，在右侧列表框中选择“TextBox2：A. 上海”作为触发器，如图14-11所示。

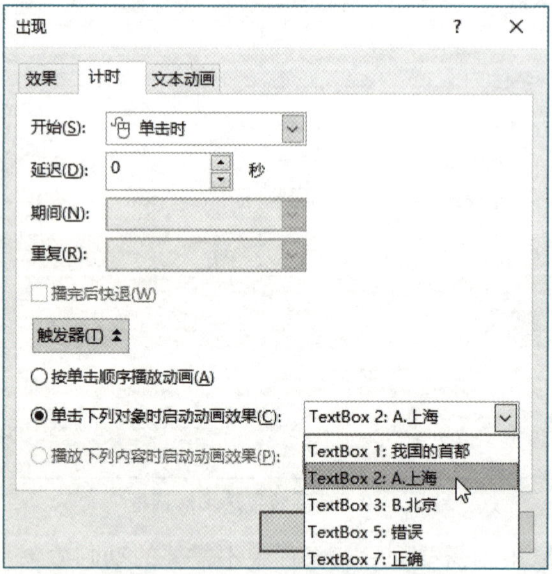

图14-11　选择触发器

（4）用同样的方法设置动画选项“正确”的触发器为“TextBox3：B. 北京”。

（5）该幻灯片播放后将先不启动“正确”“错误”的进入动画效果，当单击触发器“上海”后才显示“错误”，单击触发器“北京”后显示“正确”，效果如图14-12所示。

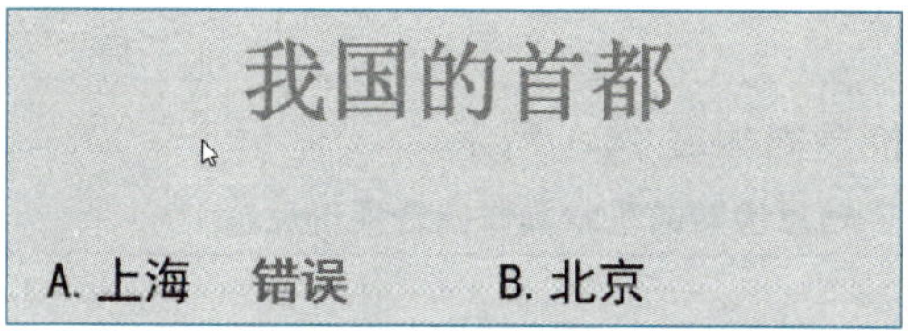

图14-12 单击触发器“A.上海”后的效果

6. 排练计时

为演示文稿设置“排练计时”可以让演示文稿按预先排练的时间进行播放，无须人为操作。方法是：单击“幻灯片放映”选项卡“设置”选项组中的“排练计时”按钮，此时会切换到幻灯片放映状态，在屏幕右上方有一个“录制”对话框，在这个对话框中可以看到当前幻灯片放映的时间，如图 14-13 所示。

在当前幻灯片播放的时间达到要求后，单击鼠标切换到下一张幻灯片，“录制”对话框中的时间就会从“0”开始计时，以此类推，直到放映结束，会弹出如图 14-14 所示的对话框，单击“是”按钮即可看到每张幻灯片的排练时间。

图14-13 “录制”对话框

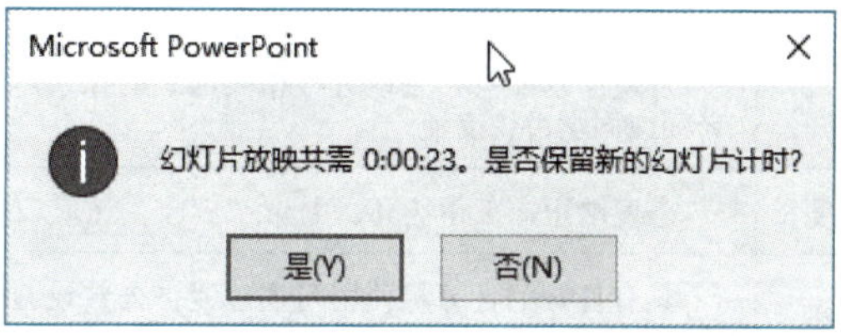

图14-14 排练结束对话框

拓展训练

制作“水资源利用与节水”PPT

小慧是“新起点”学校环境科学与工程系的老师，近几日她应北京节水展馆的邀请，将为展馆进行宣传水知识及节水工作重要性的讲座，请你为她设计一份讲座 PPT。节水展馆提供的文字资料及素材参见“水资源利用与节水（素材）.docx”，操作要求如下：

（1）标题页包含演示主题、制作单位（北京节水展馆）和日期（××××年×月×日）。

（2）演示文稿须指定一个主题，幻灯片不少于 15 页，且版式不少于 3 种。

（3）演示文稿中除文字外要有 10 张以上的图片，并有超链接进行幻灯片之间的跳转。

（4）动画效果要丰富，幻灯片切换效果风格统一。

（5）演示文稿播放的全程需要有背景音乐。

（6）将制作完成的演示文稿以“水资源利用与节水”为名打包成 CD。

学习笔记

有人说，没有动画的 PPT，就好像做菜忘了放调料，能吃，但难以下咽。你的感悟是______

评价反馈

信息检索的基本操作综合评价反馈如表 14-1 所示。

表14-1　信息检索的基本操作综合评价反馈

项目名称					
项目人员					
评价项目	评价内容		分值	学生自评	小组评价
相关知识（20%）	了解PowerPoint动画的特点及其特点和相关概念		8		
	会区分切换动画与项目动画的功能和差异		6		
	能根据需要正确使用和设置幻灯片动画		6		
工作过程（80%）	计划方案	工作计划制订合理、科学	20		
	工作任务完成	能及时准确完成工作任务	20		
	自主学习	发现问题能有计划地进行相关信息的探索，及时和老师或同学讨论交流	20		
	工作态度	态度端正，工作认真、主动	10		
	职业素质	具有良好的计算机使用习惯，爱护公共设施，环境整齐、干净	10		
自我总结	学生签字：				
教师评价	教师签字：				

A档：90分以上为A+，85～89分为A，80～84分为A-；
B档：75～79分为B+，70～74分为B，65～69分为B-；
C档：60～64分为C+，55～59分为C，50～54为分C-。

项目 15

演示文稿母版制作和使用

知识目标（1）了解幻灯片母版的概念；

（2）熟悉在幻灯片母版中自定义版式的操作。

能力目标（1）能根据需要正确使用和设置幻灯片母版；

（2）能恰当使用自定义版式。

素质目标（1）通过了解 PowerPoint 中幻灯片母版及自定义版式的特点，发挥想象创作作品，培养创造性思维；

（2）激发对信息技术进一步学习的兴趣。

工作任务描述

地球是人类和其他物种的共同家园，然而由于人类的一些乱砍滥伐、竭泽而渔等不良发展方式，地球上物种灭绝的速度大大加快。如果地球生态系统最终发生不可挽回的恶化，人类文明所赖以存在的环境条件将不复存在。为了提醒全世界保护地球生态和人类活动对环境的危害，校团委特此制作了一份“向污染宣战”演示文稿宣传片。为统一幻灯片的风格，提升幻灯片的展示效果，请你帮忙对该演示文稿进行美化。

要完成本任务，需要学会 PowerPoint 2019 中幻灯片母版的基本使用方法，熟悉自定义版式的设置，本任务具体要求如下：

（1）设置所有幻灯片的背景为“背景 .jpg”，添加圆角矩形覆盖留白。

（2）设置标题幻灯片的背景为射线渐变填充。

（3）给所有幻灯片右下角添加图片“世界环境日 .jpg”，调整合适大小。

（4）给版式为“两栏内容”的幻灯片设置标题文字颜色为绿色，32 磅，文本框中的字体为微软雅黑，1.3 倍行距。

（5）给版式为“仅标题”的幻灯片设置标题文字颜色为绿色，32 磅。

（6）幻灯片放映设置为“观众自行浏览”“循环放映”方式。

（7）将制作好的演示文稿以“向污染宣战”为名打包成 CD。

学习笔记

实践操作

对“向污染宣战”演示文稿进行美化的工作流程见图1-2。

1. 工作准备

（1）通过查询相关资料，收集演示文稿母版制作的相关知识，了解PowerPoint中自定义版式的使用。

（2）浏览“向污染宣战”演示文稿的素材，熟悉各页幻灯片对象内容及其逻辑关系。

（3）阅读工作任务描述，结合目前你所收集到的知识，分析该任务中将遇到的难点问题。

引导问题： 母版在PPT中起的作用是什么？你会编辑幻灯片母版吗？

小提示

整理幻灯片母版。

1）将多余的版式删除

进入母版视图，可以看到PPT自带的一组默认母版，有Office主题页、标题幻灯片、标题和内容幻灯片、节标题、两栏内容、比较、空白、仅标题等不同的PPT版式布局可供选择，用户可以根据设计需要重新调整，保留需要的版式，将多余的版式删除。

2）自定义版式

幻灯片母版中已经设置了各种版式，若对系统提供的母版版式不满意，可以新建一个母版版式，更加符合设计需求，其中包括占位符、页眉页脚、主题等的设置。

2. 工作计划

针对幻灯片母版制作的任务要求，制订一份简单的工作计划。

演示文稿母版制作和使用设计方案计：

______

______

______

3. 工作实施

操作要点如下。

1）幻灯片的背景设置及圆角矩形元素的添加

在“视图”选项卡“母版视图”组中选择“幻灯片母版”，进入幻

学习笔记

灯片母版视图，选择“Office 主题”幻灯片，在“幻灯片母版”选项卡的“背景”组中选择“背景样式”下拉列表中的“设置背景格式”，在右侧选择“图片或纹理填充”，插入图片来自文件，选择“背景 .jpg”图片插入。

在“插入”选项卡“插图”组中选择“形状”下拉列表中的“矩形：圆角”，在幻灯片的合适位置拖动鼠标绘制圆角矩形，并设置形状填充为白色，形状效果为柔化边缘 5 磅。

2）给所有幻灯片添加 logo 图片

在“插入”选项卡“图像”组中选择“图片”，弹出“插入图片”对话框，选择合适的图片插入即可。

3）为不同版式幻灯片制作不同的显示效果

在“视图”选项卡的“母版视图”组中选择“幻灯片母版”，进入幻灯片母版视图，选择“两栏内容版式”幻灯片，如图 15-1 所示。选择“单击此处编辑母版标题样式”可以设置标题字体、颜色等，选择“编辑母版文本样式”可以设置文本字体、段落格式等。

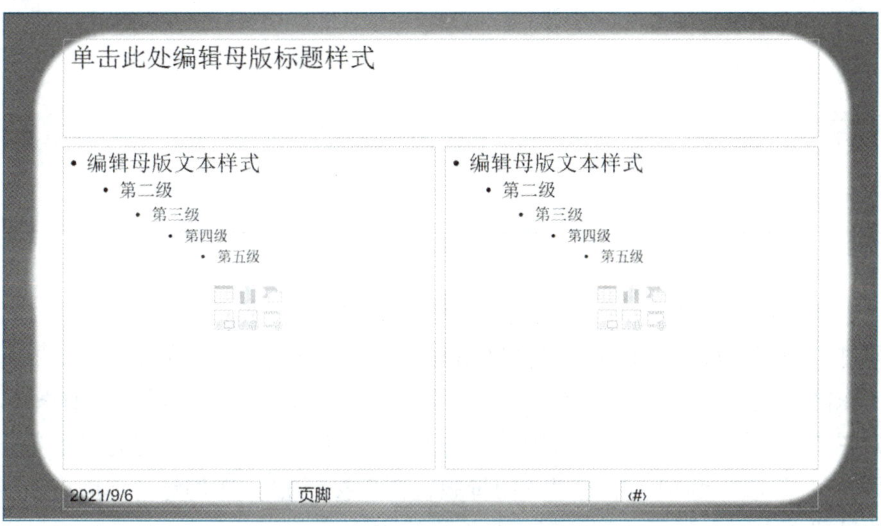

图15-1　两栏内容版式

小提示

可以分别编辑母版中的“一级文本”“二级文本”“三级文本”等样式。

4）设置放映方式并打包

设置放映方式并将制作好的演示文稿以“向污染宣战”为名打包成 CD。

学习笔记

相关知识与基本操作

1. 幻灯片母版

幻灯片的母版

为了使演示文稿有一个统一的风格，有时会在演示文稿的每张幻灯片上都添加一些固定的元素，如背景、公司 logo 等。如果把这些固定元素添加在幻灯片母版上，可以避免重复操作，节省时间。

在 PowerPoint 中有 3 种母版：幻灯片母版、讲义母版、备注母版。幻灯片母版主要用于设置幻灯片的样式，包括标题和主要文字的格式（如文本的字体、字号、颜色和阴影等特殊效果）、背景等。

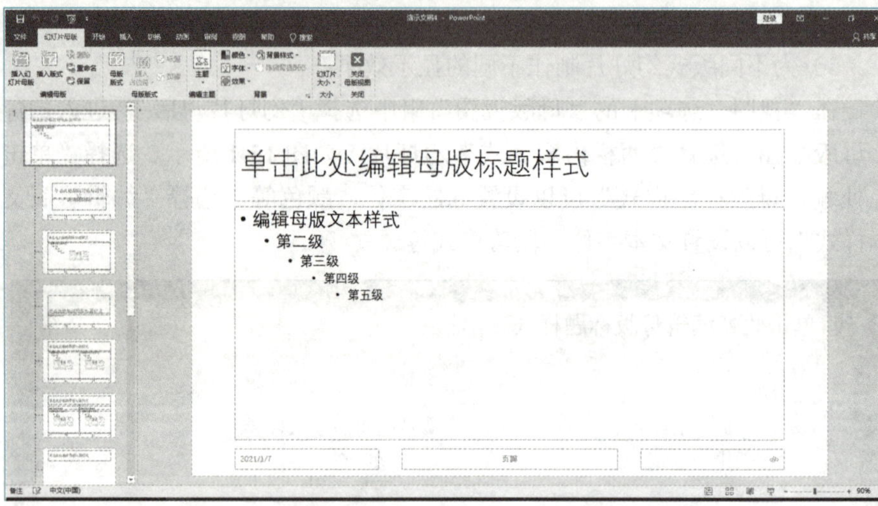

图15-2　幻灯片母版设置

在“视图”选项卡“母版视图”选项组中单击“幻灯片母版”按钮，即进入幻灯片母版。此时，功能区第一个选项卡变为“幻灯片母版”选项卡，工作区左边幻灯片浏览窗格中的第一个缩略图就是“幻灯片母版”缩略图，如图 15-2 所示。对幻灯片母版的操作与普通幻灯片一样，设置完成后单击“幻灯片母版”选项卡中的“关闭母版视图”按钮。在幻灯片母版中所做的设置会出现在演示文稿的每一张幻灯片中。

2. 自定义版式

幻灯片的版式

在幻灯片母版中也可以自定义版式。在幻灯片浏览窗格中的“幻灯片母版”缩略图下是各个“幻灯片版式”的缩略图，在此处可以对各种幻灯片版式进行修改和管理。对幻灯片版式的修改也与普通幻灯片一样，所做的修改会出现在使用了该版式的幻灯片中。

拓展训练

学习笔记

制作“垃圾不落地，家园更美丽”PPT

为了让学生了解垃圾分类的相关知识，增强学生规范投放垃圾的意识，纠正垃圾乱扔的不良行为，有效推进学校垃圾分类工作，学校准备开展“垃圾分类，从我做起”主题教育活动，请你帮忙设计一份PPT，操作要求如下：

（1）标题页包含演示主题、汇报人和日期（××××年××月××日）。

（2）幻灯片不少于15页，且版式不少于3种。

（3）演示文稿中除文字外要有10张以上的图片，并有视频。

（4）演示文稿要统一风格，每张幻灯片含有统一logo。

（5）动画效果要丰富，幻灯片切换效果风格统一。

（6）演示文稿播放的全程需要有背景音乐。

（7）将制作完成的演示文稿以“垃圾分类，从我做起”为名打包成CD。

伟大的摄影作品，重要的是情深，而不是景深。
——皮特·亚当斯

★PPT设计中巧妙选择寓意型图片，可以让观众带着满满的“画面”回家。

评价反馈

幻灯片母版制作和使用综合评价反馈如表 15-1 所示。

表15-1　幻灯片母版制作和使用综合评价反馈

<table>
<tr><td>项目名称</td><td colspan="5"></td></tr>
<tr><td>项目人员</td><td colspan="5"></td></tr>
<tr><td>评价项目</td><td colspan="2">评价内容</td><td>分值</td><td>学生自评</td><td>小组评价</td></tr>
<tr><td rowspan="2">相关知识（20%）</td><td colspan="2">掌握了幻灯片母版的概念以及制作方法</td><td>10</td><td></td><td></td></tr>
<tr><td colspan="2">掌握了在幻灯片母版中自定义版式</td><td>10</td><td></td><td></td></tr>
<tr><td rowspan="5">工作过程（80%）</td><td>计划方案</td><td>工作计划制订合理、科学</td><td>20</td><td></td><td></td></tr>
<tr><td>工作任务完成</td><td>能及时准确完成工作任务</td><td>20</td><td></td><td></td></tr>
<tr><td>自主学习</td><td>发现问题能有计划地进行相关信息的探索，及时和老师或同学讨论交流</td><td>20</td><td></td><td></td></tr>
<tr><td>工作态度</td><td>态度端正，工作认真、主动</td><td>10</td><td></td><td></td></tr>
<tr><td>职业素质</td><td>具有良好的计算机使用习惯，爱护公共设施，环境整齐、干净</td><td>10</td><td></td><td></td></tr>
<tr><td>自我总结</td><td colspan="5">学生签字：</td></tr>
<tr><td>教师评价</td><td colspan="5">教师签字：</td></tr>
</table>

A档：90分以上为A+，85～89分为A，80～84分为A−；
B档：75～79分为B+，70～74分为B，65～69分为B−；
C档：60～64分为C+，55～59分为C，50～54为分C−。

项目 16

演示文稿放映和导出

知识目标 （1）理解演示文稿的几种放映方式；

（2）熟悉幻灯片导出的几种格式。

能力目标 （1）能根据需要正确使用和设置幻灯片的放映方式；

（2）能恰当使用幻灯片导出功能。

素质目标 （1）通过学习演示文稿的各种功能，发挥想象创作作品，培养创造性思维；

（2）激发对信息技术进一步学习的兴趣。

工作任务描述

青少年是祖国的未来、民族的希望。为了加强青少年的法制宣传教育，培养他们自我保护的意识，提高他们分辨是非的能力，使他们养成自觉学法、守法、用法的良好行为习惯，校团委特此制作了一份“青少年法制宣传教育”演示文稿宣传片。请你帮忙设计该演示文稿的放映方案并将演示文稿打包。

要完成本任务，需要学会 PowerPoint 2019 中演示文稿的各种放映方式，熟悉幻灯片放映的设置，并知晓幻灯片导出的几种格式。

本任务具体要求如下：

（1）为幻灯片 1 ～ 20、27 设置自定义幻灯片放映，命名为“少年法制教育”。

（2）幻灯片放映设置为“演讲者放映（全屏幕）”，放映幻灯片为自定义放映：少年法制教育。

（3）将编辑好的文件导出为 PDF 格式。

（4）将演示文稿打包。

实践操作

设计“青少年法制宣传教育”演示文稿宣传片的放映方案并打包的工作流程见图 1-2。

1. 工作准备

（1）通过查询相关资料，收集演示文稿放映和导出的相关知识，了解 PowerPoint 中导

学习笔记

出的基本使用方法。

（2）浏览“青少年法制宣传教育”演示文稿宣传片文件素材，阅读工作任务描述，结合目前掌握的知识，分析该任务中将遇到的难点问题。

引导问题：在幻灯片放映时，都用自动换片放映好不好？

排练计时

小提示

PPT 放映不受控制怎么办？

正在进行工作汇报时，PPT 突然不受控制，自动往下翻页怎么办？可以在“切换”选项卡“计时”选项组中设置幻灯片换片方式：选中“单击鼠标时”复选框，且取消选中“设置自动换片时间”复选框，然后单击“应用到全部”按钮，如图 16-1 所示。

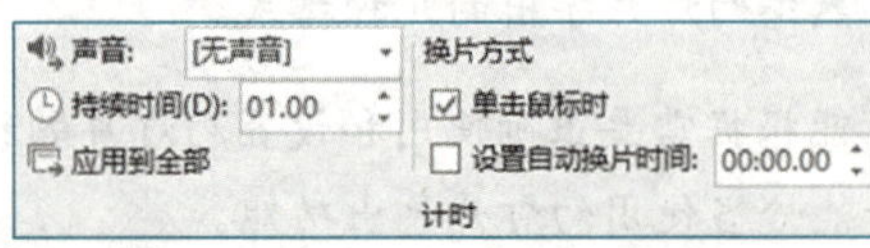

图16-1　计时选项

2. 工作计划

针对演示文稿的放映、文件导出等任务要求，制订一份简单的工作计划。

设计方案：

3. 工作实施

操作要点如下。

1）设置自定义幻灯片放映

在“幻灯片放映”选项卡“开始放映幻灯片”组中选择“自定义幻灯片放映”，在“自定义幻灯片放映”下拉列表框中选择“自定义放映”，单击“新建”按钮，定义自定义放映名称及添加在自定义放映中的幻灯片。

学习笔记

小提示

对于制作好的PPT，要按自己的需要调整幻灯片的播放顺序，或者播放其中一部分幻灯片，也可以进行自定义幻灯片放映。

2）设置幻灯片放映方式

根据需要，可以设定不同的幻灯片放映方式。在“幻灯片放映”选项卡“设置”组中单击“设置幻灯片放映”按钮，在弹出的“设置放映方式”对话框中进行设置即可。

在不同的情况下放映幻灯片，可设置不同的幻灯片放映类型。例如，演讲者演讲时自行操作放映，通常适合全屏方式放映；如果由观众自行浏览，则通常使用窗口方式放映，以便观众应用相应的浏览功能。本任务将设置幻灯片的放映方式为观众自行浏览，并使幻灯片循环放映。放映幻灯片可以选择自定义放映。

引导问题：为什么很多人要把PPT导出为PDF文件呢？

诗坛曾流传“老妪亦解白诗”的佳话。你觉得在PPT演讲时，你应该注意__________

小提示

（1）PPT文件在不同的计算机上或者不同的PPT版本上可能展现出来的效果不一样，兼容性相对没有那么好，PDF文件却可以做到在不同的设备上保持一致的展示效果。

（2）PDF格式的文件相对来说体积较小，而且不需要专业的软件来打开它，只要有浏览器即可阅览文件，传输也方便，阅读也方便。

（3）PDF打印出来的纸质效果基本能够与电子版的保持一致，不会像PPT一样，打印出来的效果可能会出现版面错乱等问题。

3）导出PDF文件并将幻灯片打包

“打包”是将演示文稿中所有的源文件，包括演示文稿本身、媒体文件、图像文件和链接对象的相关文件收集在一起，进行压缩，产生一个新文件。打包的同时还可以提供一个播放器，可以在没有安装PPT软件的计算机上播放。

相关知识与基本操作

1. 幻灯片的放映

放映演示文稿可采用以下几种方法：

（1）单击“幻灯片放映”选项卡“开始幻灯片放映”组中的“从头开始”按钮。

（2）按F5键可从头开始放映演示文稿。

（3）单击“幻灯片放映”选项卡“开始幻灯片放映”组中的“从当前

幻灯片放映

学习笔记

幻灯片开始”按钮，可从当前显示的幻灯片开始放映演示文稿。

（4）可以通过单击窗口下端的“幻灯片放映”按钮，从当前显示的幻灯片开始放映演示文稿。

2. 设置放映方式

设置放映方式

根据需要，可以设定不同的幻灯片放映方式。PPT 中提供了放映类型、幻灯片放映范围、放映选项、换片方式等操作，如图 16-2 所示。

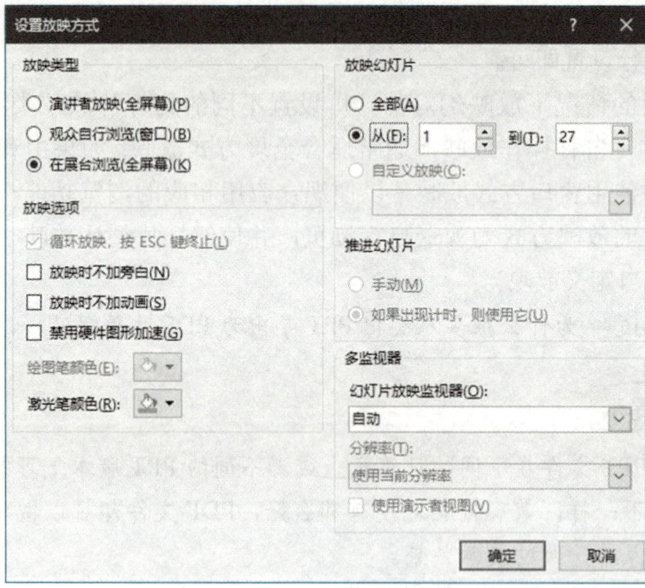

图16-2　设置放映方式

1）放映类型

使用“放映类型”中的选项来指定要向观众演示演示文稿的方式，可以选择“演讲者放映（全屏幕）”“观众自行浏览（窗口）”“在展台浏览（全屏幕）”。

2）幻灯片放映范围

使用“放映幻灯片”中的选项来指定演示文稿中哪些幻灯片可用或自定义放映。若要显示演示文稿中的所有幻灯片，选中“全部”即可；若要在演示文稿中显示特定的幻灯片组，请在“从：”框中输入要显示的第一张幻灯片编号，然后在“到：”框中输入要显示的最后一张幻灯片编号；若要启动自定义幻灯片演示文稿，则选择“自定义放映”，然后单击要作为自定义放映查看的演示文稿。

3）放映选项

使用“放映选项”中的选项来指定用户希望在演示文稿中运行声音文件、旁白或动画的方式。可以选择“循环放映，按 ESC 键终止”“放映时不加旁白”“放映时不加动画”“禁用硬件图形加速”。

4）换片方式

若要在演示文稿放映期间手动转到某张幻灯片，在“推进幻灯片”中选中“手动”单选按钮；若要使用幻灯片计时，在演示期间自动切换到每张幻灯片，则选择“如果出现计时，则使用它”。

3. 幻灯片导出

1）幻灯片的保存

PowerPoint 2019 文件保存的方法与 Word 2019、Excel 2019 一样，也是选择“文件”选项卡中的“保存”或“另存为”命令，选择保存位置，在打开的“另存为”对话框中输入文件名，然后选择文件类型即可，默认保存类型为“PowerPoint 演示文稿”。

2）幻灯片的导出

“文件”选项卡中的“导出”命令提供了多种保存、输出的格式：可以“创建 PDF/XPS 文档”“创建视频”“创建讲义”，也可以“将演示文稿打包成 CD”等，如图 16-3 所示。

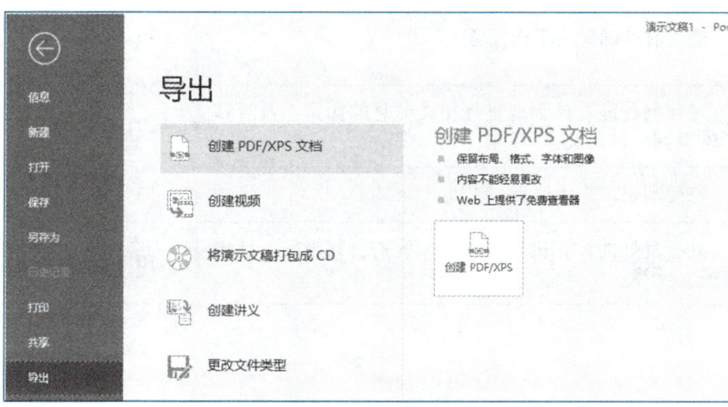

图16-3　导出选项

拓展训练

制作“光盘行动　勤俭节约”PPT

随着人们生活质量的提高，“舌尖上的浪费”现象也日益严重，为了让广大师生珍惜粮食、从我做起，自觉加入光盘行动中，学校准备组织一次“节约粮食，光盘行动”的讲座，请你设计一份讲座 PPT，操作要求如下：

（1）标题页包含演示主题、主讲人和日期（×××× 年 ×× 月 ×× 日）。

（2）演示文稿须指定一个主题，幻灯片不少于 15 页，且版式不少于 3 种。

（3）演示文稿中除文字外要有 10 张以上的图片，有视频展示。

（4）动画效果要丰富，幻灯片切换效果风格统一。

（5）演示文稿播放的全程需要有背景音乐。

（6）将制作完成的演示文稿以“光盘行动”为名打包成 CD。

学习笔记

幻灯片导出

“水流心不竞，云在意俱迟。”巧妙运用墨迹笔刷，PPT 作品定能挥洒出一份东方美学的独特韵味，加载“墨迹笔刷”试试吧！

评价反馈

演示文稿放映和导出综合评价反馈如表16-1所示。

表16-1　演示文稿放映和导出综合评价反馈

<table>
<tr><td>项目名称</td><td colspan="5"></td></tr>
<tr><td>项目人员</td><td colspan="5"></td></tr>
<tr><td>评价项目</td><td colspan="2">评价内容</td><td>分值</td><td>学生自评</td><td>小组评价</td></tr>
<tr><td rowspan="2">相关知识（20%）</td><td colspan="2">掌握了演示文稿的几种放映方式</td><td>10</td><td></td><td></td></tr>
<tr><td colspan="2">掌握了幻灯片导出的几种格式</td><td>10</td><td></td><td></td></tr>
<tr><td rowspan="5">工作过程（80%）</td><td>计划方案</td><td>工作计划制订合理、科学</td><td>20</td><td></td><td></td></tr>
<tr><td>工作任务完成</td><td>能及时准确完成工作任务</td><td>20</td><td></td><td></td></tr>
<tr><td>自主学习</td><td>发现问题能有计划地进行相关信息的探索，及时和老师或同学讨论交流</td><td>20</td><td></td><td></td></tr>
<tr><td>工作态度</td><td>态度端正，工作认真、主动</td><td>10</td><td></td><td></td></tr>
<tr><td>职业素质</td><td>具有良好的计算机使用习惯，爱护公共设施，环境整齐、干净</td><td>10</td><td></td><td></td></tr>
<tr><td>自我总结</td><td colspan="5">学生签字：</td></tr>
<tr><td>教师评价</td><td colspan="5">教师签字：</td></tr>
</table>

A档：90分以上为A+，85～89分为A，80～84分为A-；
B档：75～79分为B+，70～74分为B，65～69分为B-；
C档：60～64分为C+，55～59分为C，50～54为分C-。

参考文献

德胜书坊，2020. Office 2019高效办公三合一[M]. 北京: 中国青年出版社.

方风波，钱亮，杨利，2021. 信息技术基础[M]. 北京: 中国铁道出版社有限公司.

耿文红，王敏，姚亭秀，2021. Office 2019办公应用入门与提高[M]. 北京: 清华大学出版社.

黄林国，2020. 用微课学计算机应用基础（Windows 10 + Office 2019）[M]. 北京: 电子工业出版社.

靳广斌，2020. 现代办公自动化项目教程（Windows 10 + Office 2019）[M]. 北京: 中国人民大学出版社.

龙马高新教育，2019. Office 2019办公应用从入门到精通[M]. 北京: 北京大学出版社.

俞立峰，宋雯斐，2020. 信息技术基础（Windows 10 + Office 2019）[M]. 北京: 电子工业出版社.